KB089851

법에 그런 게 있었어요?

법적 분쟁에 엮이지 않는 법

법에 그런 게 있었어요?

강병철 지음

모아북스
MOABOOKS

현직 검찰수사관이
알려주는
사건 사고 예방법

코로나19로 인해 외부 활동을 자제하는 등 일상의 삶의 방식이 다양한 분야에서 변하고 있습니다.

얼굴을 맞대고 일하는 직업군도 새로운 시대 요구에 부응해야 하는 상황이죠. 검찰, 경찰 등 수사기관에 종사하는 사람과 그런 곳에 출입하는 사건 당사자나 민원인도 마찬가지입니다. 코로나 전에는 직업 특성상 사건 당사자와 직접 대면하여 진술을 청취하거나 조사를 해야 했으나, 코로나 이후에는 대면조사를 최소화하고 가급적 전화조사를 활용하며 서면 진술로 대체하는 등의 방법으로 비대면 거리두기 조사방식을 늘여가고 있는 추세입니다.

사회생활은 법의 테두리 내에서 이루어집니다. 복잡다단한 생활 모든 곳에 법이 미치지 않는 데가 없습니다. 따라서 때때로 사건이 발생하고 그 사건 때문에 골머리를 앓는 등의 일 또한 생기게 마련입니다. 이를 적절히 대처하지 못하여 나중에 후회하는 경우도 왕왕 있습니다. 그러므로 실제 사건이 어떻게 진행되는지와 법이 어떻게 적용되는지에 대해 미리 알아둘 필요가 있습니다.

의도했던 의도하지 않았던 간에 불법에 연루되어 "뭐라고요? 내가 피의자라고요?"라고 당혹스러운 처지에 놓이는 상황, 누구도 예외가 될 수 없는 것이죠.

언제 어디서 코로나에 감염될지 모르듯이 우리는 주위의 불법이라는 바이러스에도 적잖이 노출되어 있습니다.

엉성한 마스크 착용 등의 부주의로 인해 코로나 감염의 위험성이 커지는 것처럼 불법에 감염되는 것도 '설마' 하는 안일한 생각과 사려 깊지 못한 처신에서 비롯됩니다.

무엇보다 불법 바이러스에 전염되지 않도록 불법 인자로 의심되는 행위는 가급적 지양하고, 그런 영역을 아예 피하는 것이 상책이죠. 그러기 위해서는 어떤 행위가 어떤 점에서 불법인지를 알아야 합니다. 그런 후 불법과의 거리두기를 생활화해야 함은 마땅한 일이지요.

저는 검찰청에서 오랜 기간 검찰수사관 등으로 근무를 했고, 최근에는 약식 사건 등 일정 영역의 사건에 대해 검사의 직무를 수행하는 검사 직무대리 업무를 수행했습니다. 검사 직무대리로 근무하면서 경찰에서 송치한 수많은 사건을 검토하고 수사하며 사건을 처리하다 보니 느끼는 바가 많았습니다.

폭력 사범, 재산범죄 사범, 교통사고 사범, 음주운전 사범 등 다양한 사건의 기록을 보다보니 피의자가 이렇게 말하는 걸 종종 보게 됩니다.

"어, 이런 경우도 죄가 되나요?"라거나, "그런 법이 있는지도 몰랐는데요"라고 말이죠.

이상하고 황당한 일로 사건에 휘말리는 경우도 있습니다. 법을 잘 몰라 범죄를 저지르는 경우도 있는데, 법의 무지는 범죄 성립에 영향을 주지 않습니다. 그런 배경이 이 글을 쓰게 된 동기입니다.

이 책에서 소개하는 사건이나 스토리는 누구나 겪을 수 있는, 그러나 의외의 법 적용에 '아하! 그렇구나!' 라고 생각할 수 있는 것들입니다. 보통 사람들이 특히 유의해야 하고 유념해야 할 사항을 다뤘습니다.

맹구와 맹순이 등을 등장시켜 다양한 스토리로 법을 쉽게 이해할 수 있도록 재미있게 꾸미고자 노력하였습니다.

모쪼록 이 책이 형사법의 실제 적용의 이해에 대략적으로나 보탬이 되고, 행여 닥칠지 모를 불미스런 사건을 대비하고 대처하는 데 작은 도움이 된다면 더할 나위 없는 보람이 될 것입니다.

감사합니다.

강병철

2장 특별법범

3장 도로교통법 위반 음주운전 및 도로교통법 위반 무면허운전 사범

4장 **교통사고처리특례법 위반 사범**

5장· 일반 원칙과 윈윈하기

1장

형법범

01 이게 재물손괴라고요?

①

세상에는 더러 고개를 갸우뚱하게 만드는 요상한 사건도 있습니다. 법은 상식이라고 하지만 일반인의 통념과 다소 동떨어진 경우도 있기 때문이죠.

이런 사건이 있습니다.

맹구가 운영하는 음식점이 있습니다. 그 음식점 옆으로 차 1대 정도 통행할 수 있는 좁은 길이 있는데, 맹구는 여느 때처럼 그곳에 주차를 했습니다. 그곳은 평상시 일반인이 이용하는 길은 아니어서 맹구는 자기 편할 대로 그 길에 주차하곤 하였던 것이죠.

그런데 그 길 위 언덕바지에는 귀농인 맹순이가 살고 있었습니다. 그 길을 이용하는 사람은 맹순이가 거의 유일했습니다.

하루는 맹순이가 외출할 일이 있어 자동차를 운전하고 집을 나섰습니다.

그런데 앞에 맹구 차가 가로막고 있어 도저히 비켜갈 수가 없었습니다. 그래서 맹구에게 차 좀 빼달라고 좋게 말했습니다. 그 길 외에는 다른 길이 없었으니까요. 그런데 맹구는 지금 바쁘니 조금 이따 빼준다고 말했습니다. 맹순은 조금 못마땅했지만 차 안에서 기다렸죠. 그런데 맹구는 자기 할 일만 계속하고 차를 빼줄 생각은 안 하는 것이었습니다.

맹순은 서서히 화가 나기 시작했죠. 부글부글 속을 끓인 시간이 꽤 흘렀습니다. 한두 시간 정도 지나도 아무런 조치가 없자 맹순은 맹구를 찾아가 항의하며 다소 거친 말도 하였습니다.

그러자 맹구는 기분이 나빠 차를 계속 못 빼주겠다고 했답니다. 맹구는 오히려 맹순이가 사과를 할 때까지 차를 빼주지 않겠다고 하면서 막무가내였습니다. 맹순 입장에서는 어이가 없고 적반하장 격이었습니다. 그리고 얼마 후에 경찰이 왔습니다. 맹순이가 신고를 한 것이었습니다.

그제야 맹구는 차량을 이동시켜주었습니다. 맹구는 차를 이동시켜주는 것으로 다 끝난 줄 알았는데 경찰이 조사를 받아야 한다고 했습니다. 맹구는 황당했습니다. 남의 물건을 부수거나 망가뜨린 것도 아닌데 이런 게 범죄가 되느냐고 항변했습니다.

경찰은 왜 조사를 받아야 한다고 했을까요?

②

그런 경우 재물손괴 성립 여부가 문제될 수 있습니다. 맹구가 차를 주차해둔 곳은 맹순이의 차가 드나드는 유일한 출입 통로로, 맹순이의 요청에도 불구하고 이를 묵살하고 계속하여 차를 빼주지 않아 맹순이가 자신 차를 이용하지 못하게 하였기 때문입니다.

차는 이동수단이며, 그 사용 목적을 달성할 수 없는 상태는 그 차량이 손괴된 상태만큼이나 법익을 침해당하는 것입니다. 즉 재물의 이용가치 내지 효용이 해하여진 것입니다. 효용을 해한다고 함은, 재물을 본래의 사용 목적에 제공할 수 없게 하는 상태로 만든 것을 말합니다.

판례에 의하면 일시적으로 그 재물을 이용할 수 없는 상태로 만드는 것도 이에 포함됩니다. 따라서 맹구는 타인의 재물을 기타 방법으로 효용을 해하였기 때문에 재물손괴죄가 성립하는 것입니다. 유의하기 바랍니다.

참고로 맹구가 차로 가로막아 통행을 방해한 곳이 맹순이뿐만 아니라 일반인의 교통에 이용되는 도로라면 일반교통방해죄도 성립할 수 있습니다. 일반교통방해죄는 뒤에서 상세하게 소개하겠습니다.

판례상 인정되는 재물손괴

판례상 인정되는 재물손괴에는, 우물에 연결하고 땅속에 묻어 수도관적 역할을 하고 있는 고무호스를 1.5미터 발굴하여 우물가에 제쳐놓아 물이 통하지 못하게 하여 물을 공급하는 호스를 본래의 용도대로 사용할 수 없게 만든 행위(대판 70도 2378), 회사의 경리사무 처리상 필요 불가결한 매출계산서 등의 장부나 서류의 반환을 거부하거나 숨기는 방법으로 일시적으로 재물의 용도를 본래대로 사용할 수 없게 하는 행위(대판 71도 1576)등이 있습니다. 한편, 일본 판례에는 사람의 식기를 개밥그릇으로 줘서 감정상 사람의 식기로 다시 사용할 수 없게 한 행위도 재물손괴로 처벌한 경우도 있습니다. 모두 그 재물 자체의 외형에는 손상이 없거나 물리적으로 변경된 것은 아니지만 재물손괴가 인정됩니다.

〈형법〉

제366조(재물손괴 등) 타인의 재물, 문서 또는 전자기록 등 특수매체기록을 손괴 또는 은닉 기타 방법으로 기 효용을 해한 자는 3년 이하의 징역 또는 700만원 이하의 벌금에 처한다.

제185조(일반교통방해) 육로, 수로 또는 교량을 손괴 또는 불통하게 하거나 기타 방법으로 교통을 방해한 자는 10년 이하의 징역 또는 1천500만원 이하의 벌금에 처한다.

---

02 간과하기 쉬운 주거침입

상대방이 싫어하면 들어가서는 안 됩니다

①

세상 살면서 한 가지 명심해야 하는 점은 남녀 간의 관계는 비 누거품처럼 허술하기 짝이 없다는 겁니다. 가는 사람 붙잡아봐야 돌아올 리 만무하고 사고만 나기 일쑤입니다. 또 한 가지 일반인이 간과하기 쉬운 게 주거침입죄에 있어서 주거침입의 정도입니다.

그 사례를 맹구를 통해 알아보겠습니다.

맹구는 얼마 전에 여자친구이하 '여친' 이라고 지칭와 헤어졌습니다. 버스는 돌아오지 않습니다. 그런데 떨쳐버리지 못하고 또 미련을 갖습니다. 맹구는 며칠 힘든 시간을 보내다 그녀의 집에 한번 찾아가보자고 생각합니다. 술을 마시고 그녀가 사는 원룸 건물 앞에 이르렀습니다.

태연히 1층 공동출입문의 비밀번호를 누르고 안으로 들어가네요. 맹구는 그 비밀번호를 알고 있었던 겁니다. 그리고 여친이 거주하는 203호 초인종을 힘껏 누릅니다. 안에서 아무런 응답이 없네요. 손잡이를 잡아당겨보니 안 열립니다. 그러더니 갑자기 현관문을 주먹으로 두드리고 발로 찹니다.

"빨리 문열어! 열지 않으면 가만 있지 않겠다!" 라고 소리를 마구 지릅니다. 실연당하고 만취한 맹구의 폭력성이 여실히 드러나죠. 얼마 후 경찰이 현장에 경찰이 들이닥칩니다. 당시 여친은 집 안에 있었습니다. 다만 만나기 싫고 무서워서 대꾸를 하지 않고 가만히 있었던 거죠. 그 여친은 맹구한테 시달린 나머지 처벌을 요구합니다. 아니, 맹구가 무슨 죄가 있다고 처벌을 요구하는 거죠?

주거침입 기수어떠한 행위가 일정한 범죄의 구성 요건으로 완전히 성립하는 일입니다. 아니, 집 안으로 들어가지 않았는데도 주거침입이라니요? 그것도 기수라고요?

네, 주거침입 기수가 맞습니다. 일반인의 통념과 다소 동떨어진 부분이 있긴 하죠.

②

주거침입죄에 있어서 주거란 단순히 집 내부 그 자체만을 말하는 것이 아닙니다. 아파트 같은 공동주택 내 엘리베이트, 공용계단, 복도 등의 공간도 주거침입죄의 객체인 사람의 주거에 해당합니다. 현관문 앞 공간도 물론이고요. 그곳 원룸은 불특정 다수인의 출입을 제한하는 출입문이 1층에 설치되어 있습니다. 그러한 공동주택은 공동출입문 안으로 들어가기만 해도 기수가 됩니다.

공동출입문이 비밀번호가 설정되어 있지 않거나 잠겨 있지 않더라도 결과는 달라지지 않습니다.

대법원 판례에 의하면, '다가구용 단독주택인 빌라나 원룸의 잠기지 않는 대문을 열고 들어가 공용계단으로 빌라 3층까지 올라갔다가 1층으로 내려온 사안에서 주거침입죄를 구성한다' 라고 판시합니다대법원 2009도3452 판결문. 계속해서, '그 거주자나 관리자와의 관계 등에서 평소 그 건조물에 출입이 허용된 사람이라 하더라도 주거에 들어간 행위가 거주자나 관리자의 명시적 또는 추정적 의사에 반함에도 불구하고 감행된 것이라면 주거침입죄는 성립한다' 라고 판결하였습니다대법원 2007도2595 판결문.

한편, 거주자나 관리자의 의사에 반하여 들어가야만 침입이 되는 것인데, 위 맹구의 행위는 침입이 되는 걸까요?

이 부분에는 거주자인 피해자의 의사가 중요합니다. 그녀는 헤어지면서 맹구에게 직간접적으로 '그만 만나자, 집에 찾아오지 말라' 는 의사표시를 했을 겁니다. 마음이 이미 떠났기 때문에 선을 그은 것이고 따라서 맹구의 방문을 싫어할 거라는 것은 자명하죠. 그러면 명시적으로나 묵시적 또는 추정적으로 피해자의 의사에 반한 겁니다.

당시 그녀가 집에 있지 않았다고 하더라도 주거침입죄 성립에는 영향이 없습니다. 그런 경우에도 사실상의, 잠재적인 주거의 평온을 해한 경우에 해당되기 때문이죠. 실제 사건에서 맹구의 사례처럼 헤어진 사람을 잊지 못해 그 집에 찾아갔다가 주거침입죄 등으로 입건되는 경우가 왕왕 있습니다.

거듭 말하지만, 아파트, 원룸 등의 공동주택은 공동출입구를 통해 건물 내부로 진입하는 순간 주거침입죄가 성립하는 것이므로 그곳 거주자가 싫어하면 절대 들어가서는 안 됩니다. 주거침입죄는 결코 가벼운 범죄가 아닙니다. 헤어지자고 하면 쿨하게 보내줘야지 어쩌겠습니까. 순리대로 살아야 아무 탈이 없습니다. 흔히 하는 말로 세월이 약이겠지요.

내연녀의 집에 들어간 경우에도 주거침입이 성립하나요?

몇 해 전에 간통죄가 폐지되었지만 간통 목적으로 남편의 부재중에 내연녀의 주거에 들어간 경우에도 주거침입으로 처벌이 가능합니다. 대법원은 간통죄가 살아있을 당시 '복수의 주거권자가 있는 경우 한 사람의 승낙이 다른 거주자의 의사에 직간접적으로 반하는 경우에는 그 의사에 반한 사람의 주거의 평온을 해치는 결과가 해당되므로 주거침입죄가 성립한다' 라고 판단하였습니다.

간통죄가 폐지된 현재도 간통이라는 불법적인(형사적인 불법이 아니라도 민사적인 불법이 인정될 수 있음) 목적으로 주거에 들어간 이상 다른 배우자의 의사에 반하므로 사실상의 평온은 깨어졌다 할 것이므로 여전히 주거침입 성립이 유효하다고 볼 수 있습니다.

〈형법〉

제319조(주거침입, 퇴거불응)

①사람의 주거, 관리하는 건조물, 선박이나 항공기 또는 점유하는 방실에 침입한 자는 3년 이하의 징역 또는 500만 원 이하의 벌금에 처한다.

03 개를 이용하여 개를 다치게 하는 재물손괴, 동물보호법 위반

말 못 하는 동물을 학대하면 안 되죠

①

오늘은 개 이야기를 좀 하고 싶군요. 애완동물을 기르는 사람뿐만 아니라 관련 업종, 관련 방송도 굉장히 늘어나고 있습니다. 나도 TV에서 재미있게 보고 있습니다. 참으로 귀엽고 사랑스런 녀석들이지요. 개는 인간을 무척 잘 따르는 동물로, 복종심과 충성심이 강해서 사람도 그런 개를 무척 아끼고 좋아합니다. 사람보다도 더 귀한 대접을 받는 개도 있고 그 정이 사뭇 남다르죠.

맹구도 진돗개 백구 한 마리를 기릅니다. 그런데 맹구의 사람됨이 좀 얍삽하고 포악한 데가 있습니다. 그런 성격 때문에 사건이 생깁니다. 맹구는 1년 전에 이웃집 맹순이랑 사소한 일로 대판 싸운 적이 있었습니다. 그래서 그 이후로 맹구와 맹순이는 이웃사촌이 아니라 앙숙입니다.

맹순이도 '밍크'라는 작은 애완견을 한 마리 키우고 있습니다. 맹순이는 그 개를 끔찍이도 아끼고 소중히 여깁니다. 자식처럼 대하고 살뜰히 보살피는 것에 인생의 즐거움을 느끼는 여자입니다.

그런데 어느 날 한쪽 다리를 저는 맹구가 지팡이를 짚고 백구를 데리고 공원에 산책을 나갑니다. 때마침 맹순이도 산책을 나왔는지 밍크가 저만치서 졸랑졸랑 걸어옵니다. 밍크가 맹구를 보고 적개심을 드러내며 앙앙 짖자 백구도 이빨을 드러내며 으르렁거립니다. 금방이라도 달려들 태세입니다. 둘이 엉켜 싸우면 백구의 몸집이 훨씬 커서 상대가 되지 않을 겁니다.

맹구는 이때다 싶어 꽉 쥐고 있던 목줄을 슬그머니 놓아버립니다. 그랬더니 백구가 순식간에 달려들어 밍크의 코와 귀를 물어버립니다. 밍크는 깨깽 하고 도망가고 맹순이는 비명을 지릅니다. 맹구는 속으로 쾌재를 부릅니다. 그러고는 고의가 아니었다는 점을 강조하기 위해 쥐고 있던 지팡이로 백구를 내려칩니다.

"야 이 놈아, 물게 없어서 쥐방울만 한 개새끼를 물어놔서 사람 곤란하게 만드냐, 이 나쁜 놈!" 하면서 말이죠.

생쇼입니다. 백구는 영문도 모르고 주인이 후려치는 지팡이를 고스란히 맞고 있습니다. 백구는 슬픈 눈을 하며 풀섶에 그만 주저앉습니다. 그러면서 맹구는 맹순이에게 이렇게 지껄입니다.

"미안하게 됐수다. 치료비를 개한테 물어달랠 수도 없고."

맹순이는 그런 어이없는 광경을 보고 경찰에 신고합니다.

맹구는 어떤 처벌을 받을까요?

②

첫째는, 재물손괴 혐의입니다.

맹구는 개라는 도구를 이용하여 고의로 남의 개에 상처를 입혔습니다. 치료비가 들 것입니다. 맹구의 범의犯意는 위 상황에서 여실히 드러납니다. 개는 형법상 물건에 해당하고 남의 물건을 고의로 손괴하였으므로 재물손괴죄가 성립하는 것입니다.

둘째는, 동물보호법 위반입니다.

자기 소유의 개라고 할지라도 도구 등 물리적 방법을 사용하여 상처를 입혔으므로 동물학대죄에 해당합니다.

맹구는 자기 개가 물었으니 개 책임이지 자기 책임은 아니라고 항변하지만 어림 반 푼어치도 없는 소리입니다. 형사 처벌을 떠나 말 못하는 동물을 때리거나 학대하면 천벌을 받습니다. 그리고 피해자인 견주는 얼마나 마음의 상처를 입었을까요. 애완동물, 반려동물은 재산이 아니라 가족이라고 생각하는 사람이 많습니다.

맹구는 중벌을 받아 마땅합니다.

〈동물보호법〉

제46조(벌칙)

② 다음 각 호의 어느 하나에 해당하는 자는 2년 이하의 징역 또는 2천만 원 이하의 벌금에 처한다.

1. 제8조 제1항부터 제3항까지를 위반하여 동물을 학대한 자

제8조(동물학대 등의 금지)

② 누구든지 동물에 대하여 다음 각 호의 학대행위를 하여서는 아니 된다.

1. 도구 · 약물 등 물리적 · 화학적 방법을 사용하여 상해를 입히는 행위.

---

04 무임승차에서 강도로 돌변한 사건

피해액은 적더라도 무시무시한 죄명이 추가됩니다

①

맹구는 사람값에 들지 못하는 한심한 작자입니다. 하는 일 없이 남에게 빌붙어 공짜로 무엇이든 해결하려 합니다. 한마디로 얼굴에 철판 깔고 염치가 증발한 사람이죠.

그날도 맹구는 공짜술 얻어먹을 요량으로 휘적휘적 동네 술판을 기웃거립니다. 그러나 주위 사람들이 "니도 염치 좀 있어 봐라, 허구한날 빈대 붙을 생각만 하냐"라며 비아냥거리고 상대를 해주지 않습니다. 그러자 맹구는 성질을 내며 침을 퉤 뱉고 돌아섭니다. 그리고 택시를 잡아탑니다.

갑자기 웬 택시? 예전에 살던 동네를 가기 위해서랍니다. 거기 가면 오랜 지인이 많아 얼굴을 들이밀 수 있기 때문입니다.

근데 그 꼬락서니에 택시라뇨. 막걸리 값도 없는 무일푼 주제에 말입니다. 택시기사에게 목적지인 ○○동 ○○슈퍼 앞으로 가

자고 말합니다.

'그 ○○슈퍼에서 아마 술을 마시고 있을 거야' 라고 중얼거리는 걸 보니 역시나 빈대 붙을 모양입니다. 택시기사가 힐끔 보니 맹구 차림이 꾀죄죄하고 어딘가 좀 궁상맞아 보입니다.

마침내 ○○슈퍼 앞에 도착했습니다. 차가 멈추자 맹구는 택시 문을 벌컥 열고 잽싸게 도망칩니다. 기사는 순간 어리둥절하다 급하게 쫓아갑니다.

'세상에 이런 찌질이가 다 있나, 그까짓 택시비 몇 푼이나 된다고 떼먹고 도망쳐' 라며 씩씩거리며 추격합니다.

도망자와 추격자. 동네 한 바퀴를 돌 즈음 맹구가 지쳐 쓰러집니다. 드디어 붙잡혔습니다. 별 거지같은 놈 다 봤습니다.

기사는 어서 택시비 달라고 윽박지릅니다. 맹구는 주머니 터는 시늉을 하며 그냥 배째라고 합니다. 그럼 연락처라도 알려달라고 하니까 연락처도 없다고 말합니다. 기사는 기가 막힙니다.

맹구는 기사를 뿌리치고 다시 도망가려 합니다. 하지만 기사는 맹구 멱살을 움켜잡고 놔주지 않습니다. 맹구는 도망을 포기하는 척하며 기사에게 욕설을 퍼붓습니다.

적반하장도 유분수네요. 기사는 도저히 안 되겠다 싶었는지 휴대폰을 꺼냅니다. 경찰에 신고하려 한 것이죠.

그 순간 맹구는 이마로 기사의 얼굴을 힘껏 들이받습니다. 기사가 비명을 지르며 쓰러졌고, 그 틈을 타 맹구는 재차 달아납니다. 그러나 결국 출동한 경찰에 의해 체포되고 맙니다.

맹구에게 어떤 죄가 성립할까요?

②

첫째, 사기죄가 성립합니다.

처음부터 택시비를 지급할 의사나 능력 없이 택시를 탔기 때문입니다. 택시기사를 속여 택시비 상당의 재산상 이익을 취득한 것입니다. 이런 경우를 통상 '무임승차無賃乘車'라고 합니다.

둘째, 강도상해입니다.

엄청난 죄명이 추가됩니다. 강도죄는 폭행 또는 협박으로 타인의 재물을 강취하거나 재산상의 이익을 취하였을 때 성립하는 범죄입니다.

맹구는 택시기사를 폭행하여 택시비 상당액의 재산상의 이익을 취하였기 때문에 강도죄가 인정됩니다. 그리고 강도가 강도의 기회에 피해자에게 고의로 상해를 입혔기 때문에 강도상해죄가 성립하죠.

경찰에 체포된 직후 택시비를 기사에게 지급하였다 하더라도 죄명은 달라지지 않습니다. 이미 사기 및 강도상해가 기수가 되고 범행이 완성되었기 때문입니다. 비록 재산적 피해액은 크지 않지만, 법적 책임은 적지 않습니다. 맹구는 동종 전과가 다수이고 죄질이 나빠 실형을 선고받았습니다.

한편, 비슷한 경우로 무전취식無錢取食하다 달아나고, 그 과정에서 피해자에게 폭행이나 협박을 하면 마찬가지로 사기 및 강도상해죄가 성립할 수 있습니다.

맹구는 국가에서 주는 밥을 공짜로 먹게 생겼습니다.

〈형법〉

제333조(강도)

폭행 또는 협박으로 타인의 재물을 강취하거나 기타 재산상의 이익을 취득하거나 제삼자로 하여금 이를 취득하게 한 자는 3년 이상의 유기징역에 처한다.

제337조(강도상해, 치상)

강도가 사람을 상해하거나 상해에 이르게 한때에는 무기 또는 7년 이상의 징역에 처한다.

제347조(사기)

①사람을 기망하여 재물의 교부를 받거나 재산상의 이익을 취득한 자는 10년 이하의 징역 또는 2천만 원 이하의 벌금에 처한다.

05 사이버 공간에서 무심코 내뱉은 말

SNS나 단체 대화방에서는 말조심해야 합니다

①

요즘은 카카오톡 등의 단체채팅방이 회합의 공간이자 소통의 공간입니다. 서로 잘 지내보자는 취지로 단톡 '단체 카카오톡의 준말'을 개설하는데 사이가 좋지 않는 사람들도 있습니다.

맹구와 달구 둘 사이의 관계가 그렇습니다. 맹구는 달구를 속물 취급하며 경멸합니다. 왜냐하면 사업을 하는 달구가 돈푼깨나 번다고 잘난 척을 잘하기 때문입니다. SNS에도 잔뜩 자기 자랑 일색입니다. 맹구는 그런 달구가 영 마뜩찮습니다. 그러다보니 단체채팅방에서 이런 대화가 오갑니다.

달구: 이번에 나 시에서 발주하는 ○○공사를 땄다. 무려 50억짜리야.

맹구: 그래서 어쨌다고? 뒷구멍으로 찔러줬나보네.

그러다 너 학교 '교도소'의 속칭 가는 수가 있다.

달구: 뭐야, 말 다했어? 내가 잘 나가는 게 꼽냐?

맹구: 그래 꼽다. 니 팔뚝 굵어 좋겠다, 짜식아! 얼마나 잘 묵고

　　　다니는지 똥배 나온 거 봐라, 이 배불뚝이 사장아!

위 대화를 마지막으로 맹구는 단톡방에서 나가버립니다.

맹구로부터 폭언을 들은 달구는 심히 불쾌하고 창피했습니다. 둘 만의 채팅이 아니라 여러 사람이 참여하는 단톡방이었기 때문이죠. 맹구가 한 말을 두고 다른 이들도 삼삼오오 모여 쏙닥쏙닥하는 것 같아 도저히 묵과할 수 없다는 생각을 합니다. 그래서 법적 조치를 취하기로 결심합니다. 주위 사람들에게 방법을 알아보더니 맹구를 고소합니다. 과연 무슨 죄명으로 고소하였을까요?

②

모욕입니다. 그런데 맹구가 실제 모욕죄를 저지른 걸까요?

우선 모욕죄는 친고죄이기 때문에 피해자의 고소가 있어야 합니다. 모욕죄에서 말하는 '모욕'이란 사실을 적시하지 아니하고 사람의 사회적 평가를 저하시킬 만한 추상적 판단이나 경멸적 감정을 표현하는 것을 말합니다. 명예훼손죄와의 차이는 구체적 사실이 아닌 추상적 표현을 한 것입니다. 다만, 단순히 분노의 감정

을 표출하거나 무례한 언동을 한 정도는 모욕이 아닙니다. 맹구가 말한 내용 중 특히 "그러다 학교 가는 수가 있다. 얼마나 잘 묵고 다니는지 똥배 나온 거 봐라. 이 배불뚝이 사장아!" 등의 표현은 달구에 대한 사회적 평가를 훼손할 만한 모욕적 언사라고 할 것입니다. 모욕은 명예훼손과 마찬가지로 공연성을 핵심 요소로 합니다. 공연성은 불특정 또는 다수인이 인식할 수 있는 상태를 말하는데 단톡방이므로 당연히 공연성 또는 전파 가능성이 있습니다. 물론 둘만의 채팅에서는 공연성이 결여되어 있기 때문에 모욕죄가 성립하지 않습니다.

참고로 사이버 공간에서 발생하는 행위를 규율하는 법이 '정보통신망이용촉진및정보보호등에관한법률'인데 그 법으로는 처벌하지 못합니다. 그 법에는 명예훼손을 처벌하는 규정은 있어도 모욕을 처벌하는 규정은 없기 때문이죠. 말은 함부로 내뱉으면 주워 담기 힘듭니다. 그리고 그 파장은 상당히 큽니다. 특히 술자리에서는 더욱 말조심을 해야 할 것입니다.

〈형법〉

제311조(모욕) 공연히 사람을 모욕한 자는 1년 이하의 징역이나 금고 또는 200만 원 이하의 벌금에 처한다.

---

06 무전취식이 사기가 될 수 있습니다

음식값 떼먹고 도망치면 단순 채무불이행으로 끝나지 않습니다

①

맹구와 맹순이 사이에 최근에 황당한 일이 있었습니다.

그 내막은 이렇습니다. 맹구는 맹순이를 좋아합니다. 자꾸 구애를 하지만 맹순이는 그런 맹구가 별로입니다. 남자로서 감흥이 일지 않는데 자꾸 귀찮게 한다고 여기며 맹순이는 맹구를 한번 골탕 먹여야겠다고 작정합니다. 그래야 정나미 떨어져서 다시는 귀찮게 하지 않을 거라고 생각한 거죠.

맹구는 오늘도 맹순이에게 사랑의 세레나데를 부릅니다.

맹순이는 기다렸다는 듯이 맹구에게 만나자고 합니다. 맹구는 '팅기기만 하던 맹순이가 오늘 웬일이야? 와 좋아라!' 라며 마음이 들뜹니다.

맹순은 근사한 시내 레스토랑으로 장소를 정하죠. 그리고 맹순이는 친구 3명을 호출하여 '오늘 실컷 먹여줄 테니 같이 가자' 고

합니다. 맹순이 친구들은 똑같은 족속이라 깔깔 웃으며 오케이 하죠. 그녀들은 작당하여 호구를 한번 벗겨먹어보자고 의기투합한 겁니다.

맹구는 휘파람을 불며 약속 장소에 나갔는데 이게 뭡니까. 맹순이 혼자 나온 줄 알았더니 줄줄이 혹을 붙여 나왔네요. 상당히 난감합니다. 그래도 싫은 기색을 못 하고 호탕한 척 웃어 보입니다. 서로 인사를 하고 메뉴판을 건네줍니다.

그녀들이 주문하는 대로 내버려둡니다. 이름도 못 들어본 음식을 이것저것 시키더니 잘도 먹습니다. 며칠 굶은 사람 같습니다. 지들끼리 수다를 떨며 즐겁게 먹는데 맹구는 음식이 별로 당기지 않습니다. 은근히 걱정도 되고요. 나중에 계산서를 보니 아니나 다를까 생각보다 많이 나왔습니다. 맹구는 계산을 하고 나오는데 한숨이 절로 나옵니다. 피같은 돈이 아깝기도 하고 뭔가 속은 거 같아 속이 상하죠. 맹순이가 얄밉고 은근히 약이 오릅니다. 그래서 그대로 갚아주자고 마음먹습니다.

맹구는 2차를 갈 것을 제안합니다. 맹순이 일행은 '오늘 먹을 복이 많구나' 라고 쾌재를 부릅니다. 비싼 주점에 가서 안주며 술을 실컷 시켜 먹습니다. 여우들은 자기들 돈 안 들어간다고 배도 부르지 않은지 술도 잘 마십니다. 이윽고 맹구는 시끌벅적한 그곳을 살짝 빠져나옵니다. 화장실에 잠깐 다녀오겠노라고 말하고 밖으로 나와 그대로 총총히 사라집니다.

비로소 속이 좀 풀리는 것 같습니다. 이번에는 맹구가 쾌재를 부른 겁니다. 여우들은 큰일 났습니다. 호구가 갑자기 사라졌기 때문이죠. 얼굴이 붉으락푸르락하며 맹구를 성토하지만 이미 선수를 놓쳤습니다. 술값이 많이 나온 것을 알고 대책회의를 합니다. 둘 중에 하나입니다. 더치페이를 하든지 아니면 몰래 내빼든지 정해야 합니다. 여우들은 겁 없게도 후자를 선택합니다. 주인의 감시가 소홀한 틈을 이용하여 일제히 슬그머니 줄행랑을 칩니다. 그것으로 아무 일도 없을 줄 알았습니다.

②

며칠 뒤 맹순은 경찰로부터 출석 요구를 받습니다. 무전취식으로, 즉 사기로 사건이 접수되었으니 조사를 받으라는 것입니다. 맹순은 깜작 놀랐습니다.

어떻게 알았을까? 그리고 그게 어떻게 사기가 된다는 말이지? 그날 여우들은 나름대로 꾀를 내었던 것입니다. 여우들은 그 주점에서 빠져나온 뒤 CCTV를 피해 도망쳤기 때문에 설마 경찰인들 추적할 수 있으랴 싶었던 것입니다.

하지만 여우들은 하나 놓친 게 있습니다. 그네들이 술을 마시며 남긴 흔적, 즉 테이블 위에 놓인 술잔, 술병 등이 그것입니다. 경찰은 현장에서 술잔 등을 수거하여 지문을 채취한 후 지문감식을 하였습니다. 지문감정 결과 술잔 등에서 지문이 관찰되었고, 그 지문의 인적사항을 조회해보니 바로 맹순이 일행으로 밝혀진 것입니다.

맹순이는 경찰 조사에서 맹구가 계산한 줄 알고 그냥 나왔다고 발뺌을 합니다. 그러자 경찰은 그 주점 CCTV 영상을 보여줍니다. 당시 전후 상황이 다 녹화되어 있습니다. 그네들이 몰래 빠져나간 장면을 본 맹순은 얼굴이 빨개지며 할 말이 없습니다.

의도적인 도망이지요. 처음부터 대금지급 의사나 능력 없이 음식을 시켜먹고 도망치려고 계획한 것 아니냐고 추궁하니 맹순은 그런 것은 절대 아니라고 해명합니다. 하지만 맹구가 사라진 후 범의가 생겨 술값을 떼어먹고 도망친 것은 틀림없습니다.

맹순은 잘못을 인정하고 술값을 다 변제해야 했습니다. 속이 쓰렸지만 어쩔 수 없습니다. 맹순은 피해자와 합의를 하여 기소유예처분을 받았지만, 나쁜 맘보 때문에 오히려 자기가 털리게 되었던 것입니다. 자작자수이지요. 그런데 실무적으로는 맹순 일행의 행위가 처음이라면 사기보다는 경범죄처벌법상의 무전취식으로 입건하는 경우가 일반적입니다.

사기로 입건하기 위해서는 식대를 지급할 의사나 능력이 있었는지 여부를 조사하여 범의를 증명해야 합니다. 범의가 불분명하고 동종 수법의 전과가 없다면 사기로 입건하는 데는 무리가 있을 겁니다. 그래도 사기죄 성립 여부에 대해 조사는 받아야 하죠. 맹순은 음식점 업주에게 거짓말을 한 사실이 없으므로 기망이 없었다고 주장할 수 있지만 사기에서 기망은 부작위不作爲 방법으로도 할 수 있습니다.

한편, 처음에는 돈이 있는 줄 알았는데 음식을 먹고 난 뒤 지갑을 두고 온 걸 알고 벌어진 일이라면 고의성이 없으므로 사기는 성립되지 않습니다. 또 같이 음식을 주문하여 먹고 난 뒤 일행이 돈을 낸 줄 알고 계산하지 않고 그냥 나왔다면 그때도 착각으로 벌어진 일이므로 범의는 약하다고 봐야 합니다. 즉, 그런 경우에는 민사 사안일 뿐 범죄는 성립하지 않습니다.

위 맹구와 맹순의 사례를 소개한 이유는 '나중에 발각되면 그까짓 몇 푼 안 되는 음식값 지금이라도 지불하면 되지 무슨 문제가 되느냐'며 대수롭지 않게 여기는 사람이 있는데, 엄연히 범죄라는 점, 나아가 사기도 성립될 수 있다는 점을 지적하고자 함입니다. 상습적으로 무전취식하는 경우 상습사기로 가중처벌 받을 수 있습니다. 생각보다 이러한 일이 빈번하게 일어나곤 합니다.

기소유예란 어떻게 한다는 말인가요?

기소유예란, 말 그대로 기소起訴를 유예猶豫하는 것을 말합니다. 검사의 재량권의 하나로서 형사사건에 대하여 범죄의 혐의는 인정되지만 전과의 유무, 피해 정도, 범행의 동기 및 정황, 합의 여부 등을 참작하여 공소를 제기하지 않는 처분을 말합니다. 즉 죄는 인정되지만 용서해주는 것입니다.

기소하여 처벌하는 것만이 능사는 아닐뿐더러 전과자를 만드는 것보다는 피의자에게 다시 한 번 성실한 삶의 기회를 주자는 의도를 가지고 있습니다. 참고로 기소유예를 인정하는 입법주의를 기소편의주의라고 하는데 우리나라는 기소편의주의를 채택하고 있습니다.

〈형법〉

제347조(사기) ①사람을 기망하여 재물의 교부를 받거나 재산상의 이익을 취득한 자는 10년 이하의 징역 또는 2천만 원 이하의 벌금에 처한다.

〈경범죄 처벌법〉

제3조(경범죄의 종류) ① 다음 각 호의 어느 하나에 해당하는 사람은 10만 원 이하의 벌금, 구류 또는 과료科料의 형으로 처벌한다.

39. (무임승차 및 무전취식) 영업용 차 또는 배 등을 타거나 다른 사람이 파는 음식을 먹고 정당한 이유 없이 제 값을 치르지 아니한 사람

---

07 남의 물건에 함부로 손대면 안돼요!

큰 낭패를 볼 수 있습니다

①

맹구는 은행 365코너에 돈을 인출하러 갔습니다.

앞사람이 일을 보고 나가 나간 뒤 ATM 기계 앞으로 가니 눈이 동그래집니다.

'어라! 이게 뭐야?'

투입구 안에 현금이 들어 있는 겁니다. 맹구는 반사적으로 손을 집어넣어 그 돈을 빼냈습니다. 5만 원 권 4장이었습니다.

'음, 어쩐다…'

그 돈을 손에 쥔 채로 본인도 돈을 찾고 밖을 바라봤습니다. 누가 돈을 찾으러 후다닥 뛰어올 거 같아서였죠. 그런데 5분, 10분을 기다려도 아무도 나타나지 않았습니다. 할 수 없이 그 돈을 챙겨 밖으로 나왔죠.

퇴근 후 집에 왔는데 그때까지도 그 돈과 관련하여 연락이 온 데가 없었습니다. 이때부터 맹구의 고민이 시작됩니다.

'그냥 시치미 떼고 인 마이 포켓?'

서서히 나쁜 마음이 비집고 들어오기 시작합니다. 하지만 현장에 CCTV가 설치되어 있다는 것을 맹구도 알고 있기에 좀 더 상황을 지켜보자고 생각합니다.

다음 날, 그 다음 날도 은행이나 경찰에서 연락온 데가 없었습니다. 그러기를 며칠 조용하자 맹구는 '에라 모르겠다' 하며 그 돈을 써버립니다.

그로부터 며칠 후 아니나 다를까 경찰로부터 연락이 왔습니다. 맹구가 그곳에서 금융거래를 하였기 때문에 인적사항을 파악할 수 있었던 것이죠. 맹구는 절도 혐의로 조사를 받게 될 것입니다.

참고로 그 돈은 그 365코너 관리자의 점유가 인정되기 때문에 점유이탈물이 아닙니다. 맹구는 곤혹스럽고 난처한 상황에 빠졌습니다. 그 현금을 상당한 기간 동안 가지고 있다 개인적인 용도에 사용해버린 대목이 중요합니다. 다시 말하면 불법영득의사가 쟁점이죠.

②

이제부터는 맹구를 상대로 피의자 신문이 진행됩니다. 수사기관에서 실제 조사가 이루어지는 과정은 다음과 같습니다.

"그 돈을 왜 1주일 동안 가지고 있었던 거죠?"

"일이 바빠 신고를 깜박했습니다."

"습득 즉시 가까운 은행이나 파출소 등에 가져다주면 되는데, 왜 그렇게 하지 않았는가요?"

"그때는 경황이 없었고, 그 이후에는 가지고 있으면 연락이 곧 올 줄 알았죠."

"연락이 오지 않으면 곧바로 신고를 해야 하지 않나요?"

"그건 그런데, 내 일도 바빠서……."

"돈을 가지고 있다 보니 다른 생각이 든 건 아닌가요?"

"아, 아닙니다."

맹구는 양심의 가책을 느끼는지 말을 더듬거리며 고의가 아니었다고 주장합니다.

"끝내 연락이 오지 않으면요?"

맹구는 그 질문에 얼른 답을 못하고 입술을 깨물기만 합니다. 경찰은 매서운 눈빛으로 맹구의 표정을 살피며 추궁을 이어갑니다.

"피의자 집과 직장은 도심에 있죠? 파출소도 부근에 있던데 맞죠?"

"네, 그건 그렇지요."

"그러면 마음만 먹으면 당장이라도 조치를 취할 수 있는데 어떤 가요? 전화로도 신고가 가능하고요."

"납득이 잘 안되겠지만, 바빠서 좀처럼 시간을 낼 수가 없었어요. 믿어주세요!"

맹구는 자신의 입장을 이해해달라고 호소합니다. 하지만 맹구의 주장은 경찰을 설득시키기는커녕 누가 봐도 석연치 않은 구석이 역력합니다. 경찰은 속으로 코웃음을 치며 진술의 허점을 파고듭니다.

"본인이 정 바쁘면 다른 사람한테 부탁할 수도 있잖아요. 그 돈을 돌려줄 생각이 있었다면 방법이야 얼마든지 있었을 것 같은데요?"

"다른 방법은 미처 생각을 하지 못했네요. 죄송합니다."

경찰은 맹구 같은 사람들의 빤한 주장에 익숙해서 고개를 끄덕이다 다음 질문으로 들어갑니다.

"그런데 그 돈은 왜 사용한 거죠?"

"급히 쓸 데가 있어서 쓰긴 썼지만 내 돈으로 갚아주면 되잖아요. 어차피 돈이라는 건 같은 거 아닌가요?"

경찰은 눈을 번득이며 어림없는 수작 말라며 단호하게 말합니다.

"그건 아니죠. 본래의 그 돈을 썼다는 것은 그 돈을 착복하겠다는 의사를 드러낸 것이죠. 내 돈으로 생각하고 썼던 거잖아요. 그렇지 않나요?" 맹구는 한숨을 푹 내쉽니다. 자신이 생각해도 점점 진술이 꼬이고 변명이 어설프다는 것을 알게 된 것이죠.

"현재 심경은 어떤가요?"

"착잡합니다. 그 돈을 집어들었을 때는 솔직히 별생각 없었습니다. 그런데 이렇게까지 문제가 될 줄은 몰랐네요."

그러면서 맹구는 고개를 숙이며 선처를 바란다는 말을 덧붙입니다. 결국 맹구의 해명도 궁색하거니와 외형적으로 드러난 맹구의 행위는 절도 혐의가 인정되는 데 부족함이 없습니다.

③

실제 사건에서 맹구처럼 우연한 기회에 느닷없이 사건에 휘말리게 되는 경우를 종종 봅니다. 위 같은 일이 결코 남 일만은 아니라는 것을 실감하죠. 그래서 저는 주위 사람들에게 항상 그 점을 강조합니다.

길바닥이나 버스, 그 어디에서든 남의 물건을 보게 되면 함부로 줍지 말라고요. 견물생심이라고 했습니다. 곧바로 신고하거나 주인을 찾아줄 확고한 마음이 없다면 아예 손대지 말고 그냥 못 본 척하고 지나가라고요. 그러면 아무 일도 생기지 않습니다. 평온한 일상을 깨는 일이 없습니다.

남의 물건을 주워 우물쭈물 가지고 있다가는 맹구처럼 곤경에 처할 수 있습니다. 그 자신은 "아 글쎄! 그 돈을 착복할 생각은 없었다니까요!" 라며 절도 범의를 부인하지만 여러 정황상 미필적 고의와 불법영득의사가 인정되는 경우가 허다합니다.

미필적 고의와 불법영득의사에 대해서는 뒤에서 자세히 소개할까 합니다. 형사사건은 호락호락하지 않습니다. 적당히 둘러대며 빠져나갈 수 있는 일이 아니죠. 처음부터 오해받을 짓은 아예 피하는 것이 상책입니다.

절도죄와 점유이탈물횡령죄의 차이는 무엇인가요?

절도는 타인 소유와 타인 점유의 물건을 불법영득의사로 가져가는 경우에 성립합니다. 점유이탈물횡령은 타인 소유의 물건인데 점유가 이탈된, 즉 누구의 점유에도 속하지 않는 물건을 불법영득의사로 가져가는 경우에 성립하여 절도와 차이가 있습니다. 물론 비난 가능성 차이 때문에 절도죄의 법정형이 더 셉니다.

〈형법〉

제329조(절도) 타인의 재물을 절취한 자는 6년 이하의 징역 또는 1천만 원
이하의 벌금에 처한다.

08 절도와 재물손괴의 차이

①

맹구는 친구가 죽어 장례식장에 조문을 갔습니다. 맹구는 그 친구와 절친한 사이여서 상당히 비통해하였습니다. 그래서 빈소에서 술을 많이 마셨던 모양입니다.

밤 11시쯤, 이제 그만 자리를 뜨려고 일어섰습니다. 그런데 자기 신발이 보이지 않는 겁니다. 바닥, 신발장뿐만 아니라 다른 출입문 쪽 그 어디에도 신발이 보이지 않았습니다. 한참을 찾아봤지만 허탕이었습니다. 아마도 다른 문상객이 취중에 신발을 오인해서 신고 간 모양입니다.

아, 이럴 때 어떡해야 하나요?

사실 그 구두는 얼마 전에 큰맘 먹고 산 구두였습니다. 그런 비싼 구두를 잃어버렸으니 못내 속상하겠죠. 다음 날은 출상이라 빈소는 텅 빌 겁니다. 신발이 돌아올 리 만무합니다. 그런데 가만 보니 신발장 안에 맹구 것과 비슷하게 생긴 구두가 보였습니다. 맹구는 그 구두를 보자 고민에 잠깁니다.

'혹시 저 구두 주인이 내 구두를 신고 간 것은 아닐까? 그러면 피장파장이니 저 신발을 일단 신고 갈까, 슬리퍼 차림으로 털래털래 갈 수는 없지 않는가. 어떻게 해야 되나?'

맹구는 고심 끝에 드디어 결단을 내립니다. 어찌됐든 맨발로는 갈 수 없고, 지저분한 슬리퍼도 도무지 엄두가 나지 않는 겁니다. 그래서 그 구두를 제 신발인 양 꿰신고 나와버렸습니다. 사이즈는 대충 맞는데 여전히 마음 한구석이 찜찜했습니다. 택시를 잡아 타면서 '아무래도 내일 아침 일찍 그 구두를 제자리에 갖다놔야겠어'라고 마음 먹습니다.

맹구는 그날 밤 꺼림칙한 기분에 잠을 편히 이루지 못했습니다. 그래서 눈을 뜨자마자 곧바로 장례식장으로 달려갔습니다. 마침 운구차가 아직 출발하지 않았습니다. 유족에게 사정 이야기를 하고 그 구두를 돌려주려고 왔다고 말했습니다. 그랬더니 그 유족이 이런 말을 했습니다.

"안 그래도 그 구두를 찾는 사람이 있었어요. 자기 구두가 안 보인다고 집에도 한참 동안 못 가고 심란해하더라고요."

맹구는 아차 하는 생각이 들었습니다. 그 구두 주인이 자기보다

늦게까지 빈소에 남아 있었나 봅니다.

"아, 그래서요?"

"애타게 찾더니 결국은 맨발로 가더라고요. 슬리퍼라도 신고 가라고 했더니 그냥 됐다고 하면서 맨발로 나가더라고요."

맹구는 그 말을 듣는 순간 고개를 들 수가 없었습니다. 비틀비틀 맨발로 걸어가는 그의 뒷모습이 떠오르면서 지난밤 자신의 행동이 너무 부끄러웠습니다. 내 물건을 잃어버렸다고 해서 그와 유사한 남의 물건을 가져갈 수는 없는 법이죠.

사람들 내면에는 흔히 '나만 손해볼 수 없다'는 심리가 깔려 있습니다. 맹구도 그런 경우로 남의 신발을 '쌤쌤'으로 여기고 신고 간 것이죠. 하지만 맹구의 그런 잘못된 생각과 행위로 인해 상대방은 피해를 입게 됩니다.

자, 여기서 그 구두 주인이 맹구를 고소한다면 맹구는 어떤 죄명으로 처벌을 받게 될까요? 절도죄인가요, 사용·절도죄인가요, 아니면 재물손괴죄인가요? 아무 죄도 안 되는 거 아닌가요?

②

각 죄명에 대해 차근차근 설명해보겠습니다.

절도죄는 타인의 재물을 절취한 경우에 성립합니다. 그런데 절도죄는 절도의 고의 외에 불법영득의사를 핵심 요소로 합니다. 불법영득의사란 권리자를 배제한다는 소극적 의사와 남의 물건을 자기 물건처럼 이용한다는 적극적 의사를 필요로 합니다. 소극적 의사는 지속적이어야 하지만 적극적 의사는 일시적이어도 상관없습니다.

맹구는 남의 물건을 승낙 없이 가져간다는 고의는 분명히 있었습니다. 그런데 불법영득의사 중 권리자를 배제하는 소극적 의사는 없었던 것으로 보입니다.

왜냐하면 소극적 의사는 지속적이어야 하는데 맹구는 그 구두를 종국적으로 '내가 가지겠다' 고 마음먹은 것이 아니라 '일단 신고 가서 다음 날 돌려주겠다' 는 의사가 있었고 실제로 그렇게 했기 때문입니다. 따라서 불법영득의사가 없어 절도죄는 성립하지 않습니다.

한편, 자동차등 불법사용죄라는 게 있습니다. 자동차등 불법사용죄는 위 절도의 불법영득의사 중 권리자를 배제하는 소극적 의사가 일시적인 경우입니다. 즉 일시적으로 이용할 의사로 남의 물건을 가져간 경우에 자동차등 불법사용죄가 성립하는 것입니다.

그런데 자동차등 불법사용죄는 그 객체대상가 모든 물건이 아니라 자동차, 오토바이 등의 교통수단으로 한정되어 있기 때문에 맹구는 자동차등 불법사용죄로도 처벌할 수 없습니다.

참고로 남의 자전거를 함부로 일시적으로 이용한 다음 다시 원래 있던 제자리에 가져다 놓은 경우 절도로도 처벌하지 못하고 자동차등 불법사용으로도 처벌하지 못합니다. 자전거는 자동차등 불법사용의 객체가 아니기 때문이죠.

마지막으로 재물손괴는 어떨까요?

위 맹구의 행위를 재물손괴로 처벌할 수 있다고 한다면 의아하게 생각할지 모릅니다. 타인의 신발을 물리적으로 훼손한 것이 아니고, 신고 가서 다음 날 원래의 물건 상태신발이 미세하게 닳아지는 점은 논외로 함로 돌려주었기 때문이죠. 재물손괴의 보호법익은 그 물건의 이용가치 내지 효용을 해하는 것이라고 했습니다.

효용을 해한다 함은 그 재물을 본래의 이용 목적에 제공할 수 없는 상태로 만드는 것을 말하는데, 영구적이 아니라 일시적으로 이용할 수 없는 상태로 만드는 것도 효용을 해한 경우에 해당하죠. 그리고 그 방법은 손괴뿐만 아니라 은닉 등의 방법이 있습니다.

은닉이란 피해자의 점유하에 있는 재물 등을 이전하여 그 물건의 소재 발견을 곤란하게 하거나 불가능하게 하는 것을 말합니다.

맹구는 위 사안에서 구두의 물질적인 형태의 변경이나 멸실, 감소는 초래하지 않았습니다. 하지만 남의 구두를 함부로 신고 감으로써 피해자가 자기의 구두를 신고 가지 못하게 했습니다. 즉 일시적이나마 피해자가 자기의 물건을 이용하지 못하게 했기 때문에 재물의 효용을 해한 경우에 해당될 수 있습니다.

위와 같이 절도와 재물손괴는 불법영득의사의 존재 유무 및 그 보호법익에서 차이가 있습니다. 어떤 상황에 처하든 내 것과 남의 것을 분명히 구분하여 피해자의 승낙이 없는 한 피해자의 물건에 손을 대서는 안 됩니다. 양심의 문제를 떠나서 어느 날 느닷없는 출석요구서가 날아들지 모르니까요.

> 〈형법〉
>
> **제331조의2(자동차등 불법사용)** 권리자의 동의없이 타인의 자동차, 선박, 항공기 또는 원동기장치자전거를 일시 사용한 자는 3년 이하의 징역, 500만원 이하의 벌금, 구류 또는 과료에 처한다.

09 길에 떨어진 거, 노 터치!

모든 물건은 주인이 있습니다

①

맹구는 등산을 좋아합니다.

화창한 오늘도 ○○산에 오릅니다. 바야흐로 가을이라 들판에 오곡이 여물어갑니다. 알알이 맺힌 열매는 굵어지고, 그 무게를 이기지 못해 우수수 떨어지기도 합니다. 맹구는 정상에 올라 인증샷을 찍고 작은 오솔길로 방향을 잡아 하산을 합니다.

그런데 산골마을 가까이 내려오다보니 땅바닥에 잘 익은 알밤이 떨어져 있습니다. 맹구는 가던 길을 멈추고 '이게 웬 떡이냐' 싶어 몇 개 줍습니다. 제법 굵고 토실토실합니다. 줍다보니 여기저기 제법 많이 떨어져 있네요. 그래서 가만히 살펴보니 그 주변으로 유난히 밤나무만 많이 심어져 있습니다.

맹구도 처음에는 그냥 몇 개만 주워가려고 했습니다. 그런데 사람 마음이 견물생심이라고, 탐욕이 기승을 부리기 시작합니다. 호

주머니에 몇 개 집어넣은 정도가 아니라 배낭에 부랴부랴 주워담기 시작합니다. 나중에는 떨어진 밤톨을 주운 것도 모자라 작대기로 밤송이를 후려치기도 합니다. 아주 작정하고 본격적으로 쓸어 담습니다. 이러면 안 되겠지요. 한 줌 정도면 설마 별일 있었겠어요? 항상 정도가 문제가 되는 겁니다. 사회상규에 반하지 않을 정도면 아무 일 없었을 겁니다.

옛날에 서리라는 풍습이자 장난이 있었습니다. 먹을 것이 흔치 않았던 시절, 배도 채우고 재미도 있는 동네 꼬마 녀석들의 도둑놀음이었습니다. 주인한테 잡혀도 꾸지람이나 좀 듣지 크게 혼내지도 않았습니다. 못 먹고 못 입고 살았지만 인심이 후하던 시절이었죠. 지금처럼 경찰에 신고하지도 않았습니다. 서리는 분명히 도둑질이나 처벌 대상의 절도가 아니었던 것입니다. 왜냐하면 서리에는 나름대로 지켜야 할 몇 가지 원칙이 있었기 때문이죠.

첫째, 반드시 알맞게 먹을 만큼만 가져와야 한다.

둘째, 모쪼록 먹을 것만 취해야지, 결코 밭이나 울타리를 망쳐서는 안 된다.

맹구는 그곳에서 알밤을 가득 담았습니다. 흐뭇한 마음으로 두둑해진 배낭을 짊어지고 내려가려는데 그 순간 어떤 사람이 떡 앞을 가로막고 노려보는 겁니다. 바로 밤나무 주인이 나타난 것입니다.

②

맹구는 어떤 처벌을 받을까요?

당연히 절도입니다. 맹구의 행위는 서리 정도가 아니기 때문이죠. 경찰이 약간 삐딱하게 앉아 있는 맹구에게 묻습니다.

"알밤을 담아간 게 사실인가요?"

"네, 그래요. 근데 땅에 떨어져 있는 걸 몇 개 주웠다고 그게 죄가 되나요?"

경찰은 그런 말 할 줄 알았다며 차근차근히 질문을 이어갑니다.

"그 밤나무는 누구 겁니까?"

"주인 없는 나무인 줄 알았는데요, 뭐가 잘못되었나요."

"그러면 그 땅도 주인 없는 땅인가요?"

"그건 아니겠지만, 야산처럼 보여 개인 땅이 아닌 줄 알았지요."

"개인 땅이 아니면요? 주인 없는 땅이 어디 있나요? 주인 없는 땅은 어디에도 없습니다. 그 땅에 심어진 나무도 마찬가지고요. 그렇지 않나요?"

경찰은 이렇게 반문하며 맹구를 똑바로 쳐다봅니다.

맹구는 다소 움츠러들며 뭔가 잘못되어가고 있다는 느낌을 받습니다.

"그렇긴 해도, 그 밤나무는 사람이 관리하지 않는 야생 밤나무인 줄 알았는데……."

맹구는 말끝을 흐리며 자신 없는 변명을 이어갑니다. 경찰은 맹구 진술의 허점을 파고듭니다.

"밤나무가 그 일대에 빽빽이 심어져 있는 걸 봤죠. 또한 밤송이가 굵고 실해서 사람의 손길이 닿은, 즉 관리하는 나무라는 걸 누가 봐도 알 수 있잖아요. 어떤가요?"

맹구는 침을 꿀꺽 삼키며 아무 말도 하지 않습니다. 경찰은 계속 추궁합니다.

"그러면 야생이 아니라 재배하는 나무라는 게 맞잖아요. 그리고 떨어져 있는 밤을 주운 것도 그래요. 나무에서 직접 따지 않았기 때문에 괜찮다고 생각했나요? 기르던 개가 줄이 풀려 밖에 나갔다면 그 개가 주인 없는 개인가요?"

맹구는 말문이 막혀 한숨만 내쉴 뿐입니다. 경찰은 계속해서 맹구의 행위가 왜 범죄인지 설명을 합니다.

"땅에 떨어진 밤은 하늘에서 떨어졌나요, 땅에서 솟았나요. 그 밤을 주우려고 주인이 나무를 심은 거잖아요."

주인 없는 밤인 줄 알고 가져갔다는 맹구의 변명은 허술하기 짝이 없었습니다. 결국 맹구를 절도죄로 처벌하는 데 아무런 장애가 없습니다.

요즘은 뒷산의 감이나 밤, 텃밭의 야채라도 함부로 따다가는 자칫 절도범으로 몰려 낭패를 볼 수 있습니다. 동네 어귀의 가로수 열매도 마찬가지이고요. 산림 내 임산물뿐만 아니라 하늘 아래 모든 물건은 주인이 있다고 보면 됩니다.

맹구는 주인이나 경찰이 너무한다고 생각할지 모릅니다. 하지만 맹구 자신이 오버한 겁니다. 밤톨 몇 개만 주워갔으면 주인도 그냥 못 본 척할 수도 있었을 겁니다. 늘 정도가 문제가 되는 것이죠. 욕심이 화를 부른 겁니다.

절도의 유형에는 어떤 것들이 있나요?

절도는 재산범죄 중에서 가장 고전적인 범죄입니다. 절도의 유형에는 위와 같은 단순절도 외에도 남의 집이나 가게에 침입하여 물건을 터는 침입절도, 노상에서 물건을 순간 잡아채 잽싸게 도망치는 날치기, 혼잡한 대형 매장이나 시장 상점에서 물건을 고르는 척하다 슬쩍 집어가는 들치기, 야간에 술에 취해 길바닥에 쓰러져 있는 행인을 부축해주는 척하면서 슬쩍 주머니에서 지갑을 빼가는 아리랑치기 등의 소매치기 절도가 있습니다. 그리고 차량을 대상으로 하는 차량절도도 있습니다.

10 내가 의도하지 않았지만 고의가 인정되는 경우

객체의 착오

①

맹구는 애인 맹순이와 다투고 난 후 혼자 남아 분을 삭히고 있습니다. 맹순이는 홱 토라져서 도중에 가버렸습니다. 술기운이 올라오고 감정이 격해지자 생각할수록 화가 납니다. 전화를 해도 받지 않고, 문자를 보내도 대꾸가 없습니다.

'뭐야, 이제는 완전 생까는 거야' 라고 중얼거립니다.

그러다 담판을 지어야겠다고 생각하며 택시를 잡아타고 맹순이 집으로 향합니다. 맹순은 ○○원룸 302호에 살고 있어 그 앞에서 내렸습니다. 맹구는 몸을 가누지 못하고 비틀거립니다. 상당히 과음을 한 거 같습니다. 그런데다 맹구는 상당히 흥분된 상태입니다. 알 수 없는 괴성도 지르죠.

맹구는 그 원룸 출입문 비밀번호를 알고 있습니다. 비밀번호를 누르고 안으로 들어가 공용계단을 통해 302호 현관문 앞에 이르렀습니다. 그 앞에서도 여전히 전화를 받지 않자 현관문을 주먹으로 두드리며 문 열라고 소리를 칩니다. 그러나 안에서 아무 인기척이 없습니다. 그런데 가만 보니 현관문 옆쪽에 택배 물건이 와 있는 겁니다. 맹구는 그 물건을 보더니 집어가지고 와버립니다. 소심한 복수라고 할까, 맹순에게 골탕을 먹이려고 한 것이죠. 그 물건을 훔치려는 생각은 애초에 없었습니다. 며칠 모른 척하다 나중에 다시 돌려줄 생각이었죠.

다음 날 아침 맹구가 일어나보니 자기 방에 어떤 택배 물건이 있는 걸 발견하게 됩니다.

'간밤에 무슨 일이 있었지? 이 물건이 왜 여기에 와 있지?' 라고 기억을 더듬어보지만 잘 생각이 나지 않습니다. 과음한 나머지 필름이 끊긴 것이죠. 그런데 며칠 후 뜻밖의 일이 생깁니다.

402호 사는 사람이 택배 '물건' 도난신고를 하여 경찰에 수사에 나섰고, CCTV 등을 확인한 결과 맹구가 가져간 것으로 드러났습니다. 그날 맹구는 402호를 302호로 착각한 겁니다. 만취 상태로 씩씩거리며 올라가다보니 한 층을 더 올라간 것이죠. 맹구는 그 물건을 부랴부랴 챙겨 경찰서에 출석합니다. 술김에 실수로 남의 물건을 잘못 가져왔으니 다시 돌려주려고 왔다고 말합니다. 그리고 그걸로 다 끝난 줄 알았죠. 맹구 입장에서는 결코 402호 사람 물건을 가져갈 이유나 의도가 없었기 때문입니다. 그런데 맹구는 형사처벌을 받게 되었습니다. 주거침입죄 성립도 가능하나 일단 여기서는 논외로 하겠습니다.

②

어떤 죄일까요? 절도일까요? 아니면 재물손괴일까요?

절도는 아닙니다. 절도는 불법영득의사를 핵심 요소로 하는데, 맹구는 그 물건을 소유하려는 의사가 없었기 때문에 불법영득의사는 없는 겁니다. 그러면 절도죄는 성립하지 않습니다.

그렇다면 재물손괴일까요?

그렇습니다. 재물손괴입니다. 재물손괴 행위 태양 중 하나로 '은닉'이 있습니다. 맹구가 그 물건을 들고 가 은닉함으로써 그 물건의 소유자는 일시적으로나마 그 물건을 용법대로 사용하지 못하게 된 것입니다. 즉 그 물건의 효용을 해한 겁니다.

그 시점에서 맹구는 이렇게 주장합니다. 맹구는 소싯적에 법학 공부 좀 한 사람입니다.

"좋습니다. 재물손괴라고 합시다. 그런데 저는 402호 사람한테는 그럴 의도가 전혀 없었습니다. 실수로 가져간 것이니 과실이고 그렇다면 과실손괴인데 과실손괴는 처벌하는 규정이 없습니다."

맹구의 말이 일견 일리가 있어 보입니다. 하지만 하나 놓친 게 있습니다. '객체의 착오'와 '고의의 전용'이라는 개념입니다.

맹구는 402호 물건을 302호 물건으로 착오를 일으켰습니다. 즉 행위자가 인식한 사실과 발생한 사실이 일치하지 않는 경우입니다. 대상 또는 객체에 있어 착오를 일으킨 것이므로 사실의 착오 중 객체의 착오입니다.

형법상으로 객체의 착오는 고의의 전용을 인정합니다. 객체의 착오는 행위객체의 동일성에 대한 착오입니다. 우리나라 통설과 판례 입장에 의하면 행위자가 인식 인용했던 사실객체과 현실적으로 발생한 사실이 구성요건적으로 부합하면 발생한 사실에 대한 고의를 인정합니다.

즉 302호에 대한 재물손괴 고의가 402호로 전용되어 결국은 402호에 대한 재물손괴 고의가 인정되는 겁니다. 사실 그 말이 맞습니다. 대상이 302호든 402호이든 간에 남의 물건을 가져가거나 감춘다는 고의는 똑같습니다. 술김에 착오를 일으켰더라도 그 본질은 변함이 없죠.

결국 맹구는 재물손괴로 입건되고 맙니다.

나중에 맹순이 맹구를 선처해달라고 요청하지만 그 사건 피해자는 402호 주민이지 302호가 아니기 때문에 맹순이가 피해자가 될 수 없습니다.

한편 주거침입은 논외로 한다고 했는데 사실 공동주택 안으로 들어가 남의 집 현관문을 두드리는 것도 피해자의 주거에 침입하기 위한 구성요건에 밀접한 행위를 하였기 때문에 주거침입의 일종이고, 주거침입도 맹순의 의사에 따라 객체의 착오로서 문제가 될 수 있습니다.

사실의 착오란 무엇인가요?

실제로 발생한 사실이 행위자가 인식하고 있었던 것과는 다른 경우를 말합니다. 개라고 생각하고 돌을 던졌는데 사람이 맞아 죽어버린 것같이 행위자가 인식하고 있었던 사실과 발생한 사실이 어긋난 경우가 사실의 착오입니다. 이를 구성요건적 착오라고도 합니다. 갑을 죽이려고 발포하였는데 갑이 아니고 을이었다는 경우도 사실의 착오이나, 이 경우는 사람을 죽이려 했는데 결국 사람을 죽였으므로 어쨌든 살인을 했다는 사실에는 변함이 없습니다. 이것을 동가치적 객체의 착오라고 하는데 살인죄로 처벌합니다. 그러나 개를 죽이려고 했는데 사람을 죽인 경우에는 살인죄로 처벌함은 지나치겠죠. 이것은 이가치적 객체의 착오라고 합니다. 형법은 가벼운 죄를 범하려고 했는데 중한 죄의 결과가 발생했을 때는 되도록 경한 범죄의 형으로 처벌하도록 규정하고 있습니다. (형법 제15조2항)

11 자기의 물건에 대해서도 죄가 되는 권리행사방해

내 물건이라도 타인의 점유 등의 목적이 된 물건을 파손하거나 숨기면 안돼요

①

내 물건 내 마음대로 하는데 죄가 되나요?

죄가 될 수 있습니다. 일반인에게는 다소 생소한 죄명일 수도 있는 권리행사방해가 그것입니다.

다음의 사례를 보겠습니다.

맹구는 건물주이자 재력이 있는 맹순이와 사귀고 있습니다. 맹순이는 딱히 벌이가 없는 맹구를 위해 건물을 빌려줄 테니 식당을 해보라고 제안합니다. 그래서 두 사람은 그렇게 하기로 약속하고 식당 동업을 시작하게 되죠. 일종의 구두계약을 한 것인데, 동업 조건은 맹순이가 건물과 초기 비용을 대고 식당 운영은 맹구가 전적으로 도맡아 하기로 하되, 수익금은 절반씩 나누기로 한다는 내용이었습니다.

그런데 수많은 사건에서 보듯 동업이라는 것은 사실 탈이 많고 분쟁이 생기기 마련입니다. 동성 간도 그러는데 이성 간은 특히 더 그렇죠. 사이가 좋을 때는 다소 삐걱거려도 봉합이 되고 동업이 그런대로 유지됩니다. 하지만 둘 사이가 틀어질 때는 상황이 달라지죠. 맹구와 맹순의 경우도 그렇습니다.

맹구의 태도가 달라진 게 발단입니다. 맹순이가 가만 보니 요즘 따라 맹구가 살갑게 대하지도 않고 거리를 두는 겁니다. 여자는 이럴 때 직감적으로 짚이는 바가 있죠. 맹구에게 다른 여자가 생겼을지도 모른다는 생각이 드는 겁니다. 그 의심이 커지자 도저히 가만히 있을 수 없습니다.

'내 덕으로 사장이 되고 돈도 제법 쥐게 된 사람이 이럴 수가 있느냐'며 배신감을 느끼고 분노가 일죠. 그리하여 맹구가 운영하는 식당으로 쳐들어갑니다. 맹구는 격앙하여 따지는 맹순에게 처음에는 그게 아니라며 둘러댑니다. 맹순이는 맹구의 그런 사탕발림 설득에 일단 믿어보자고 하고 돌아가죠. 그러나 아무리 생각해도 석연치 않은 구석이 있습니다. 그래서 맹순은 며칠 후 영업마감 시간에 즈음하여 그 식당 부근에 숨어 몰래 안을 살펴봅니다. 그랬더니 역시나 설마했던 광경을 목격하게 됩니다. 맹구가 가게

안에서 어떤 여자와 스킨십을 하고 포옹을 하고 있는 게 아니겠습니까. 맹순이는 눈이 확 뒤집혔습니다. 몸을 부들부들 떨며 화를 억누를 수 없습니다. 그래서 맹순은 '두 년놈을 가만 안 놔두겠다'라며 씩씩거리며 식당 출입문 앞으로 다가갑니다.

그때 맹구가 맹순이가 다가오는 것을 보고 출입문을 황급히 걸어 잠급니다. 맹순이는 길길이 날뛰며 문을 열라고 소리칩니다. 맹구는 맹순이 성격을 아는지라 문을 열어줄 리 없습니다. 그러자 맹순이가 더욱 화가 나 길가에서 돌멩이를 주워 출입문 유리창을 향해 던져버립니다. 와장창 유리문이 깨지고 공간이 생기자 맹순이는 안으로 들어가 맹구와 젊은 여자에게 달려들고 맹구는 이를 피해 경찰에 신고합니다.

맹순이는 경찰이 와서 제지를 해도 '내 물건 내가 깨는데 너희들이 어쩔거냐'라며 계속하여 기물을 파손하고 행위를 멈추지 않습니다. 일견 맹순이의 물리적인 실력 행사가 문제가 없어 보입니다. 과연 맹순이는 아무런 처벌을 받지 않을까요?

②

경찰은 조사에 들어갔고 이런 경우 적용할 수 있는 죄명을 찾아냈습니다. 바로 권리행사방해죄입니다.

맹순이 유리문 등을 파손하고 소란을 피워 맹구의 영업을 방해하였으니 업무방해도 성립이 가능하나 여기서는 논외로 하고 권리행사방해 성립 여부만 판단을 해겠습니다.

물론 그 식당의 물건은 맹순 자신의 소유이니 재물손괴는 성립하지 않습니다. 권리행사방해는 타인의 점유 또는 권리의 목적이 된 자기의 물건을 취거, 은닉 또는 손괴하여 타인의 권리행사를 방해한 경우에 성립하는 죄명입니다.

그 식당과 가게 기물은 맹순의 소유임은 분명합니다. 하지만 그 식당 운영권은 맹구에게 있으므로 그 식당 내의 물건은 맹구의 정당한 점유 또는 권리의 목적이 대상이 되는 물건이라고 할 수 있습니다. 그러므로 맹순은 타인의 점유 또는 권리의 목적이 된 자기의 물건을 손괴한 것이라고 볼 수 있죠.

맹순은 결국 권리행사방해로 입건되었습니다. 내 소유 물건이라도 함부로 손괴하거나 은닉하면 안 됩니다. 내 물건이지만 타인에게는 그것이 점유의 대상이고 권리의 목적이 되는 물건이라면 타인의 권리를 침해할 수 있기 때문이죠. 물론 권리행사방해죄는 구체적 사실관계에 따라 또는 법리적으로 다툼의 여지가 많은 죄명입니다.

하지만 이런 방법으로 권리행사방해죄를 소개하는 이유는 일반인은 그 죄명을 오해하는 경향이 있고 함부로 지칭하는 경우가 있기 때문입니다.

위 사례가 정확하다고 볼 수는 없지만 그런 경우에도 권리행사방해 혐의가 성립할 수도 있으니 조심하라고 경각심을 심어주고자 한 것입니다.

〈형법〉

제323조(권리행사방해) 타인의 점유 또는 권리의 목적이 된 자기의 물건 또는 전자기록등 특수매체기록을 취거, 은닉 또는 손괴하여 타인의 권리행사를 방해한 자는 5년 이하의 징역 또는 700만 원 이하의 벌금에 처한다.

12 별다른 죄의식 없이 저지르는 범죄, 공문서부정행사

남의 신분증을 함부로 사용하면 안돼요

①

맹구 아들 '달구'는 고등학교를 자퇴한 문제아입니다. 그 아들 놈 때문에 맹구는 속깨나 썩죠. 어린놈의 자식이 술담배까지 합니다. 한마디로 불량청소년이자 사고뭉치입니다. 달구가 또 사고를 치고 마네요. 달구는 그날도 놈팡이 친구들과 밤거리를 어슬렁 돌아다닙니다.

그러다 우연히 길에서 남의 주민등록증을 줍게 되죠. 1999년생 남자의 주민등록증으로 달구보다 3살 많습니다. 달구는 아직 청소년이지만 그 주민등록증 주인은 성인입니다. 재빨리 호주머니에 넣고 야릇한 미소를 짓습니다. 패거리 놈들도 같은 또래라 미성년자들이기는 매일반입니다. 그러다보니 술과 담배를 살 때 애로사항이 많죠. 술과 담배 등은 청소년유해물질로 청소년에게 판매가 금지되어 있기 때문이죠. 청소년에게 술과 담배를 금하는 건 성장기에 있는 그들의 심신에 치명적이기 때문임은 두말할 나위가 없습니다.

편의점 앞에 이르러 패거리들은 작당하여 작전회의를 시작합니다. '어떻게 하면 나이를 속이고 술과 담배를 사올 수 있을까? 누가 갔다올래?' 라고 말입니다. 그때 달구가 자신만만한 표정으로 자기가 다녀오겠노라고 나섭니다.

패거리들은 무슨 뾰족한 방법이 있냐고 의아한 표정으로 바라봅니다. 달구는 어깨를 으쓱하며 걱정 말라고 말하며 어서 돈이나 달라고 합니다. 그러고는 호기롭게 편의점 안으로 들어가죠.

편의점 종업원이 안으로 들어오는 달구를 훑어보니 다소 앳되게 보입니다. 그래서 술과 담배를 구입하려면 신분증을 보여달라고 요구하죠. 달구는 태연하게 호주머니에서 그 주민등록증을 꺼내 보여줍니다. 종업원은 주민등록증을 건네받아 사진을 본 후 달구 얼굴을 쓰윽 한번 쳐다봅니다. 잠시 머뭇거리더니 이내 돌려주고 달구가 가져온 물품을 계산해줍니다.

달구는 휘파람을 불며 편의점을 나서고 담배도 한 대 피워 뭅니다. 패거리들은 설마 했는데 달구가 한달음에 술과 담배를 사온 것을 보며 박수를 칩니다. 그리고 한적한 공원에서 신나게 술파티를 엽니다. 볼썽사납게 고성방가를 하며 시끄럽게 떠듭니다. 그걸 본 행인이 미성년자들이 술을 마시고 있는 거 같다며 경찰에 신고합니다. 출동한 경찰이 패거리를 상대로 술 등의 구입 방법 및 구입자를 캐물으니 달구가 편의점에서 구입한 것을 알게 됩니다.

자, 여기서 달구는 어떤 처벌을 받게 될까요?

②

먼저, 남의 물건주민등록증을 길에서 주워 이를 파출소 등에 가져다주지 않고 자기 것인 양 가지고 다녔지요. 소유의사의 발현입니다. 점유가 이탈된 타인의 물건을 습득하여 자신이 소유하겠다는 의사로 가져갔으므로 점유이탈물횡령죄가 인정됩니다.

둘째는, 편의점에서 타인의 주민등록증을 자기 주민등록증인 것처럼 제시하여 부정하게 사용하였지요. 주민등록법 위반입니다.

마지막으로 이것이 제일 중요한 범죄인데요. 공문서등부정행사죄입니다. 공문서등부정행사죄는 '진정하게 작성된 공문서'를 '부정하게 행사' 할 때 성립하는 범죄입니다.

주민등록증이나 운전면허증은 공문서입니다. 공문서는 공무원이 작성한 공적인 문서라는 말이죠. '부정행사' 의 의미에 대해 대법원 판례에 따르면, 두 가지 경우를 부정행사로 보고 있습니다.

사용목적이 특정되어 있는 공문서를 사용권한이 없는 자가 용도에 따라 사용한 경우와 사용목적이 특정되어 있는 공문서를 사용권한이 있는 자가 용도 외로 사용한 경우입니다.

달구는 종업원으로부터 신분증 제시 요구를 받자 나이를 속이기 위해 공문서인 주민등록증을 사용권한이 없는 자신이 주민등록증 본래 용도인 연령 확인 등의 신원확인을 위한 용도로 주민등록증을 사용하였으므로 그 사용목적에 따른 행사로서 공문서부정행사죄가 성립하는 것입니다.

타인의 운전면허증 제시도 마찬가지 죄목으로 처벌받습니다. 달구는 사실 자신의 일련의 행위가 그렇게까지 무거운 죄가 될 것이라고는 상상하지 못했을 겁니다.

청소년기에 전과자가 된다는 건 인생의 앞날에 커다란 장애요소가 될 수 있습니다. 희망찬 미래의 발목을 잡을 수도 있답니다. '그런 줄 몰랐어요' 라는 말은 더 이상 변명이 될 수 없습니다.

〈형법〉

제360조(점유이탈물횡령)

①유실물, 표류물 또는 타인의 점유를 이탈한 재물을 횡령한 자는 1년 이하의 징역이나 300만 원 이하의 벌금 또는 과료에 처한다.

제230조(공문서 등의 부정행사)

공무원 또는 공무소의 문서 또는 도화를 부정행사한 자는 2년 이하의 징역이나 금고 또는 500만 원 이하의 벌금에 처한다

〈주민등록법〉

제37조(벌칙)

다음 각 호의 어느 하나에 해당하는 자는 3년 이하의 징역 또는 3천만 원 이하의 벌금에 처한다.

8. 다른 사람의 주민등록증을 부정하게 사용한 자

13 강도상해로의 발전과정

사소한 시작이 엄청난 결과를 초래합니다

①

맹구는 중학교를 자퇴한 청소년으로 장난기가 심하고 상당히 맹랑한 녀석입니다. 그날도 맹구는 '뭐 재미나는 일 없나' 하며 동네를 어슬렁거리며 돌아다닙니다. 사고뭉치 녀석인지라 어떤 짓을 할지 모릅니다.

그때 도로 바닥에 좌판을 깔고 과일을 팔고 있는 어떤 할머니가 눈에 들어옵니다.

'옳거니, 마침 사과가 땡기는구먼' 하며 중얼거립니다.

쯔즛! 제 버릇 개 못 준다더니 또 말썽부릴 생각을 하고 있나 봅니다. 맹구는 기회를 엿보다 할머니가 한눈 파는 사이 사과 몇 개를 집어들고 잽싸게 도망칩니다. 할머니는 마른하늘에 날벼락입니다. 화들짝 놀라 "저 도둑놈 잡아라!"라고 소리를 지르죠.

그 소리에 지나가는 행인이 상황을 간파하고 맹구의 다리를 걸어 넘어뜨립니다.

"요놈! 새파란 놈이 도둑질이야!"라고 행인이 야단을 치자, 맹구는 벌떡 일어나 "당신은 뭐야?"라고 말하며, 그 행인의 얼굴을 주먹으로 가격하고 다시 달아납니다.

행인은 비명을 지르며 쓰러지고, 얼마 후 아무도 뒤쫓아 오지 않는 걸 알고 맹구는 안도의 한숨을 내쉽니다. 맹구의 서리는 그렇게 성공적으로 끝나는 듯 보였죠. 하지만 엄청난 대가가 맹구를 기다리고 있습니다. 맹구는 어떤 처벌을 받을까요?

②

단순히 날치기 절도일까요? 아니면 절도를 한 후 사람을 주먹으로 때렸으니 절도와 폭행 또는 절도와 상해라는 죄가 성립할까요?

아닙니다. 강도 내지 강도상해입니다.

뭐라고요? 강도상해라고요?

네, 강도상해입니다.

맹구가 한 짓이 어떻게 해서 그 무시무시한 강도상해에 해당되는 것인지 의아하게 생각할 것입니다. 그 성립 과정을 간략히 설명해보겠습니다.

먼저 '준강도'라는 개념이 있습니다.

형법에는 절도가 재물의 탈환을 항거하거나 체포를 면탈하거나 죄적을 인멸하는 목적 등으로 폭행 또는 협박을 가한 때에는 강도죄의 예에 따라 처벌하도록 규정되어 있습니다.

맹구는 과일을 훔치면서 절도가 되었고, 그 절도가 체포를 면탈하기 위해 행인에게 폭행을 가하였기 때문에 준강도가 성립하는 것입니다. 폭행 또는 협박이 강취의 수단으로 사후에 행하여졌다고 하여 사후강도라고도 지칭하죠. 어쨌든 법정형이 강도죄와 똑같습니다. 또한 강도의 기회에 고의로 상해를 입혔다면 강도상해죄가 성립합니다. 맹구는 행인의 얼굴을 주먹으로 힘껏 때렸으니 상해가 발생하였을 것입니다.

강도상해죄는 법정형이 무기 또는 7년 이상의 징역으로 무지무지하게 중합니다. 맹구는 경찰에서 조사를 받고 엄청난 범죄를 저지른 걸 알고 아연실색합니다. 성인은 아니지만 형사미성년자도 아니기 때문에 어떤 형태로든 벌을 받을 겁니다. 그리고 그 죄가 평생 지울 수 없는 주홍글씨로 남겠죠.

인생을 제멋대로 살다가는 돌이킬 수 없는 후회와 낙인이 찍힙니다.

형사미성년자란 어떤 사람인가요?

14세가 되지 않아 형법상 책임능력이 없는 것으로 간주되는 사람을 말합니다. 책임 무능력자이기 때문에 범죄를 저질러도 처벌받지 않습니다. 한편 10세 이상 14세 미만의 형사미성년자로서 범법행위를 한 사람을 촉법소년이라고 하는데 촉법소년은 형사책임능력이 없기 때문에 형벌이 아닌 감호위탁, 사회봉사, 소년원 송치 등의 보호처분을 받게 됩니다. 최근 학교폭력, 성폭력 등 죄질이 나쁜 소년범의 처벌 강화를 위해 형사미성년자의 연령을 낮추자는 목소리가 높아지고 있습니다.

〈형법〉

제9조(형사미성년자) 14세 되지 아니한 자의 행위는 벌하지 아니 한다.

제333조(강도) 폭행 또는 협박으로 타인의 재물을 강취하거나 기타 재산상의 이익을 취득하거나 제삼자로 하여금 이를 취득하게 한 자는 3년 이상의 유기징역에 처한다.

제335조(준강도) 절도가 재물의 탈환을 항거하거나 체포를 면탈하거나 죄적을 인멸할 목적으로 폭행 또는 협박을 가한 때에는 전2조의 예에 의한다.

제337조(강도상해, 치상) 강도가 사람을 상해하거나 상해에 이르게 한 때에는 무기 또는 7년 이상의 징역에 처한다.

14 불법영득의사 인정

순간 잘못 생각했다가 도둑놈 취급을 받을 수 있습니다

①

어떤 중학생이 운동장에서 축구를 하며 놀고 있습니다. 그 학생은 우람한 느티나무 밑동에 휴대폰을 놔둡니다. 휴대폰을 소지하고 뛰어놀기가 불편했기 때문이죠.

마침 운동을 하러 나온 맹구가 우연히 그 휴대폰을 발견합니다. 맹구는 주위를 두리번거리더니 그 휴대폰을 집어듭니다. 잠시 망설이다가 이내 호주머니에 쓰윽 넣고 자리를 뜹니다. '나도 내 마음 모른다'고 하듯 사람 마음을 정확히 알 수는 없죠.

처음에는 맹구도 그 휴대폰을 주인 찾아줄 생각이 있었다고 칩시다. 맹구가 집에 와 그 휴대폰을 유심히 살펴봅니다. S사 제품의 최신 기종입니다.

'이거 가격 꽤나 나가겠는걸…'라고 중얼거립니다. 그리고 일단 서랍에 보관하죠. 그리고 다음 날 회사에 출근을 합니다.

퇴근 후 집에 와 그 휴대폰을 꺼냈더니 마침 벨소리가 울립니다. 이때라도 전화를 받아야 하는데, 맹구는 잠시 고민을 하더니 결국 전화를 받지 않습니다. 휴대폰을 서랍 속에 넣어두고 '이걸 어떻게 할까?' 고민을 하는 사이 며칠이 지났습니다.

인터넷에서 가격을 검색해보기도 하였습니다. 그로부터 며칠 후 현장 CCTV 영상을 토대로 추적에 나선 경찰로부터 연락이 왔습니다. 맹구는 보관하고 있던 휴대폰을 경찰에 제출하고 미안하다고 말했습니다. 하지만 미안하다고 끝날 일이 아닙니다.

맹구는 어떤 혐의가 적용될까요?

②

먼저, 점유이탈물횡령인지 절도인지가 문제가 됩니다.

피해자인 학생은 그 휴대폰을 놓아둔 장소를 분명히 알고 있었고, 따라서 그 휴대폰을 회수하는 데 전혀 장애상태가 없었습니다. 그러면 그 물건은 점유이탈물이 아닙니다. 어디에서 어떻게 잃어버렸는지 알 수 없는 물건이 아니기 때문이죠.

즉, 그 휴대폰은 피해자의 점유가 인정되기에 타인 소유의 타인 점유의 물건을 대상으로 하는 절도죄의 객체가 됩니다. 경찰은 피의자 신분인 맹구에게 미란다 원칙을 고지하고 신문을 시작합니다.

"그 휴대폰을 가져갈 당시 운동장에는 아무도 없었나요?"

"아니요. 운동장에 어린 애들이 놀고 있었습니다."

"그러면 그 애들한테 그 휴대폰에 대해 물어보지 않았나요? 그 휴대폰이 너희들 거 아니냐고 말이죠"

"고가의 휴대폰이 설마 그 애들 것이라고는 생각하지 못했습니다"라고 변명하는 맹구의 목소리에는 힘이 없습니다.

"그렇다 칩시다. 그런데 남의 물건을 주웠으면 곧바로 경찰관서 등에 습득신고를 해야 하지 않나요?"

"그렇기는 합니다만, 깜박했습니다."라고 맹구는 석연치 않는 답변을 합니다. 이에 경찰이 맹구를 빤히 쳐다보며, "깜박했다니 그게 무슨 말이죠?"라고 묻습니다.

"찾아줄 생각을 하긴 했는데 바쁘다보니 그 생각을 깜박했습니다."

그러나 사건 조사 경험이 많은 경찰은 어림없는 수작 말라며 추궁을 이어가는 건 당연한 수순이죠.

"좋습니다. 그런데 집에 가져간 후 그 휴대폰으로 전화가 왔을 텐데 왜 받지 않았죠?"

맹구는 한숨을 쉬면서 이렇게 말합니다.

"솔직히 겁이 났어요. 신고를 바로 했으면 그렇지 않았을 텐데, 그걸 가지고 있다보니 은근히 다른 생각도 들고 시간이 지나니 제 마음도 갈피를 잡기 어려웠습니다."

"그 휴대폰을 가져간 날이 5월 13일이고 경찰로부터 연락이 온 날이 그로부터 8일이 지난 시점이었는데 그 사이에 주인을 찾아 주기 위한 조치나 방법은 강구해봤나요?"

"아니요. 어떻게 할까 고민만 하다가 시간이 지나갔고, 그래서 아무 조치도 못했습니다."

"그 휴대폰은 신형으로 가격도 꽤 나간 것으로 아는데요?"

"네. 인터넷으로 검색해보니 그렇더라고요."

경찰은 그럴 줄 알았다며 조서를 작성하는 손가락에 힘이 들어갑니다.

"처음에는 어땠는지 몰라도 나중에 고가의 휴대폰인 것을 확인한 후에는 욕심이 난 거 같은데 어떤가요?"

맹구는 눈을 질끈 감으며 그 질문에 말을 잇지 못합니다.

"처음부터 그 휴대폰에 손을 대지 말지 그랬는가요? 견물생심 이라는 말도 있는데."

"네, 그랬으면 아무 일도 없었을 텐데……. 생각이 짧았습니다."

"만약 경찰이 연락하지 않았다면 어떻게 할 생각이었나요?"

"어떻게 할 생각은 없었고, 주저주저하다가 이렇게 되었습니다. 죄송합니다."

③

조사는 끝났습니다. 이제 판단만 남았습니다. 절도는 절취의 고의 외에 불법영득의사를 핵심 요소로 합니다. 불법영득의사란 그 물건의 권리자를 배제하고 내가 소유하겠다는 의사를 말합니다. 맹구는 휴대폰을 수중에 넣은 후 미적미적대다 이를 장기간 소지하였는데, 이는 차후 누가 찾는 사람이 없으면 그냥 내가 가지겠다는 의사를 표현하는 행위라고 판단됩니다.

처음에는 선의였다고 하더라도 지니고 있던 도중에 불법영득의사가 생겨도 마찬가지입니다. 사건의 전체적인 정황과 맹구의 일련의 행위가 그걸 말해줍니다.

결국 맹구의 항변에도 불구하고 절도죄가 인정되는데 부족함이 없습니다. 나는 이런 사건을 실무에서 숱하게 봤습니다. 그래서 누누이 강조합니다.

길을 가다가 우연히 바닥에 떨어진 물건을 보게 되더라도 즉시 이를 경찰에 신고할 생각이 없으면 줍지 말고 그냥 지나쳐 가라고요. 요즘에는 곳곳에 CCTV가 정말 많이 설치되어 있습니다. 그렇기에 더욱 더 나쁜 마음을 먹어서는 안 됩니다. 돌이킬 수 없는 일이 벌어질 수 있으니까요.

미란다 원칙이란 무엇인가요?

수사기관이 피의자를 체포하거나 신문을 시작할 때 체포이유와 피의사실의 요지, 진술거부권과 변호인의 도움을 받을 수 있는 권리 등이 있음을 미리 알려줘야 한다는 원칙입니다.

따라서 조사관은 조사에 들어가기 전에 반드시 피의자에게 피의사실의 요지를 고지한 후 "귀하는 일체의 진술을 하지 아니하거나 개개의 질문에 대하여 진술을 하지 아니할 수 있습니다. 귀하가 진술을 하지 아니하더라도 불이익을 받지 아니합니다. 귀하가 신문을 받을 때에는 변호인을 참여하게 하는 등 변호인의 조력을 받을 수 있습니다"라는 내용을 정확히 알려줘야 합니다.

진술거부권과 변호인의 조력권은 헌법상 보장된 피의자의 고유한 권리이자 절대적인 권리입니다. 따라서 이를 위반하여 취득한 진술이나 증거자료는 위법하게 수집한 증거로서 증거능력이 인정되지 않아 증거로 사용할 수 없습니다.

15 이상한 협박죄 성립

구애도 지나침은 금물입니다, 순리대로 해야죠

①

맹구는 내성적이지만 매사 차분한 사람입니다. 그런 맹구에게 여자가 생겼는데, 살점을 베어주고 싶을 정도로 맹구는 그 여자를 열렬하게 좋아합니다. 그 여자 또한 마찬가지였죠. 그런데 그 애정에 서서히 금이 가기 시작합니다.

여자가 어느 날부터인지 맹구를 피하기 시작합니다. 전화도 잘 받지 않고 문자를 넣어도 응답이 없는 일이 잦아졌습니다. 맹구는 맑은 하늘에 먹구름이 몰려오는 듯한 기분이었을 겁니다. 예감이란 게 있잖아요. 맹구는 이유라도 좀 알자고 하면서 그녀에게 만나자고 합니다. 간만에 본 무표정한 그녀를 보자 먹구름이 비가 되어 내리는 거 같습니다. 맹구는 묻습니다.

"요즘 너 왜 그래? 연락도 안 받고, 무슨 일 있어?"

그녀는 창밖으로 눈을 돌리더니, 소주잔을 듭니다. 맹구도 소주를 여러 잔 들이킵니다. 그녀는 이윽고 이렇게 말합니다.

"아무 일도 아냐. 그냥 요즘 심란한 일이 있어서 그래."

"그런 일 있으면 나한테 얘기해줄 수도 있잖아, 우리 관계가 그 것밖에 안 돼?"

그녀는 고개를 가로젓더니 "아냐, 신경쓰지 마"라고 말합니다. "혹시 너… 딴 남자 생긴 거야?"

"그런 거 아니라니까, 왜 그래 진짜! 날 그냥 가만히 내버려 둬!"

맹구는 그녀를 계속 추궁하지만 시원한 답을 듣지 못합니다. 맹구는 한숨을 내쉬며 연거푸 술잔을 채웁니다. 맹구는 취기가 올라 얼굴이 불그스레해지며 언성도 높아집니다.

맹구가 "우리가 사귀는 거 맞냐?"라고 물으면 "남자가 그런 것도 이해 못 하냐? 그 이야기 그만 좀 해!"라고 짜증을 냅니다. 맹구는 속에서 불길이 치솟는 걸 느낍니다. 맹구는 그녀를 뚫어지게 쳐다보더니 갑자기 품속에서 과도를 꺼냅니다.

그러고는 "너 나 죽는 꼴 볼거냐!"라고 소리치며 자기 목에 칼을 갖다댑니다. 마치 자해를 할 듯이 말이죠.

그러자 그녀는 "오빠 미쳤어! 이럴 거면 나 집에 가겠어"라고 말하며 분연히 일어서려고 합니다.

"너 가기만 해봐. 내 목에 칼이 들어갈 거다!"라고 말하며 당장이라도 제 목을 찌를 것 같은 태도를 취합니다. 맹구의 과격한 행동에 그녀는 놀라 풀썩 주저앉고 맙니다.

그녀는 이러지 말라며 맹구를 간곡히 만류하는 한편 곧 무슨 무서운 일이 생길 것만 같아 주위 사람에게 경찰에 신고해달라고 요청합니다. 이내 신고를 받은 경찰이 현장에 도착하자 맹구는 그제야 흥분을 가라앉히고 과도를 손에서 내려놓습니다.

상황은 그것으로 종료되었습니다. 그녀는 경찰에 신고를 취소할 테니 그냥 돌아가라고 말합니다. 하지만 경찰은 맹구를 상대로 범죄 혐의가 있으니 조사를 해야겠다고 합니다.

과연 맹구에게 어떠한 혐의가 있어 그럴까요?

②

협박죄 성립이 문제됩니다. 맹구는 연인 관계인 여자의 변심을 의심한 나머지 과도로 제 목을 찌르는 시늉을 합니다. 그러면서 자신의 요구를 거절하지 못하게 강요한 것이죠.

협박죄에서의 '협박'은 사람으로 하여금 공포심을 일으킬 수 있을 정도의 해악의 고지를 의미하고, 상대방의 의사결정이나 행동의 자유의 법익을 침해하는 경우에도 성립합니다. 맹구가 자해하려는 동작을 취하면서 자신의 요구를 거절하지 못하게 하는 행동은 피해자에게 공포심을 일으켜 의사결정이나 행동의 자유를 침해할 수 있는 행위라고 할 수 있습니다. 그렇게 보면 피해자에게 해악의 고지를 한 것으로 협박에 해당합니다.

피해자를 향해 직접 칼을 겨누며 협박한 것은 아니지만 협박에 해당된다는 의미입니다. 내성적인 사람이 화나면 더 무섭다고, 우리 맹구는 지나치게 과격한 행동을 한 나머지 협박죄로 처벌받을 지경에 처했습니다.

단순협박은 반의사 불벌죄이기 때문에 피해자가 처벌을 원하지 않으면 공소권이 없어 처벌을 할 수 없습니다. 하지만 위 사례와 같이 과도를 이용하여 협박을 하였다면 위험한 물건을 휴대하여 협박죄를 범한 것으로 보아 특수협박에 해당될 수 있습니다.

특수협박은 그 위험성이 크기 때문에 반의사 불벌죄가 아닙니다. 상대방이 처벌을 원치 않는다는 의사표시를 하더라도 기본적으로 처벌 대상이죠.

반의사 불벌죄란 무엇인가요?

피해자가 처벌을 원하지 않는다는 의사를 표시하면 처벌할 수 없는 범죄를 말합니다. 단순폭행죄, 과실상해죄, 단순협박죄, 명예훼손죄, 경과실 치상 교통사고 등이 이에 해당합니다.

'공소권 없음' 이란 무슨 의미인가요?

소송조건을 구비하지 못한 경우 또는 필요적 형 면제 사유에 해당하는 경우에 행하는 종국처분을 말합니다. 다시 말하면 범죄 혐의는 인정되어도 공소제기를 할 수 없다는 의미입니다. 반의사 불벌죄는 피해자가 처벌불원의사를 표시하면 공소권 없음 처분을 합니다.

〈형법〉

제283조(협박, 존속협박)

①사람을 협박한 자는 3년 이하의 징역, 500만 원 이하의 벌금, 구류 또는 과료에 처한다.

③제1항 및 제2항의 죄는 피해자의 명시한 의사에 반하여 공소를 제기할 수 없다.

제284조(특수협박) 단체 또는 다중의 위력을 보이거나 위험한 물건을 휴대하여 전조 제1항, 제2항의 죄를 범한 때에는 7년 이하의 징역 또는 1천만 원 이하의 벌금에 처한다.

---

16 재물손괴, 과실로 인한 손괴, 손괴미수 등의 처벌 여부

고의로 손괴한 경우와 과실로 손괴한 경우는 다르죠

①

남의 물건을 파손한 경우 어떠한 책임이 따를까요?

고의로 그런 경우는 당연히 죗값을 받아야 하겠지요. 그러나 과실로 물건을 파손한 경우, 고의로 파손하려고 시도하였으나 파손하지 못해 미수에 그친 경우는 어떠할까요?

맹구는 평소에는 멀쩡하나 술만 들어가면 개념이 상실되는 사람입니다. 엊그제 동창들과 주점에서 술을 마시다 또 사고를 쳤습니다. 술을 마시던 중 일행과 언쟁을 벌이다 욱하여 홧김에 마시던 술잔을 집어던졌는데, 그게 날아가 가게 유리창이 깨진 것입니다. 물론 소주잔도 깨졌죠. 한 가지 다행인 것은 사람을 향해 던진 것은 아니고 사람이 없는 쪽으로 던진 것입니다. 사람을 향해 던졌다면 빗맞았다고 하더라도 재물손괴가 아니고 폭행 쪽으로 수사가 진행되어야 할 겁니다.

경찰이 현장에 도착하여 경위를 조사하는데 맹구는 "그까짓 거 물어주면 되지 않느냐, 경찰이 관여할 일이 아니지 않느냐?"라고 신경질적인 반응을 보입니다. 물론 서둘러 무마를 했다면 피해자가 신고하지 않았을 것이고, 그러면 사건화되지도 않았을 겁니다. 하지만 경찰에 신고가 들어간 이상 형사사건이 되고 가해자는 피의자로 입건이 될 수 있습니다. 맹구가 술잔을 던져 타인의 물건이 깨졌다는 기본적 사실 관계는 다툼 없이 인정됩니다. 경찰이 핵심 사항에 대해 확인을 합니다.

"피의자는 술잔을 집어던졌고, 그 술잔에 부딪혀 피해자 가게 유리창이 깨진 것이 틀림없는가요?"

"네, 그렇긴 합니다만, 일부러 그런 것은 아니고 술김에 그렇게 되었는데 너무하네요."

그러면서 맹구는 재수 없다는 듯한 표정을 지어보입니다. 술잔에 날개가 달려 혼자 날아갈 리는 만무하고 그걸 집어들어 어디론가 던졌다면 그 충격에 유리창 등 물건이 파손되리라는 것은 충분히 예견 가능합니다. 따라서 응당 재물손괴의 고의가 인정됩니다.

가끔 취객들은 술 핑계를 대며 당시 제정신이 아니었다고 둘러대는데, 그런 변명은 사실상 의미가 없습니다. 고의 성립에 전혀

지장을 주지 않으니까요. 한편, 맹구는 다음 날 수리비를 지급하고 피해자와 합의를 하여 합의서를 제출합니다. 그래도 범죄 전력은 남습니다.

②

여기서 맹구처럼 생각하는 사람이 있을 겁니다. 사람을 폭행한 것도 아니고 우발적으로 남의 물건을 깼지만 수리비 다 물어주고 당사자 간에 서로 없는 것으로 합의까지 했는데 형사입건이 되고 처벌을 받을 수도 있다고요?

하기야 그 정도 일로 조사를 받고 재판까지 받을지 모른다고 하면 억울할 수도 있겠지요. 단순 재물손괴는 초범이고 피해 정도가 경미하며 합의가 되었다면 정상을 참작하여 통상 기소유예 처분을 합니다. 하지만 그런 사유가 존재하지 않고 죄질이 나쁜 경우는 취중의 우발적인 행위라고 하더라도 처벌을 받을 수 있습니다. 그런데 과실로 손괴하면 어떤가요?

그런 경우는 처벌을 받지 않습니다. 즉 형사문제가 아니라는 겁니다. 동네 애들이 골목길에서 공을 차다 공이 담장을 넘어가 남의 집 창문이 깨졌다고 합시다. 그런 경우에는 일부러 남의 물건을 파손하겠다는 의사가 없었기 때문에 고의가 없고 과실 손괴는 애초부터 처벌하는 규정이 없습니다. 물론 민사적으로는 피해보상을 해줘야 하겠지요.

여기서 한 가지 주의할 점이 있습니다. 차를 운전하여 실수로 남의 차를 들이받았는데 사람은 다치지 않고 상대방 차만 파손된 경우입니다. 단순 물적 피해 사고인 경우죠. 그런 경우는 사정이 좀 다릅니다. 교통사고는 과실로 손괴하였더라도 원칙적으로 형사입건이 됩니다.

교통사고의 특수성 및 형사정책적인 이유 때문에 그렇습니다. 다만, 가해 차량이 대물배상 한도 내에서 자동차보험또는 공제조합 처리가 가능하거나 피해자와 합의를 하면 처벌을 받지 않습니다. 그런 경우 교통사고 사건처리지침에 의하여 아예 처음부터 입건을 하지 않거나 공소권 없음 처분을 합니다. 하지만 무보험 차량이고 피해자가 처벌을 원하면 도로교통법상 재물손괴로 입건이 되고 공소제기의 대상이 됩니다.

한편, 집 앞에 불법주차한 차 때문에 화가 난 사람이 그 차를 발로 뻥 찼는데 다행히 아무런 흠집도 생기지 않고 피해가 없습니다. 그런 경우는 어찌 되나요?

결과적으로 타인의 물건을 파손한 것이 없으니 아무렇지도 않나요?아닙니다. 재물손괴미수죄가 성립합니다. 고의로 타인의 재물을 손괴하려고 행위에 착수하였으나 결과가 발생하지 않는 경우에 성립하는 범죄입니다. 고의성이 있다면 그 결과 발생 여부와 상관없이 처벌 대상입니다.

만약, 위 사례에서 맹구가 술잔이 아니라 술병이나 의자를 집어던져 물건이 파손되었다면 어떻게 될까요?

그런 경우 단순 재물손괴가 아니고 특수재물손괴로 죄명이 바뀝니다. 위험한 물건을 이용하여 타인의 재물을 손괴하였기 때문입니다. 특수손괴는 단체 또는 다중의 위력을 보이거나 위험한 물건을 휴대하여 재물을 손괴한 경우에 성립하는 범죄로서 그 위험성 때문에 가중처벌을 합니다.

다분히 고의성을 가지고 남의 물건을 파손하고도 죄의식을 갖지 못하거나 죄가 되는지 모르는 사람이 더러 있습니다. '그까짓 것 물어주면 되지 않느냐, 그래봐야 민사문제 밖에 더 되느냐'라고 항변을 하지요. 특히 취중에, 홧김에 그런 일이 자주 발생하는 편인데, 상황 판단을 제대로 하지 못해 상당히 곤란한 지경에 빠질 수도 있지요. 엄연히 범죄가 성립할 수 있다는 것을 알아야 합니다.

호미로 막을 일을 가래로도 못 막는 사태가 발생할 수도 있으니혹여 그런 불미스런 일이 생겼을 경우 조용히 조기 수습을 하는 것이 좋을 듯합니다. 경찰에 신고가 들어간 이상은 유有를 무無로 돌릴 수는 없으니까요.

공소제기란 무엇인가요?

줄여서 기소起訴라고 지칭하는데, 검사는 범죄혐의가 인정되고 소추조건이 구비된 사건에 대하여 기소유예 등의 사안이 아닌 경우 원칙적으로 공소를 제기합니다.

공소의 제기에는 정식재판을 요구하는 공판청구와 약식명령청구의 2가지 유형이 있는데, 실무상 전자를 구공판求公判이라고 하고, 후자를 구약식求略式이라고 합니다. 구공판과 구약식의 차이는 뒤에서 자세히 소개합니다.

〈형법〉

제366조(재물손괴등)

타인의 재물, 문서 또는 전자기록등 특수매체기록을 손괴 또는 은닉 기타 방법으로 기 효용을 해한 자는 3년 이하의 징역 또는 700만 원 이하의 벌금에 처한다.

제369조(특수손괴)

①단체 또는 다중의 위력을 보이거나 위험한 물건을 휴대하여 제366조의 죄를 범한 때에는 5년 이하의 징역 또는 1천만 원 이하의 벌금에 처한다.

제371조(미수범)

제366조, 제367조와 제369조의 미수범은 처벌한다.

〈도로교통법〉

제151조(벌칙)

차의 운전자가 업무상 필요한 주의를 게을리하거나 중대한 과실로 다른 사람의 건조물이나 그 밖의 재물을 손괴한 경우에는 2년 이하의 금고나 500만 원 이하의 벌금에 처한다.

17 폭행의 개념과 가정폭력의 대처방법

신체에 직접 접촉하지 않아도 폭행에 해당될 수 있습니다

①

가화만사성家和萬事成이라고 하는데 가정불화로 괴로움을 호소하는 사람들이 많습니다. 맹구도 그중의 한 명인데, 맹구의 처가 의부증이 있답니다. 그래서 얼마 전에 또 대판 부부싸움을 한 거같은데 이번에는 형사 입건까지 되었다고 하네요.

어떤 사연인지 들어보시죠.

맹구는 운동을 좋아해서 스포츠 동호회 활동을 자주 합니다. 배드민턴 동호회도 그중의 하나인데, 운동을 끝내고 나면 회원들끼리 저녁을 먹고 술도 마시고 한답니다. 회원 중에는 여성회원들도 있지요.

그날도 남녀혼성 게임을 하며 즐겁게 운동을 하고 난 후 갈증이 나고 배도 고파서 치킨과 맥주를 먹으러 갔답니다. 맹구는 술도 좋아해서 운동을 하는 이유가 술을 먹기 위해서랍니다. 운동하고 나면 컨디션이 좋아져서 술도 잘 들어가는 모양입니다. 그날도 맹구는 술을 꽤 먹었습니다. 문제는 1차에서 끝내고 귀가하였으면 사단이 나지 않았을 것인데, 서로들 기분이 좋아 2차까지 갔다고 합니다.

으레 술을 먹으면 흥이 나고 그 다음에는 노래지요. 노래방에 갔고 여흥을 즐기다보니 어느덧 자정 무렵이 되었습니다. 그쯤 되면 다들 신경이 쓰이지요. 집에서 전화도 걸려오지요. 맹구 와이프는 9시부터 전화를 했나 봅니다.

처음에는 전화를 받지 않았답니다. 괜히 흥이 깨질까봐서지요. 하지만 맹구 와이프도 여간 아닌 모양입니다. 계속해서 전화질을 해대는데 나중에 보니 부재중 전화가 10통이 들어와 있더랍니다. 맹구는 노는 데 집중도 안 되고 짜증이 나서 할 수 없이 전화를 받았답니다.

둘 간의 통화가 어땠을는지는 상상이 되지요. 그런데 맹구는 밖에 조용한 데서 전화를 받지 하필이면 노랫소리, 여자 말하는 소리 다 들리는 곳에서 전화를 받은 모양입니다. 저쪽에서 거기가 어디냐며 노발대발 하더랍니다. 야근한다는 맹구의 거짓말도 들통이 난 것이지요. 맹구 와이프는 화가 잔뜩 났습니다.

맹구는 노래방을 빠져나와 서둘러 귀가했는데, 집에 들어오니

도끼눈을 치뜬 와이프가 노려보고 있더랍니다.

와이프가 "야! 이 쓰레기 같은 인간아!" 라며 온갖 욕설을 해댔나 봅니다. 맹구도 그에 질세라 바락바락 소리 지르니 싸움이 커졌습니다. 평소에도 그 와이프는 걸핏하면 맹구에게 괜한 시비조의 말을 자주 하고, 전화하여 '거기 어디냐, 누구랑 있냐?' 라며 꼬치꼬치 캐묻곤 하였다네요. 맹구는 정말 마음 편한 날이 없다며 하소연하곤 했습니다.

맹구는 그날 와이프의 악다구니에 격분하여 그만 식탁 의자를 집어들어 바닥에 내동댕이쳤답니다. 그런데 하필 그 의자가 부서지면서 파편이 튀어 와이프 몸에 맞은 모양입니다. 그러니까 와이프는 폭행당했다고 경찰에 신고를 하였답니다.

과연 폭행죄가 성립할까요?

②

경찰은 신고 내용에 대해 조사를 벌입니다.

"그 의자를 바닥에 패대기칠 때 어느 쪽으로 던졌나요, 부인 쪽으로 던졌는가요?" 라고 경찰이 묻습니다.

맹구는 양손을 가로저으며 그게 아니라고 주장합니다. 통상 피의자는 본능적으로 범행을 부인하게 마련이지만 피해자와 참고인 진술이 있고 다른 정황 증거도 있습니다. 더군다나 피해자가 여성인 경우는 피해자 진술에 힘을 실어주는 경향이 있습니다. 맹구처가 의자 파편에 맞은 것은 엄연한 사실이기 때문에 피해자 또는 피해자 부근을 향해 던진 것으로 추정이 가능합니다.

결국 경찰은 처를 향해 집어던진 것으로 정리한 수사 결과를 토대로 기소의견으로 검찰에 송치送致하였다고 하였습니다. 폭행죄에서 '폭행'은 사람의 신체에 대한 유형력의 행사라고 정의합니다. 사람의 신체에 대한 일체의 불법적인 유형력의 행사를 의미하며, 간접적인 유형력의 행사도 포함이 됩니다. 그리고 반드시 신체에 접촉할 필요도 없습니다. 그렇기 때문에 몇 걸음 앞에서 그 사람 쪽을 향해 돌을 던졌는데 빗맞은 것도 폭행입니다.

그런 맥락에서 맹구도 폭행죄가 성립될 수 있습니다. 직접적으로 처를 겨냥해서 던진 것은 아니지만 처가 있는 쪽으로 던졌다면 설사 직접 처를 겨누지 않았더라도 간접적인 유형력의 행사라고 볼 수 있습니다. 그 의자에 사람이 맞든 안 맞든 상관없이 폭행에 해당합니다.

한편, 위 의자를 위험한 물건으로 보면 특수폭행에 해당될 수도 있습니다. 특수폭행은 반의사 불벌죄가 아니기 때문에 피해자가 합의를 해줘도 기본적으로 처벌이 가능합니다.

③

여기서 가정폭력에 대해 잠깐 설명하자면, 경찰이 현장에 도착하면 일단 가정폭력을 제지하고 행위자와 피해자를 분리한 다음 응급조치를 합니다. 피해자가 동의한 경우 피해자를 가정폭력상담소 또는 보호시설에 인도할 수 있고, 의료기관에 인도하여 긴급 치료를 받게 할 수 있습니다. 그런 다음 경찰이 행위자를 상대로 폭력행위 재발시 '피해자 등의 주거로부터 퇴거 등의 격리', '피해자의 주거, 직장 등에서 100미터 이내의 접근금지' 등의 임시조치를 검사에게 신청할 수 있음을 통보하고, 만약 위 임시조치 위반 시 유치장 등에 유치될 수 있다고 고지합니다.

재범의 위험성이나 가정유지 의사도 고려해서 조치를 취합니다. 맹구는 그 이후 바깥출입을 거의 삼가고 모임도 꺼리고 있습니다. 맹구의 신세가 처량합니다. 애들 때문에 이혼도 못 하고 그냥 머슴처럼 사는 모양입니다. 최근에 맹구를 만났는데 휴대폰을 연신 만지작거리며 안절부절못합니다. 상당히 불안해하는 맹구를 보니 나도 불안해집니다.

송치란 무엇인가요?

경찰은 그가 수사한 모든 형사사건에 대해 기록과 증거물, 구속한 경우에는 신병을 검찰청으로 보내야 하는데 이를 송치送致라고 합니다. 이는 한국의 경우 검사만이 수사를 종결할 수 있고 검사가 기소독점권을 가지고 있기 때문에 당연한 절차입니다. 경찰이 조사를 하여 혐의가 있다고 판단되면 기소 의견으로 송치하고, 혐의가 없거나 증거가 불충분하다고 판단되면 또는 혐의가 인정되더라도 공소권이 없으면 불기소의견으로 송치합니다. 불기소의견에는 혐의 없음과 공소권 없음 등이 대표적입니다.

그런데 2021년 1월 1일부터 시행된 수사권 조정 관련하여 형사소송법 등 개정된 형사법령에 따르면 검찰과 경찰 양 기관을 상호협력 관계로 규정하여 경찰의 1차적 수사종결권을 인정하였습니다. 그래서 기존에는 경찰이 수사한 모든 사건을 송치하였으나 원칙적으로 기소의견 사건만 송치하고 불기소 및 기소중지 등의 의견인 경우에는 기록만 송부하여 검사가 이를 검토하는 시스템으로 변경되었습니다.

18 흔히 발생하는 주폭

술로 인해 발생한 사건이 정말 많아요

①

술을 마시면 기분이 좋아지고 스트레스가 풀립니다. 그런데 범죄를 유발하는 원인 중 하나가 술입니다. 평소에는 멀쩡하다가도 술을 마시면 말이 거칠어지고 행동이 과격해지는 사람이 있습니다. 음주사고는 운전을 할 때만 있는 게 아닙니다.

맹구는 조경 일을 하는 사람입니다. 평소에는 성격이 차분하고 성품이 괜찮은 사람입니다. 그런 맹구가 어느 날 친구 달구를 만나 술자리를 하게 됩니다. 권커니 잣거니 하다보니 술이 꽤 되었습니다. 술자리라는 게 처음에는 화기애애하다가도 이상하게 변하는 경우가 종종 있습니다. 사소한 일이나 작은 서운함을 크게 부풀리게 하는 것도 술기운의 폐해이죠. 술이 거나해진 맹구가 문득 정색하며 이렇게 말합니다.

"근데 너 임마, 옛날에 내가 술도 사고 노래방도 가서 돈 많이 썼는데 너는 왜 안 사?"

그러자 달구가 "너가 나한테 그랬다고, 난 기억이 없는데? 혹시 다른 사람하고 착각한 거 아냐?"라고 반문합니다.

"너 임마 맞아! 사람이 그러면 안돼. 내가 한잔 샀으면 너도 한 잔 사야 되는 거 아니냔 말야."

달구는 난감하고 불쾌합니다.

"야, 이 새끼야, 그렇다치더라도 사람 쪼잔하게 그런 걸 가지고 따지냐. 에이, 술맛 떨어지네!"

두 사람은 언성이 높아지며 오가는 말이 거칠어집니다. 그러다 맹구가 흥분하여 손으로 달구를 밀치게 됩니다. 달구는 그대로 뒤로 벌러덩 넘어집니다. 달구는 피가 나는 머리를 감싸며 신음을 합니다. 그러자 가게가 소란스러워지고 누군가 경찰에 신고를 합니다. 그런데 달구가 현장에 출동한 경찰에게 이렇게 외칩니다.

"저 새끼가 의자로 내 머리를 쳤어요!"

②

일이 엉뚱한 방향으로 진행되고 커져버렸습니다. 손으로 밀친 정도의 폭행이 아니라 의자 즉, 위험한 물건을 집어들어 머리를 쳤다면 특수폭행이고, 상해가 발생하였다면 특수상해입니다. 단순폭행은 피해자가 처벌을 원하지 않으면 공소권 없음으로 종결되지만 특수폭행이나 특수상해는 반의사 불벌죄가 아닙니다. 합의를 해도 범죄는 고스란히 인정됩니다. 상해 정도가 중하면 구속까지 될 수 있습니다.

맹구는 다음 날 술이 깨고 나니 사태가 심각해진 것을 알았습니다. 후회막심했지만 이미 일은 저질러졌습니다. 맹구는 부랴부랴 수습책을 강구합니다.

그로부터 며칠 후 두 사람이 경찰서에 출석하게 됩니다. 경찰이 다시 달구에게 묻습니다.

"진술인은 맹구로부터 의자로 맞았다고 하였지요?"

"네, 그랬죠. 그런데 제가 착각한 거 같습니다."

"그게 무슨 말인가요?"

"그때 술이 많이 된 데다 홧김에 그렇게 말을 하긴 했습니다만, 사실은 그게 아닙니다."

"그게 아니라니, 그러면 뭐죠?"

"의자로 맞은 건 아닙니다. 손으로 그냥 밀치기만 했죠."

달구가 진술을 번복하자 경찰은 난감해합니다.

"그럼 당시 어떤 일이 있었나요?"

"술을 먹다 말다툼이 있었는데 맹구가 갑자기 나를 밀쳤어요.

그래서 중심을 잃고 옆으로 넘어지게 되었는데 그만 옆 탁자 모서리 부분에 머리가 부딪치게 된 거죠."

"확실하게 말해주시죠, 맹구가 의자를 집어든 게 아니다, 이 말인가요?"

"네, 확실히 아닙니다. 술을 과하게 먹어 잘 기억이 나지 않았는데, 홧김에 상황을 좀 과장스럽게 말한 거 같습니다. 죄송합니다."

"머리에 피가 나서 치료를 받았다고 했죠?"

"네, 피가 나서 병원에 갔는데 지혈을 하니까 괜찮은 거 같아 따로 치료는 받지 않았어요."

"상해진단서는요?"

"별로 다친 것도 없는데 제출하지 않겠습니다."

경찰은 이후 목격자 등을 상대로 탐문수사를 벌였지만 다들 입을 다물어서 진척이 없었고, 현장 CCTV를 확보하기 위해 노력했지만 더 이상 증거는 나오지 않았습니다.

그래서 경찰은 단순폭행으로 수사를 마무리할 수밖에 없었습니다. 달구가 진단서를 제출하지 않고 치료받은 사실도 소극적으로 진술하는 바람에 달리 방도가 없었을 테죠. 그리고 합의를 하였기 때문에 공소권 없음 의견으로 검찰에 송치하였답니다.

합의 과정에서 맹구는 달구에게 거액의 돈을 합의금으로 줬다고 합니다. 달구도 사건을 부풀리고 과장한 것이 있지만 어차피 원만한 사건 해결을 위해서는 맹구도 어쩔 수 없었을 겁니다. 어쨌든 달구가 갑이고 맹구가 을이기 때문이죠. 맹구는 위험천만한 일을 겪고 나서 이렇게 한탄합니다.

"솔직히 용궁 갔다 왔습니다. 그 일 이후로 술도 안 먹습니다. 술에 취해 사고 친다는 얘기가 남들 얘기인 줄 알았더니 제가 그 짝날 줄 몰랐네요. 그 녀석하고는 아예 인연을 끊었습니다."

〈형법〉

제257조(상해, 존속상해)

① 사람의 신체를 상해한 자는 7년 이하의 징역, 10년 이하의 자격정지 또는 1천만 원 이하의 벌금에 처한다

제258조의2(특수상해)

① 단체 또는 다중의 위력을 보이거나 위험한 물건을 휴대하여 제257조 제1항 또는 제2항의 죄를 범한 때에는 1년 이상 10년 이하의 징역에 처한다.

---

19 남의 땅에 심은 나무와 채소의 절도 성립 여부

나무와 농작물은 다릅니다

①

맹구는 시골에서 전원주택을 지어 살고 있습니다. 맹구 집 옆에는 잡초가 무성한 공터가 있습니다. 그런데 그 땅주인을 몇 해 동안 본 적이 없습니다. 관리를 하지 않고 방치해놓은 그 땅이 아까워 맹구는 어느 날 그 땅을 활용해보자고 마음먹습니다. 그래서 잡초를 뽑아내고 땅을 일구었더니 제법 근사합니다.

군데군데 매화나무 묘목을 심고 자투리땅은 고추와 가지 모종을 심었습니다. 맹구는 흐뭇했죠. 거름을 주고 정성을 기울였더니 수확의 기쁨을 맛볼 수 있었습니다. 이듬해 매화나무에 손가락 한 마디만한 매실이 조랑조랑 열렸습니다. 싱싱한 고추와 가지도 날마다 따먹을 수 있어 좋았습니다. 그런데 사건이 생깁니다.

그날도 맹구는 제법 자란 매실을 따고 있었습니다. 그런데 별안간 누군가가 나타나 "어허! 거기 누군데 지금 뭐하는거요? 남의 땅에서!"라고 소리를 치는 것이었습니다.

맹구는 깜작 놀라 돌아봤습니다. 그리고 직감적으로 바로 상황을 알아차립니다. 여태 얼씬도 않던 땅주인이 나타난 것입니다.

맹구는 그간의 사정을 설명하고 양해를 구했습니다. 그러나 주인은 어림없는 수작 말라며 화를 내더니 고소하겠다고 합니다. 맹구는 사전 승낙을 받지 못한 건 미안하지만 어차피 빈 땅이고 내가 품을 들여 농토로 일구고 나무 등을 심었으므로 피해를 준 것이 없는데 무슨 고소를 하느냐며 항변하였습니다. 그럼에도 그 주인은 기어코 맹구를 고소했습니다.

무슨 죄명으로요?

②

절도입니다. 맹구는 어이가 없었습니다. 아니, 땅주인은 말 그대로 땅만 주인 것이지, 매실과 야채는 내가 심고 가꾸었기 때문에 내 것이라고 생각했기 때문입니다. 맹구는 과연 절도죄로 처벌을 받을까요?

우선 민법에는 이러한 규정이 있습니다.

"부동산의 소유자는 그 부동산에 부합한 물건의 소유권을 취득한다. 그러나 타인의 권원權原에 의하여 부속된 것은 그러하지 아니하다."

부합이란, 소유자를 달리하는 여러 개의 물건이 결합하여 1개의 물건으로 되는 것을 말합니다. 동산과 부동산이 부합한 때에는 원칙적으로 부동산의 소유자가 전체 물건에 대해 소유자가 되고 동산의 소유자는 소유권을 잃습니다.

즉, 토지에 식재한 나무는 토지에 부합됩니다. 맹구는 토지 소유자의 승낙을 받지 않고 나무를 심었기 때문에 '권원' 이 없습니다. 즉 그 나무의 소유권을 주장할 수 없습니다. 하지만 농작물의 경우는 다릅니다. 판례는 농작물에 관해서만은 아무런 권원 없이 타인의 토지에서 경작 재배한 농작물의 소유권은 경작자에게 있다고 하고 있습니다.

즉, 그 농작물은 토지에 부합하지 않고 토지로부터 독립한 별개의 물건으로 취급됩니다. 따라서 농작물은 그 농작물을 심은 사람의 소유가 됩니다. 위와 같이 수목과 농작물을 달리 취급하는 이유는 농작물 재배의 경우 파종부터 수확까지의 기간이 짧고 경작자의 부단한 관리가 필요하기 때문인데 반해, 나무의 경우에는 성장이 오랜 기간을 필요로 하고 관리자 또는 소유자가 누구인지에 대해 명백하게 알 수 없는 경우가 많기 때문입니다.

결국, 맹구는 매화나무에서 채취한 매실에 대해서는 타인의 소유이기 때문에 절도죄가 성립하고, 고추 등의 농작물에 대해서는 자기의 소유이기 때문에 절도죄가 성립하지 않습니다. 다만, 부합으로 인하여 손해를 입은 사람은 부당이득에 관한 규정에 의하여 보상을 청구할 수 있습니다. 맹구는 나무에 대한 소유권은 잃게 되겠지만, 땅주인을 상대로 한 부당이득반환청구권은 행사해 볼 여지가 있을 것입니다.

20 주거의 평온을 침해하는 주거침입

아무 집이나 무턱대고 들어가면 큰일 납니다

①

아파트 층간소음 문제로 인해 벌어진 일입니다.

맹순은 오늘도 스트레스를 받습니다. 밤이 꽤 깊은 시간인데 위층에서 쿵쿵거리는 소리가 들립니다. 그동안 몇 번 얘기를 하고 당부했는데 개선되지 않습니다. 도대체 공동 주거공간에서 이래도 되나 싶습니다. 그렇게 얘기를 했으면 말귀를 알아먹고 조심하는 시늉이라도 해야 하잖습니까. 그런데 이건 뭐, 아예 말을 씹는 거 같네요. 화가 납니다. 당장이라도 위층에 쳐들어가 항의를 하고 싶지만 심야에 소란을 피우고 싶지는 않습니다.

다음 날 따지려고 귀를 틀어막고 잠을 청해 봅니다. 다음 날 아침이 되었습니다. 맹순은 단단히 벼르고 위층으로 올라갑니다. 단호하게 할 말을 생각하며 가만히 초인종을 누릅니다. 그런데 응답이 없습니다. 몇 번 더 눌러보지만 역시 잠잠합니다.

'하필 사람이 없나?' 라고 돌아서려다가 손잡이를 슬쩍 당겨봅니다. 그랬더니 문이 스르륵 열립니다. 현관문이 잠겨져 있지 않았던 것입니다. 그래서 고개를 빼꼼히 들이밀어 내부를 살펴봅니다. 아무도 보이지 않습니다.

맹순은 발을 현관문 안으로 옮기며 "계세요? 실례합니다." 라고 사람을 부르는데도 인기척이 없네요. 그래서 할 수 없이 문을 닫고 나옵니다. 그것뿐이었습니다. 맹순이 나쁜 짓을 하려고 하였거나 다른 의도로 그 집에 들어간 건 아닙니다. 그때 위층 아주머니는 안방에서 잠을 자고 있었다고 합니다. 그래서 맹순이가 부르는데도 듣지 못한 거죠. 그런데 나중에 맹순이 집 안으로 들어온 것을 알고 경찰에 신고를 합니다. 맹순의 입장에서는 황당하죠. 그런데 문제가 됩니다.

어떤 점이 문제가 되는 걸까요?

②

바로 주거침입입니다. 과연 맹순의 행위가 주거침입이 성립할까요?

맹순의 행위를 다시 정리하면, 층간소음에 대해 따지려고 올라갔고, 초인종을 눌러도 아무 응답이 없어 현관문을 열어봤는데 잠겨 있지 않아 문 안으로 들어서서 안에 사람이 없는 것을 확인하고 나온 것에 불과합니다. 무슨 범죄나 불법의 목적을 가지고 남의 집에 기웃거린 게 아닙니다. 만약 위층 아주머니가 잠을 자고 있지 않았다면 스스로 열어줬을지도 모릅니다. 잠금장치를 강제로 열고 들어간 것도 아니죠. 결론부터 말씀드리면, 주거침입죄 성립이 가능합니다. 주거침입죄는 거주자의 사실상의 주거의 평온을 보호법익으로 하는 것이고, 그 평온을 해할 수 있는 정도에 이르렀다면 성립합니다. 그렇다면 위 사안에서 사실상의 주거의 평온을 해하였을까요?

당시 위층 아주머니는 잠을 자고 있었고 맹순이 출입문을 여는 것조차 몰랐습니다. 하지만 사실상의 주거의 평온이라는 것은 현실적으로 거주자의 평온을 해한 것은 물론 잠재적인 주거의 평온을 해한 경우도 포함됩니다. 그 아주머니가 당시 출타를 하여 집에 없었다고 하더라도 마찬가지 이유로 주거의 사실상의 평온을 해하였다고 볼 수 있습니다. 또한 거주자의 명시적인 승낙이 있었던 것도 아닙니다.

한편, 명시적인 승낙은 없었지만 거주자의 추정적 승낙은 있었다고 봐야 하지 않을까요?

그렇지는 않을 것입니다. 평상시 사이가 좋아 왕래가 잦았다면 거주자의 추정적 승낙이 있었다고 봐야 할 것이지만 맹순의 경우는 그렇지 않습니다. 같은 맥락에서 추정적 승낙이 인정된다면 위층 아주머니가 맹순을 경찰에 신고하지도 않았을 겁니다.

위층과 아래층은 평소에 층간소음 문제로 사이가 좋지 않았고, 맹순이 찾아올 이유는 그 문제를 따지려는 것 외에는 없습니다. 옥신각신하다 큰 싸움으로 번지고 불미스런 일이 생길지 모르는데 추정적 승낙이 있었다고 할 수 있겠습니까.

답은 'No' 입니다. 결국 맹순은 불법적인 목적을 가지고 위층 집에 들어간 것은 아니지만 피해자의 명시적 또는 추정적 의사에 반해 들어간 것이므로 주거침입죄가 성립합니다. 현관문 안으로 발을 들여놓지 않고 밖에서 고개를 들이밀어 내부를 살펴봤을 뿐이라고 하더라도 판례 경향상 주거침입 기수가 인정되는 거 같습니다. 문이 잠겨 있지 않다고 하여 함부로 남의 집에 들어가는 것은 금물입니다. 더군다나 상대방이 나와 별로 친분이 없다면 더 그렇습니다.

주거침입은 또 어떤 경우에 성립하나요?

내 소유의 집에 들어가는 경우에도 주거침입죄가 성립할 수 있습니다. 타인에게 내 소유의 집을 임대해 준 뒤에 임차인의 허락을 받지 않고 그 집에 들어가는 경우가 그러한 경우입니다.

또한 임대 계약기간이 만료되었다 하더라도, 임차인이 임차한 집에서 아직 퇴거를 하지 아니하였음에도 주인이 임차인의 허락을 받지 않고 그 집에 들어간 경우에도 주거침입죄가 성립할 수 있습니다. 건조물침입죄에서 주거침입죄의 객체인 건조물이란 단순히 건조물 그 자체를 말하는 것이 아니고 위요지圍繞地를 포함하는 개념입니다.

위요지는 건조물에 인접한 그 주변의 토지입니다. 특히 담장을 허물고 화단을 설치한 경우 그 토지가 화단, 수목 등으로 둘러싸여 건조물의 이용에 제공되었다면 위요지가 될 수 있고 그러면 그 위요지에만 침입을 하더라도 주거침입이 되는 것입니다.

21 손버릇이 나쁜 녀석은 본때를 보여줘야죠

강제추행은 고소를 취소하더라도 처벌 받습니다

①

맹구는 파렴치하고 뻔뻔한 사람입니다.

어자한테 추근대는 걸 취미로 삼는 종자이죠. 손버릇도 아주 고약한 놈입니다. 그런데 그런 맹구에게도 시력이 나쁜(?) 여자친구 이하 '여친' 이라 함가 있습니다.

하루는 그 여친과 어느 공원에서 데이트를 즐깁니다. 그런데 그 곳에서 우연히 여친의 여친을 만납니다.

맹구는 여친의 여친인 맹순이를 보자 '오호! 이쁜데!' 라며 응큼, 야릇한 미소를 짓습니다. 맹순이는 마침 혼자 온지라 3명은 같이 놀기로 합니다.

해거름이 되자 맹구는 요기를 할 겸 술을 마시러 가자고 제안을 합니다. 그래서 3명은 어느 주점으로 들어가죠. 술이 몇 순배 돌아가자 술이 약한 맹구의 여친은 꾸벅꾸벅 좁니다. 그때 맹구의 눈빛이 더욱 야릇하게 빛납니다. 그러더니 맹순이 옆으로 바짝 다가가 앉습니다. 수작을 부리기 시작하는 것이죠. 은근히 몸을 밀착하더니 급기야 맹순이의 엉덩이를 더듬습니다.

맹순이는 화들짝 놀라 "왜 이래요? 지금 뭐하는 짓이예요!"라고 소리치며 밀쳐냅니다.

하지만 맹구는 이에 아랑곳하지 않고 "뭐 어때"하며 씨익 웃습니다. 맹구의 여친은 쓰러져 잠이 들었고, 맹구는 더욱 대담하게 맹순의 옷 속으로 손을 집어넣으려 합니다.

맹순은 기겁하며 몸둘 바를 모르죠. 갈수록 가관이라고 냄새나는 입을 들이대며 입을 맞추려고 하자 맹순은 더 이상 참을 수가 없습니다.

얼른 자리를 피해 자기 남자친구이하 '남친' 이라고 함한테 긴급호출을 합니다. 남친이 득달같이 달려옵니다. 맹순이로부터 상황 설명을 들으니 기가 찰 노릇이죠. 맹순 남친하고 맹구는 그 주점 로비에서 마주쳤습니다. 맹순 남친은 잔뜩 화가 나 맹구에게 무슨 짓이냐며 따집니다. 그러자 맹구는 미안한 기색도 없이 이렇게 말합니다.

"뭐 어쩌라고, 난 원래 그런 놈이야! 한판 붙을래?"

헐! 방귀 뀐 놈이 성낸 정도가 아니라 이건 정말 뻔뻔하기 그지

없습니다. 그 말을 듣고 가만 있을 남자는 없겠죠.

폭발한 맹순 남친은 주먹으로 맹구를 사정없이 두들겨 팹니다. 맹구는 비틀거리다가 코피를 흘리며 푹 쓰러집니다. 맹구는 119 구급차에 의해 병원으로 후송되고, 이후 맹순 남친은 경찰에 연행됩니다.

②

다음날 날 술이 깬 맹구는 본인이 폭행을 당해 다쳤음에도 사태가 심각하다는 것을 알게 됩니다. 그래서 서둘러 합의를 시도합니다. 그래서 상해진단서를 제출하지 않을 테니 자기가 실수(?)한 부분도 문제 삼지 말아달라고 맹순이 측에 흥정을 해옵니다.

강제추행 부분에 대해 고소만은 하지 말아달라는 취지이죠. 그래서 맹순이는 맹구를 고소하지는 않았습니다. 맹순이 고소를 하지 않았으니, 또는 고소를 했다가 고소취소를 했으니 맹구는 무사할까요?

그렇지 않습니다. 피해자가 고소하지 않았다고 해서 모든 걸 덮을 수는 없습니다. 현장에 CCTV가 있어 증거가 명백하거든요. 경찰은 맹구를 강제추행으로 입건합니다.

맹순 남친은 폭행으로 입건되었지만 피해자가 처벌을 원하지 않으므로 처벌을 면할 수 있습니다. 그러나 맹구는 사정이 다릅니다. 강제추행은 예전에는 친고죄였지만 몇 해 전에 법이 바뀌어 비친고죄가 되었습니다. 따라서 맹순이가 고소를 하지 않았고 처벌을 원하지 않는 의사표시를 하였다고 하더라도 공소제기가 될 수 있습니다.

합의는 양형 요소에 불과하죠. 상대방으로 하여금 성적인 수치심을 느끼도록 한 행위는 무겁게 처벌받아 마땅합니다.

맹구는 실컷 얻어맞고도 억울할 수가 없습니다. 그리고 인생의 기록에 파렴치한 전과자로 남은 것은 덤이죠. 못된 송아지 엉덩이에 뿔 난다고, 쓰레기 짓을 하면 쓰레기 취급을 받는다는 걸 알게 되면 다행입니다.

친고죄란 무엇인가요?

친고죄란 범죄의 피해자나 고소권자의 고소가 있어야 공소公訴를 제기할 수 있는 범죄를 말합니다. 대표적으로 모욕죄가 있습니다. 과거에는 강제추행 뿐만 아니라 강간 등의 성폭력 범죄는 피해자의 의사를 존중하여 친고죄로 규정되어 있었으나, 이를 악용하고 파렴치한 범죄를 처벌할 필요성이 대두되어 2012년에 친고죄 조항이 폐지되어 현재는 비친고죄가 되었습니다.

〈형법〉

제298조(강제추행) 폭행 또는 협박으로 사람에 대하여 추행을 한 자는 10년 이하의 징역 또는 1천500만 원 이하의 벌금에 처한다.

22 공동 소유의 물건은 타인 소유로 취급

부부싸움이 자칫 형사사건화 될 수 있습니다

①

맹구는 불혹을 넘긴 나이인데도 의심이 많고 사소한 일에 곧잘 흥분하는 사람입니다. 주사酒邪도 있습니다. 그래서 사건이 생기나 봅니다.

맹구는 그날 동창 모임이 있었습니다. 술은 즐겁게 마셔야 하고, 마셨으면 뒤끝이 좋아야 합니다. 그런데 그날 맹구는 기분이 별로입니다. 달구라는 친구와 말다툼이 있었거든요. 술자리에서 꺼내서는 말아야 할 얘기가 있습니다. 정치, 돈, 종교 같은 것입니다. 다들 살아온 삶이 다르고 생각이 다르고 이해관계가 다릅니다. 그런 주제는 더욱 민감하고 서로 부딪치는 게 많습니다. 그런 얘기를 하다보면 상처를 줄 수도 있고 받을 수도 있습니다. 정치에 대해 남자들은 다 자칭 정치평론가입니다.

맹구는 그날 달구와 최근의 정치 상황에 대해 의견을 나누다 티

격태격했나 봅니다. 언성이 높아지고 욕설까지 주고받았나 싶습니다. 자리를 파하고 집에 들어왔을 때 맹구는 꽤 취해 있었습니다. 울화가 치밀고 속상한 밤입니다. 그런데 집이 조용합니다. 처음에는 마누라가 자나 싶었는데 웬걸요, 아무도 없습니다. 자정이 다 되어 가는 시간입니다. 마누라인 맹순이가 아직 귀가하지 않은 것입니다.

'허, 이 여편네 봐라' 라고 혼자 중얼거립니다. 사람은 되게 자기중심적입니다. 부부지간에도 그렇습니다. 남자는 늦어도 되고 여자는 늦으면 안 된다는 이상한 편견을 가지고 있습니다. 요즘에는 마눌님이 늦는다고 타박하면 '간 큰 남자' 라고 오히려 타박 당하는데 말입니다.

맹구는 맹순이를 기다리며 집에서 한 잔 더 합니다. 술이 그 화를 더 부추깁니다. 달구한테 생긴 응어리가 맹순이로 인해 더 커져갑니다. 사람은 이럴 때 분풀이할 대상을 찾고 싶은가 봅니다. 속된 말로 남대문에서 뺨 맞고 동대문에서 눈 흘기는 식입니다. 분풀이 대상이 하필 그날 늦은 맹순이입니다. 맹순이가 마침내 돌아왔습니다. 맹구는 버럭 소리를 지릅니다.

"야, 이년아! 어떤 놈이랑 붙어 놀다가 이제 기어 들어와!"

맹순이는 어이가 없어 아무 말도 안 합니다. 맹구는 맹순이가 찔려 그런 줄 알고 더 기세등등합니다. 사실 그날 맹순이는 아들네 집에 갔다가 집안일을 거들어주고 아들 고충에 대해 이야기를 들어주다보니 늦은 것입니다. 맹구는 상당히 흥분된 상태입니다. 맹구는 그 전에도 맹순이 어쩌다가 늦게 귀가하면 눈을 벌겋게 뜨고 취조를 하곤 했습니다.

맹구는 술이 들어가면 더 괴팍해지죠. 맹순이가 옷을 갈아입으러 안방으로 들어가자, 맹구는 차마 입에 올릴 수 없는 욕설을 퍼붓고 괴성을 지릅니다. 그러더니 뭔가 와장창 깨지는 소리가 들립니다. 맹구가 제 분에 못 이겨 의자를 집어들어 던졌는데 거실 장식장과 서랍장 유리가 깨진 것입니다. 장식장 안에 있는 맹순이가 아끼는 도자기 인형도 깨졌습니다. 식탁도 엎어지고 집안이 엉망입니다.

남자들은 이상합니다. 화가 나더라도 말로 할 것이지 왜 기물을 파손하는지 이해가 안 됩니다. 날뛰는 맹구를 가만히 놔두다간 세간살이가 하나도 남지 않을 거 같습니다. 맹순이는 경찰에 신고할 수밖에 없습니다.

②

경찰이 오자 맹구는 왜 남의 부부싸움에 간섭하느냐고, 아무리 경찰이라도 사생활에 개입할 수는 없다고 큰소리칩니다. 하지만 맹구의 행위는 사생활 보호의 한계를 넘어섰고, 이미 범죄가 되었습니다. 물건이 파손되었기 때문입니다.

맹구는 또 항변합니다.

"아니, 내 물건 내가 깼는데 무슨 소리냐?"

하지만 맹구가 깬 물건이 맹구의 단독 소유는 아닙니다. 가재도구 등 집안 물건은 부부 공동 소유이고 그러면 맹순이의 소유로도 인정됩니다. 그리고 그 세간은 누구 돈으로 샀던지 간에 아내인 맹순이가 구입하거나 취득한 물건입니다.

맹순이가 애지중지한 물건이죠. 즉 공동소유이거나 맹순의 단독 소유이므로, 맹구는 결국 타인 소유의 물건을 고의로 부순 경우에 해당되기 때문에 재물손괴죄가 성립합니다. 재물손괴는 친족상도례가 적용되지 않기 때문에 친족인 배우자가 처벌불원의사 표시를 하여도 형 면제가 되지 않습니다.

손해가 막심합니다. 물건 깬 거 다시 사야 되고 벌금도 물어야 될지 모릅니다. 다음 날 술이 깨 후회해본들 아무 소용 없습니다. 남자들이여! 좋은 술 먹고 비싼 대가를 치르지 말기를 바랍니다. 여자들이여! 주사가 심한 남자는 되도록 상대를 하지 맙시다.

친족상도례|親族相盜例란 무슨 뜻인가요?

친족상도례는 친족 사이에 일어난 특정 재산 범죄에 대해 형을 면제하거나 고소가 있어야 공소를 제기할 수 있는 특례조항을 말합니다.

'법은 문지방을 넘지 않는다' 는 고대 로마법 정신에 연원을 둔 조항으로 형법에는 절도죄, 사기죄 등 일정 재산죄에 대하여 친족상도례의 적용을 규정하고 있습니다. 피해자와 가해자의 관계가 먼 친족 관계인 경우는 친고죄로 하고 직계혈족, 배우자, 동거친족 등 가까운 친족 관계인 경우는 아예 형 자체를 면제하는 것이죠. 하지만 강도죄와 손괴죄는 재산죄이지만 그 죄의 특성상 친족상도례를 적용하지 않습니다.

따라서 그 두 가지 죄는 친족을 상대로 저지르더라도 보통의 예를 따라 취급하게 됩니다. 게다가 반의사불벌죄도 아니기 때문에 피해를 입은 친족이 처벌을 원치 않는다고 하더라도 처벌을 면치는 못하되, 경우에 따라 기소유예처분을 받을 수는 있습니다.

23 미필적 고의에 의한 재물손괴
미필적 고의가 무엇인가요?

①

고등학생17세인 맹구는 부모와 함께 ○○아파트 9층에 삽니다. 하루는 경찰이 맹구네 집 문을 두드립니다. 마침 집 안에는 맹구가 있습니다. 경찰이 신원을 밝히고 용건을 말한 뒤 맹구에게 몇 가지 물어봐도 되겠느냐고 양해를 구합니다.

맹구는 '네' 라고 하며 고개를 끄덕입니다.

"학생, 4일 전에 소주병을 창밖으로 던진 사실이 있습니까?"

"네?"

경찰은"소주병을 아마 저쯤에서 밑으로 던진 거 같은데, 그런 사실이 있나요?"라고 물으며 주방과 다용도실이 있는 쪽 창문을 가리킵니다.

"글쎄요……. 기, 기억이 없는데요."

맹구는 말을 더듬으며 경찰의 눈길을 피합니다. 뭔가 숨기는 게 있는 거 같습니다.

"부모님은 어디 가셨나요?"

"네, 가게를 하시는데 아직 안 들어오셨습니다."

경찰은 좀 뜸을 들이다 본론을 이야기합니다.

"아파트에 설치된 CCTV 영상을 살펴보니 소주병이 여기 902호에서 떨어지는 게 확인이 되었습니다."

맹구는 그 말을 듣는 순간 뜨악해하며 얼굴이 창백해집니다. 경찰은 그런 맹구의 반응을 살피며,

"누가 던졌을까요?"라고 넌지시 맹구에게 묻죠.

"그런데 그, 그게 어쨌는데요? 무, 무슨 문제가 있나요?"

"밑에 주차된 승용차에 떨어져 앞 유리가 깨졌습니다."

'아뿔싸!'

맹구는 짧은 탄식을 내뱉습니다.

"학생이 던졌나요? 아니면 학생 부모님이 던지셨을까요?"

맹구는 그제야 상황 판단이 되어 더 이상 발뺌할 수 없다는 걸 알고 "제가 던졌어요"라고 실토를 합니다. 경찰이 확실한 증거를 들이대니 변명이 통할 리도 없죠. 경찰은 이유를 알고 싶어 다시 묻습니다.

"밑에 차가 많이 주차되어 있고 사람들도 지나다니는데, 위험하

게 왜 소주병을 창밖으로 던진 겁니까?"

"죄송합니다. 그럴 만한 일이 있었어요."

②

이런 경우, 맹구에게 어떤 혐의가 적용될까요?

재물손괴인가요? 과실로 인한 재물손괴이므로 무죄인가요?

물론 구체적 상황에 따라 다릅니다. 이에 경찰이 소주병을 던진 이유와 경위에 대해 물으니, 맹구는 이렇게 진술합니다.

"그날 밤 공부를 하고 있는데 맘대로 잘 되지 않아 굉장히 스트레스를 받고 있었어요. 그래서 냉장고에 있는 소주를 꺼내 마시고 있는데 갑자기 아버지가 들어오는 소리가 들리더라고요. 그래서 깜짝 놀라 마시던 소주병을 얼른 창밖으로 던져버렸어요. 어린놈이 벌써부터 술을 먹는다고 혼날까봐서요."

경찰이 어이없고 한심한 표정으로 맹구를 쳐다봅니다.

"근데 하필 그게 남의 차 위로 떨어졌네요"라고 말하며 당혹스러워합니다. 경찰은 이에 중요한 사항을 확인하고자 묻습니다.

"그쪽 밑에 차들이 주차되어 있는 건 알고 있었나요?"

"네, 그건 알고 있었습니다."

"더군다나 밤 10시경이니 주민들이 귀가하여 차들이 많이 주차되어 있을 시간대인데 어떤가요?"

"네, 그건 그렇지만, 설마 차에 떨어지겠어라고 생각한 건데……"

"차에 떨어져 파손될 수도 있다는 것은 학생도 어느 정도 예상할 수 있죠?"

"네, 전혀 예상 못 한 건 아니었죠."

맹구의 진술을 종합해보면, 소주병을 창밖으로 던지는데 던지기 직전 아래쪽에 차들이 주차되어 있다는 걸 알면서도 '차에 떨어질 수 있긴 한데 설마 떨어지겠어? 에이, 안 떨어질거야' 라고 생각하면서 던졌는데 설마가 사람 잡는다고 진짜로 차에 떨어진 경우입니다.

사실관계는 위와 같이 드러났습니다. 이것을 법리적으로 판단하는 문제만 남은 것이죠.

③

내가 던진 소주병이 주차된 차 위로 떨어져 차가 파손되는 결과를 예견하거나 그 가능성을 인식하였음에도 그래도 상관없다는 듯이 던졌다면 재물손괴의 미필적 고의가 인정되는 겁니다. 사실 고의의 일종인 미필적 고의와 단순한 부주의인 과실, 특히 인식있는 과실을 엄밀히 구분하는 것은 쉽지 않고 그 경계선에 있는 경우가 흔합니다. 작정하고 저지르는 고의범과, 모르고 저지른 과실범은 범죄 성립 여부뿐만 아니라 그 형량에도 많은 차이가 있습니다. 그러므로 행위자의 진술에 의존하지 아니하고 외부에 나타난 행위의 행태와 행위의 상황 등 구체적이고 객관적인 사정을 기초로 하여 일반인이라면 당해 결과가 발생하였을 가능성을 어떻게 평가할 것인지 고려하면서 미필적 고의 여부를 판단하는 것입니다.

확정적 고의나 미필적 고의가 아닌 실수로 남의 물건을 파손한 경우는 민사 사안일 뿐 형사 처벌 대상이 되지는 않습니다. 즉 과실 재물손괴를 처벌하는 규정은 없습니다.

결국 맹구는 자신의 행위로 인해 타인의 물건이 파손될 수도 있음을 인지하거나 어느 정도 예상할 수 있음에도 불구하고 이에 아랑곳하지 않고 행위로 나아갔기 때문에 미필적 고의가 인정되기에 충분하고, 고의로 타인의 재물을 손괴하였으므로 재물손괴가 성립합니다. '무심코 던진 돌에 개구리 맞아 죽는다' 는 속담을 떠올리면 보다 신중하게 행동을 하리라고 생각합니다.

고의범과 과실범의 차이는 무엇인가요?

형법은 인간의 모든 행위를 처벌하는 것이 아니라 원칙적으로 고의범만을 처벌하고 예외적으로 과실범을 처벌합니다. 고의로 죄를 범한 경우에는 자신의 의사에 따라 금지된 행위를 명시적으로 한 것이기 때문에 제재를 함이 마땅하나 과실로 죄를 범한 경우에는 의사가 아니라 부주의에 의해 법 질서를 위반하는 것이기 때문에 그 불법과 책임이 고의범보다 가볍습니다.

따라서 과실범의 경우 법률에 특별한 규정이 있는 경우에 한하여 예외적으로 처벌하는 것입니다. 다만 민사적으로는 고의와 과실을 구별하지 않으므로 과실로 타인의 재물을 손괴한 경우라도 불법행위에 기한 손해배상책임을 져야 합니다.

24 폐지 줍는 노인

폐지나 고물을 줍는 사람에게 종종 생기는 사건이죠

①

연세 지긋한 어떤 노인이 검찰청을 방문하여 상담을 요청하였습니다.

"무슨 일로 오셨나요?"

노인은 잠시 머뭇거리다 "저기…… 여기로 사건이 접수되었다고 문자를 받았는데요"라고 어렵게 말을 꺼냈습니다.

"아, 그래요? 어떤 사건이죠? 괜찮으니 말씀해보세요. 어떤 점이 궁금하세요?"

나는 직업적인 습관 때문인지 노인 외양을 슬쩍 훑어보았죠. 얼굴에 잔주름이 패이고 옷차림이 남루하며 행색이 초라해보였습니다. 노인이 말을 꺼냈습니다.

"나는 폐지를 버린 것으로 알고 가져갔는데 절도라고 하네. 이거 참!"

노인은 씁쓸하게 혀를 찼습니다.

"아!"

나는 그 한 마디에 사건의 내막이 대충 짐작이 되었습니다. 그런 사건이 종종 있기 때문이죠. 노인은 동네를 돌아다니며 폐지나 고물을 주워 내다파는 사람인 듯 했습니다.

나는 거두절미하고 물었습니다.

"그 폐지가 어떻게 생겼던가요?"

"그냥 묶음으로 된 종이였는데 말이지."

"그렇군요. 그런데 어떻게 하다 그걸 가져가게 된 건가요?"

"그날 어떤 아파트에 폐지 등을 주우러 갔는데 103동 입구 쪽에 하얀 비닐봉투에 뭔가 싸져 있더라고. 얼른 보니 그 안에 신문과 빈 박스 같은 것이 들어 있는 뭉치가 보이기에 버린 것으로 알고 가지고 나왔거든."

"그럴 수도 있죠. 그런데 그때 그 종이뭉치가 혹시 버린 물건이 아닐 수도 있겠다는 생각을 해봤나요?"

"긍께, 사실 그 종이뭉치를 가져가는 중에도 좀 찜찜했어."

"왜요?"

"버린 물건이라면 아파트 입구 쪽에 놔둘 리가 없었을 거 같았거든."

"음……. 그러네요."

"그리고 종이를 가지런히 모아놓은 게 그냥 폐지는 아닌 거 같긴 했어."

"제가 생각해도 그래요. 그냥 버린 물건이라면 재활용쓰레기 버리는 데 버렸을 거 아니예요. 그리고 폐지 같았어도 버린 게 아닐 수도 있으니 물어보고 가져가야 하는 것 같은데요."

"그렁께, 내가 그때 뭐가 씌었나봐. 어쩐지 내 찜찜했다니까."

"그렇다면 다시 제자리에 갖다놨으면 되잖아요. 나중에라도 버린 물건이 아닐 수도 있겠다는 생각이 들었다면 다시 갖다놔야죠."

"그 말이 맞는데, 한푼이라도 너 벌어볼려고 그랬당께."

그때 그 말을 하는 노인의 주름이 더 패이는 거 같았습니다.

"그래서 그 종이는 어떻게 했나요?"

"며칠 동안 모아놓은 폐지며 고물을 한꺼번에 고물상에 갖다줬지 뭐. 그런데 고물상이 처분을 해버려서 돌려주고 싶어도 돌려줄 수가 없었어."

노인의 곤혹스러운 이야기는 그것으로 끝났습니다.

②

노인의 딱한 처지에도 절도죄 성립은 문제가 없어 보였습니다.

절도의 미필적 고의가 인정될 수 있기 때문입니다.

당시 버린 물건이 아니고 주인이 있을 수도 있다는 인식을 했다는 것은 명백하게 타인 소유의 물건이라는 인식, 즉 확정적 고의는 없었지만 설사 타인 소유의 물건이어도 어쩔 수 없다고 용인을 한 것으로 판단할 수 있기 때문이죠. 내 행위로 어떤 결과에 대한 발생 가능성이 있음을 인식하고서도 그래도 상관없다는 듯이 어떤 행위를 하였다면 과실이 아닌 고의가 인정되는 것입니다.

접수된 사건 중에는 위 노인의 사례처럼 용돈벌이라도 해보려고 폐지 등을 주워 내다팔다가 절도로 형사 입건되는 경우가 왕왕 있습니다. 사정이 딱하지만 절도는 절도인 것입니다. 본의 아니게 오해를 받거나 낭패 볼 일이 많은 게 세상입니다.

모쪼록 내 물건 아니면 함부로 손을 대지 말기를 바랍니다.

25 죄명도 생소한 일반교통방해

아무리 화나도 도로를 막으면 안 됩니다

①

순진하지만 맹한 사람이 있습니다. 바로 맹구 이야기입니다. 맹구는 요즘 뿔이 많이 나 있습니다. 요놈을 어떻게 해버릴까 벼르고 있습니다. 그 사연인즉, 맹구는 공사 현장에서 소그만 공사를 맡아서 하는데 일을 시킨 사람이 공사대금을 주지 않고 있기 때문입니다. 인건비도 3달치가 밀렸습니다.

그동안 몇 번 독촉을 했지만 자꾸 기다리라는 답변뿐입니다. 얼마나 화딱지가 날까요. 최소한 인건비는 바로바로 지급해야 하는 겁니다. 하루 벌어 하루 먹고 사는 사람들의 형편을 헤아린다면 그래서는 안 되지요. 맹구가 데리고 일하는 일용 노동자들 또한 돈 달라고 아우성입니다. 일당 받아 생계를 근근이 꾸려나가는 그들한테는 그 돈이 생명줄입니다.

그래서 더는 참을 수 없어 맹구는 자기 차를 몰고 공사 현장으로 갑니다. 나름의 비책도 생각해봤습니다. 현장에서 업체 사장을 만나 다시금 사정을 해보지만 여전히 기다리라는 답변뿐입니다. 맹구가 드디어 행동에 나섭니다. 사무실 바닥에 그냥 大자로 드러누워버릴까 하다가, 아니야, 그 방법은 별로 신통치 않을 거 같습니다. 맹구는 공사 현장 입구 도로 가운데에 차를 세워놓고 시동을 꺼버렸습니다.

공사 현장 및 그 부근 도로로 다른 차량이 지나다닐 수가 없게 한 거죠. 좁은 1차로 도로 한가운데 차를 떡 세워놓았으니 다른 차량들의 통행이 어렵습니다. 공사 관련 차량이 드나들 수가 없어 공사 진행에 차질이 생기므로 업체 사장이 별 수 없이 돈을 줄 것이라고 생각했던 것입니다. 공사 관계자들이 차를 빼달라고 요구하지만 맹구는 돈을 받기 전에는 차를 절대 뺄 수 없다고 으름장을 놓습니다. 사람들은 웅성거리고 맹구의 작전은 들어먹히는 듯보입니다. 사장이 와서 다그치기도 하고 회유하기도 합니다.

맹구는 속으로 '이제야 사장이 돈을 주려다보다' 하고 쾌재를 부릅니다. 팽팽한 줄다리기가 이어집니다. 하지만 사장은 아직도 돈줄 생각이 없나 봅니다. 사장은 더는 안 되겠는지, '계속 이러면 경찰을 부르겠다' 고 엄포를 놓습니다. 맹구는 '그래 누가 이기나보자' 라고 생각하며 꿈쩍 않습니다. '그래봐야 주정차위반으로 교통범칙금이나 물면 그만이지 무슨 대수야' 라고 여긴 것입니다. 그러기를 1시간여 주차 시위를 하고 있는데, 과연 경찰이 왔습니다. 경찰은 현장을 들러보고는, '즉시 차를 이동시키지 않으면 현행범으로 체포한다' 고 말합니다.

맹구는 깜작 놀랍니다. '아니, 그게 무슨 체포씩이나 할 일이야' 라고 어리둥절합니다. 맹구는 경찰의 지시에 불응하면 무슨 불이익이 생길 것만 같아 그제야 차를 뺍니다. 맹구는 차를 뺐으니 다 끝난 줄 알았습니다. 범칙금 낼 각오는 이미 되어 있고요. 그런데 경찰은 맹구를 형사입건하게 됩니다.

도대체 맹구가 어떤 죄를 지은 것일까요?

②

바로 일반교통방해 혐의입니다.

일반교통방해죄는 일반 공중의 교통안전을 그 보호법익으로 하는 범죄로서, 육로 등을 손괴 또는 불통케 하거나 도로에 장애물을 설치하는 등 기타의 방법으로 교통을 방해하여 통행을 불가능하게 하거나 현저하게 곤란하게 하는 일체의 행위를 처벌하는 것을 그 목적으로 합니다.

맹구는 위 사례에서 도로 한가운데에 차를 주차하는 방법으로 장애물을 설치하여 다수의 차량들의 통행을 막아 교통을 방해하였으므로 일반교통방해죄가 성립합니다. 일반교통방해죄는 법정형과 선고형이 결코 가볍지 않습니다. 일용노동자의 인건비 지급을 연체한 사장→이런 경우 노동청에 임금체불로 고발해야 함도 문제이지만 그렇다고 도로를 가로막아 실력 행사를 한 맹구도 오버를 한 것입니다. 맹구는 자기 행위를 기껏해야 주정차위반 정도로만 생각했지만 오산입니다.

한편 맹구의 행위는 차로 가로막는 방법으로 공사 업무를 방해하였기 때문에 위력에 의한 업무방해도 추가될 가능성이 있습니다. 맹구는 나중에 상당한 액수의 벌금 고지서를 받았습니다. 맹구의 사정은 딱하지만 방법이 틀린 것입니다.

일반교통방해는 또 어떤 사례가 있나요?

얼마 전 뉴스에 어떤 여성이 아파트관리사무소 직원이 주차위반으로 자신의 차량에 주차위반 경고장을 붙이자 이에 불만을 품고 자신의 자동차를 이용해서 아파트 주차장 진입로를 장시간 동안 가로막아 뉴스에 보도된 사건이 있었습니다.

아파트 입주민들은 통행에 큰 불편을 겪어 신고를 하였었지요. 해당 여성은 결국 일반교통방해죄로 기소되었습니다. 또한 개인 사유지의 경우에도 일반교통방해가 성립할 수 있습니다.

어떤 남성은 자신의 사유지에 다른 사람과 차량이 통행하는 것에 불만을 품고 그 길 입구에 폐타이어와 철제구조물로 장애물을 설치하였는데 이러한 행위도 일반교통방해가 성립할 수 있습니다. 아무리 개인의 사유지라고 할지라도 일반인이 오랫동안 통행로로 이용하는 길을 막은 것은 일반 공중의 통행을 방해한 것이기 때문이죠.

법정형과 선고형의 차이는 무엇인가요?

형사법에 일정한 범죄에 대하여 형법의 종류와 그 정도를 조문에 규정하는데 일반교통방해죄는 형법에 '10년 이하의 징역 또는 1천500만 원 이하의 벌금'으로 규정되어 있습니다. 이것을 법정형이라고 합니다.

법정형에서 형의 가중, 감경 사유 등을 감안하여 조정된 형의 범위가 처단형인데, 이를테면 심신미약자는 필요적 감경을 하게 되어 있습니다. 그 처단형의 범위 내에서 실제로 법원이 선고한 구체적인 형벌이 선고형이 되는 것입니다.

〈형법〉

제185조(일반교통방해)

육로, 수로 또는 교량을 손괴 또는 불통하게 하거나 기타 방법으로 교통을 방해한 자는 10년 이하의 징역 또는 1천500만 원 이하의 벌금에 처한다.

---

26 취객이 흔히 저지르는 사건

비싼 술 먹게 되는 일이 종종 있습니다

①

실제 발생하는 사건 중에는 절도나 재물손괴, 폭력, 교통사고 등과 마찬가지로 빈발하는 사건이 있습니다. 바로 업무방해 사건입니다. 그 사건도 대부분 취객이 저지르는 경우가 많습니다. 단순히 업무방해 "1" 죄로 끝난 사건도 있지만 그에 수반하여 재물손괴, 폭행, 퇴거불응 등의 죄목이 덧붙여지기도 합니다.

맹구는 달구와 같이 노래방에 갑니다. 노래와 술뿐만 아니라 도우미라 불리는 유흥접객원을 부를 수 있는 주점이지요. 둘은 이미 1차에서 술을 꽤 먹었습니다. 남자들은 술을 먹으면 제 주머니 사정은 생각 못 하고 호기를 부리며 간이 커지는 경향이 있죠.

1차는 달구가 계산했으니 2차는 맹구가 살 차례라고 생각합니다. 맹구는 처음에는 맥주 여남은 병과 과일안주를 시킵니다. 도우미 아가씨도 둘을 부르죠. 맹구는 자기 짝이 마음에 들었는지 팁도 주고 신나게 놉니다. 맥주가 떨어져가자 도우미가 양주를 먹고 싶다고 아양을 떱니다. 맹구는 그러자고 하며 양주를 시킵니다. 한 병을 더 시킵니다. 그렇게 3시간을 놀았습니다.

이제는 그만하면 정리할 시간이 되었죠. 주인이 끝날 시간이 되었다고 하자 맹구는 알았다고 하며 지갑에서 신용카드를 꺼내줍니다. 주인이 얼마 후 카드와 영수증을 돌려줍니다. 맹구는 게슴츠레한 눈으로 영수증을 살펴봅니다. 무려 110만 원이 결제되어 있습니다. 그때부터 사단이 납니다. 술값이 너무 많이 나왔다고 큰소리로 항의를 합니다. 옥신각신 실랑이를 하고 술값 시비가 벌어진 거죠. 사실 주인도 술이 거나하게 된 두 촌놈(?)에게 바가지를 씌운 게 있었을 겁니다.

달구는 분위기가 이상한 낌새를 차리고 자리를 피해버립니다. 의리 없는 놈입니다. 고성이 오가고 문을 발로 차는 등 소란스런 행위가 이어집니다. 그러자 업주가 취객 난동으로 경찰에 신고합니다. 경찰이 현장에 도착하여 양쪽 이야기를 들어보고 중재에 나섭니다. 경찰은 술값 부당요금 청구에 대해서는 시에 문의하거나 민원을 제기할 수 있도록 절차를 설명해주고 일단 귀가를 설득합니다. 이때 맹구는 경찰 말을 들어야 합니다. 바가지 요금에 대해서는 추후에 문제 제기를 해도 늦지 않습니다. 어차피 자기가 먹은 술과 안주는 룸 안에 고스란히 보존되어 있으니 그게 증거자료가 되겠죠.

그러나 맹구는 막무가내로 경찰이 해결해주거나 술값이 정상적으로 처리되기 전에는 한 발자국도 움직일 수 없다고 고집을 피웁니다. 사실 술값 시비는 경찰이 나설 일이 아닙니다. 민사적인 문제죠. 기물파손 부분은 주인이 사건 처리를 원치 않으니 경찰은 주인에게 잘 무마해서 돌려보내라고 말하고 그냥 돌아갑니다.

얼마 후 경찰이 또 현장에 옵니다. 이번에는 맹구가 신고를 한 겁니다. 맹구가 주인과 드잡이 싸움을 할 거 같으니 와달라고 하자 경찰은 또 올 수밖에 없었을 겁니다. 맹구가 괜한 트집을 잡을 수도 있으니까요. 경찰이 현장에 도착하니 업주는 이렇게 말합니다.

"이 사람 좀 어떻게 해주세요! 안에 손님도 있는데 일도 못하게 방해하고, 또 계속 나가라고 요구하는데도 이렇게 막무가내로 버티고 있으니 어떻게 해요?"라고 하소연을 합니다.

경찰은 다시 맹구를 달래 귀가를 종용합니다. 하지만 맹구는 오히려 경찰에게 업주 편을 드느냐고 비아냥거리며 욕설을 합니다. 업주는 계속해서 가게에서 나가달라고 요구합니다. 사실 업주 입장에서는 술을 다 마셨고 계산도 끝났으니 가게에서 나가달라고 요구하는 건 당연한 겁니다.

하지만 맹구는 어림없는 수작 말라며 경찰의 제지에도 불구하고 업주에게도 쌍스런 욕을 하면서 위협적인 행위를 합니다. 그러한 상황이 한 30여 분 지속되었죠. 경찰은 더 이상 두고 볼 수 없습니다. 그대로 방치했다간 더 큰 불상사가 일어날 수도 있고 직무유기가 될 수 있으니까요.

결국 맹구를 현행범으로 체포합니다. 맹구는 어떤 죄명으로 체포되었을까요?

②

가장 우선적으로 적용될 수 있는 죄명은 퇴거불응죄입니다.

피해자인 업주의 계속된 퇴거 요구에도 정당한 사유 없이 이에 불응한 것입니다. 업주는 정당한 사유가 있어 퇴거를 요구한 것이죠. 맹구 입장에서는 억울할 수도 있습니다.

술값이 터무니없이 많이 나와 이에 대해 항의를 하였을 뿐이라고 주장합니다. 오히려 자기가 피해자라고 주장하죠. 맹구의 주장도 나름 일리가 있습니다.

하지만 항의도 정도껏 해야 합니다. 특히 그 방법이 문제인 거죠. 경찰이 이미 설명해준 바대로 적절한 절차와 방식대로 해야 하는 것이죠. 억지를 부린다고 될 일이 아니랍니다.

퇴거불응죄라는 게 그다지 흔히 발생하는 사건은 아닙니다. 하지만 위 맹구와 같은 경우 퇴거불응죄가 성립할 수도 있으니 주의하기 바랍니다.

또 하나는 업무방해입니다. 수많은 형사사건을 보다보면 술이 그 빌미를 제공한 사건이 상당히 많습니다. 그 중에 하나가 업무방해 사건입니다.

위 사례와 같이 업주가 가게에 손님도 있고 영업중이니 소란을 피우지 말고 얼른 나가라고 하였는데도 술에 취해 지속적으로 고함을 지르고 난동을 피우며 기물을 파손하였으니 영업방해 혐의도 충분히 성립이 가능합니다. 형법상의 업무방해는 허위의 사실을 유포하거나 위계 또는 위력으로서 사람의 업무를 방해한 경우에 성립하는데 '위력' 이라 함은, 유형적이든 무형적이든 묻지 아니하고 사람의 자유의사를 제압·혼란케 할 말한 일체의 세력을 의미합니다.(판례 취지) 영업방해죄에서 특히 쟁점이 되는 부분이 그의 행위가 과연 위력의 정도에 이르렀는가 하는 점인데, 위 사례에서는 위력을 행사했다고 볼 여지가 충분히 있습니다. 위력의 행사는 폭행 또는 협박과 같이 유형적인 방법이 아니더라도 가능하기 때문입니다. 위력의 행사 방법에는 출입문을 막아버리는 행위,

전기나 수도를 끊는 행위 등도 여기에 해당될 수 있습니다.

마지막으로 기물파손은 재물손괴에 해당할 것입니다. 만약 맹구가 만취한 상태가 아니었다면 이렇게까지 막무가내로 행동하지 않았을 겁니다. 술에 취하면 흥분을 하게 마련이고 도가 지나쳐 거친 행동을 하게 마련이죠. 남자들은 특히 조심해야 할 부분입니다. 술이라는 건은 좋기도 하지만 굉장히 위험한 물질입니다. 독이 든 성배이죠.

〈형법〉

제319조(주거침입, 퇴거불응)

①사람의 주거, 관리하는 건조물, 선박이나 항공기 또는 점유하는 방실에 침입한 자는 3년 이하의 징역 또는 500만 원 이하의 벌금에 처한다.

②전항의 장소에서 퇴거요구를 받고 응하지 아니한 자도 전항의 형과 같다.

제314조(업무방해)

①제313조의 방법(허위의 사실을 유포하거나 기타 위계로써) 또는 위력으로써 사람의 업무를 방해한 자는 5년 이하의 징역 또는 1천500만 원 이하의 벌금에 처한다.

---

27 폭행과 상해의 구별과 판단 기준, 실익

폭행과 상해는 상대적인 개념이죠

①

형법에는 폭행죄와 상해죄가 구분되어 규정되어 있습니다. 물론 상해죄의 법정형이 더 높습니다. 개념상으로는 폭행이란 '사람의 신체에 대한 유형력의 행사'이고, 상해는 '신체의 생리적 기능을 훼손하거나 건강침해'라고 합니다. 즉, 상해는 직접 침해가 일어나야 하며 폭행은 위험이 있는 것만으로 족합니다.

폭행은 사람의 신체에 대한 유형력의 행사이기 때문에 사람에게 직접 유형력을 행사한 것뿐만 아니라 간접적으로 사람을 향해 주먹을 뻗거나 물건을 던지는 행위도 비록 빗맞았다고 하더라도 폭행에 해당합니다.

폭행과 상해는 위와 같이 개념적으로 구분되어 있고 그 처벌조항 또한 달리 규정되어 있지만 폭행이 상해가 될 수 있고 상해가 폭행이 될 수도 있습니다.

폭행으로 피해신고 또는 고소를 하여도 상해가 성립할 수 있고, 또 상해로 고소를 한다 해도 폭행으로 죄명이 변경될 수도 있다는 말입니다.

폭행과 상해는 그 구별 실익이 여러 가지가 있습니다.

우선 폭행이나 존속 폭행, 과실치상은 반의사 불벌죄이지만, 상해나 폭행치상은 반의사 불벌죄가 아닙니다. 따라서 상해는 피해자가 처벌의사를 철회하더라도 처벌할 수 있죠. 단체 또는 다중의 위력을 보이거나 위험한 물건을 휴대하여 폭행한 경우는 특수폭행으로 의율하는데 특수폭행은 반의사 불벌죄가 아닙니다. 상습폭행, 공동폭행 또한 마찬가지로 피해자가 처벌불원의사를 표시하더라도 처벌이 가능합니다. 그래서 단순 폭행사건인 경우 합의를 하면 아예 공소제기를 할 수 없는 '공소권 없음' 처분을 하고, 상해사건인 경우에는 원칙적으로 처벌을 하지만, 사안에 따라 기소유예 처분이 내려지기도 합니다.

상해는 미수범 처벌 규정이 있지만 폭행은 미수가 처벌되지 않습니다. 그리고 폭행은 폭행에 대한 고의가 있어야 하고, 상해는 상해에 대한 고의가 있어야 합니다. 과실로 인한 폭행은 불벌不罰이고, 과실로 인해 상해라는 결과가 발생하였을 경우 과실치상죄가 성립합니다. 또한 폭행의 고의로 상해의 결과에 이르게 한 경우에는 폭행치상죄가 성립하죠.

②

폭행과 상해는 위에서 언급한 바와 같이 정도의 차이이고 그 실질 또한 상대적이라고 할 수 있습니다.

예를 들어 갑과 을이 싸워 두 사람 다 형사입건 되었는데 갑은 2주 상해진단서를 제출하고 을은 진단서를 제출하지 않았을 경우 을은 상해로 입건되고 갑은 폭행으로 입건하는 게 일반적입니다. 상해 입증자료로는 의사가 발급한 진단서 등이 있습니다. 병원에 가서 특정 부위 통증을 호소하면 객관적으로 다른 외상이 없더라도 2주 진단서를 발급해주는 게 보편적입니다. 그렇다고 진단서 또는 소견서가 허위라는 의미는 아닙니다. 진단서 등에 근거하여 상해와 비상해를 구별하다보니 여러 가지 문제가 발생하여 대법원에서 그와 관련하여 구별 기준을 제시한 것이 있습니다.

최근에는 상해의 정도와 상해 부위의 점에 관하여 엄격한 증명을 요구하여 자연치유 가능한 정도의 상처에 대하여는 상해로 인정하지 않으려는 경향이 있습니다. 그래서 단지 피해자가 아프다고만 호소할 뿐 진단서를 제출하지 않고 육안으로 관찰해도 특별한 상처가 보이지 않을 경우 폭행으로 판단하는 것이 타당합니다.

결국 상해 여부를 판단하기 위해서는 외관상 치료받을 정도로 열상, 좌상 등의 상처인지, 폭력행위가 어느 정도인지, 실제 치료받은 내역이 있는지, 자연치유될 정도의 상처인지 등을 종합적으로 고려합니다. 따라서 경미한 상처로서 병원 치료를 받은 적이 없고, 특별한 외상이 없는 관계로 시간이 지나면 자연치유될 수 있는 정도의 상처로 일생생활에 지장이 없다고 판단되면 상해진단서를 제출하였더라도 폭행죄를 적용합니다.

그와 반대로 진단서 등이 제출되지 않았고 폭행으로 피해신고가 들어왔더라도 상처 부위 등을 살펴봐서 입술 등이 깨져 피가 나거나 피멍이 드는 등 외관상으로 상처가 관찰되면 진단서가 없더라도 상해로 죄명을 변경하여 처벌하는 경우도 있습니다.

가해자가 피해자를 두들겨 패서 피해자가 피를 흘리고 쓰러진 사건에서, 누가 봐도 상해가 분명함에도 가해자가 사태의 심각성을 깨닫고 서둘러 피해자와 합의를 하여 진단서를 제출하지 말 것을 종용하여 '공소권 없음'으로 처리되는 사건도 있는데, 엄밀하게 말하면 '공소권 없음' 사안이 아니지요.

특히, 교통사고 발생 시에 경미한 접촉사고임에도 피해자가 합의금 또는 보험금을 노리고 진단서를 제출하는 경우가 허다한데,

그런 경우에도 사고와 상해 여부 인과관계를 따져보고 피해자가 과연 상처를 입었는지 아니면 과잉진료를 받은 것이거나 소위 '나이롱 환자'가 아닌지 다시 면밀히 검토해봐야 할 것입니다. 교통사고 및 보험금 관련하여 특히 도덕적 해이가 심하여 허위 진단서 발급이 문제가 되곤 합니다.

관련 판례

피해차량인 택시의 뒷범퍼가 미미하게 탈착된 데 그친 점에 비추어 볼 때 이 사건 교통사고는 매우 경미한 추돌사고라고 보여지고, 피해자는 사고 당시 신호대기를 위하여 택시를 정차하고 있다가 뒤에서 충격을 당하는 느낌을 받았는데, 사고 후 어디를 다쳤는지는 모르고 정신만이 몽롱한 상태였을 뿐이며, 파출소에서는 진단서를 제출하겠다고 하였다가 다시 경찰서에서는 아픈 데가 없어서 진단서를 제출하지 않겠다고 하였으나 담당경찰관이 그 제출을 종용하므로 병원에서 이를 발급받아서 제출하였으며, 진단서를 발급한 의사는 피해자가 허리의 통증을 호소하여 다른 객관적인 자료 없이 진단서를 발급하였고, 통상적으로 통증을 이유로 진단서를 발급하는 경우 주사와 약물 및 물리치료를 하는데 피해자는 위 진단서를 발급받을 당시 주사 및 물리치료는 받지 않고 약만 받아간 이후 병원에서 아무런 치료도 받지 않은 사실이 인정된다. 피해자가 입었다는 요추부 통증은 굳이 치료를 받지 않더라도 일상생활을 하는 데 아무런 지장이 없고 시일이 경과함에 따라 자연적으로 치유될 수 있는 정도라고 보여질 뿐만 아니라 실제로도 피해자는 아무런 치료를 받은 일이 없으므로, 그와 같은 단순한 통증으로 인하여 신체의 완전성이 손상되고 생활기능에 장애가 왔다거나 건강상태가 불량하게 변경되었다고 보기 어려워서 이를 형법상 '상해'에 해당한다고 할 수 없음이 분명하다대법원 판결 2000. 2. 25. 99도3910.

〈형법〉

제266조(과실치상)

①과실로 인하여 사람의 신체를 상해에 이르게 한 자는 500만 원 이하의 벌금, 구류 또는 과료에 처한다.

②제1항의 죄는 피해자의 명시한 의사에 반하여 공소를 제기할 수 없다.

제260조(폭행, 존속폭행)

①사람의 신체에 대하여 폭행을 가한 자는 2년 이하의 징역, 500만 원 이하의 벌금, 구류 또는 과료에 처한다.

②자기 또는 배우자의 직계존속에 대하여 제1항의 죄를 범한 때에는 5년 이하의 징역 또는 700만 원 이하의 벌금에 처한다.

③제1항 및 제2항의 죄는 피해자의 명시한 의사에 반하여 공소를 제기할 수 없다.

제262조(폭행치사상)

전2조의 죄를 범하여 사람을 사상에 이르게 한때에는 제257조 내지 제259조의 예에 의한다.

28 재산을 넘어 영혼을 터는 범죄, 사기

세상에는 정말 뻔뻔한 사람들 많아요

①

사기죄는 지능범죄라 불립니다. 범죄의 특성상 교묘한 지능범 형태로 계획성이 있고 상습성과 반복성이 강합니다. 그리고 거짓말을 일삼으며 혐의를 부인하는 경향이 높습니다. 고소사건에서 가장 높은 비중을 차지하고 있기도 있죠. 절도죄가 소박한 범죄라고 한다면 사기죄는 보다 영특하고 간교하며 영혼을 터는 사악한 범죄입니다. 당연히 무겁게 처벌해야 마땅하나 실무적으로는 사기로 기소하거나 처벌받게 하는 것은 쉽지 않습니다.

다른 죄보다 입증이 한층 어렵기 때문이죠. 차용금 사기 사건에서 피의자가 채무불이행에 이르게 된 경위에 대하여 고소인과 다른 주장을 하면서 차용 당시에는 변제능력이나 변제의사가 있었다고 변명하는 경우가 실제 사건에서 허다합니다.

사기죄의 성립 여부는 차용 당시를 기준으로 판단하기 때문에 차용 당시에는 변제의사나 능력이 있었다고 주장한다면 그 후에 차용금을 변제하지 못하였다고 하더라도 이는 단순한 채무불이행에 불과할 뿐 사기죄가 될 수 없습니다. 그래서 실제 통계를 보더라도 사기죄 고소사건의 기소율이 20%를 갓 넘은 수준에 그치고 있는데 이는 일반사건의 기소율보다 현저히 낮은 수준을 보이고 있습니다.

어떻든 사기는 재산을 넘어 영혼을 터는 범죄로 법적인 처벌은 물론 도덕적으로 지탄을 받아 마땅합니다.

다음 소개한 맹구는 그런 짓을 합니다. 도대체 어떤 짓을 하였기에 그럴까요?

②

맹구는 달구와 같은 고교 동창으로 평소에 교분이 두터운 사이입니다. 두 사람은 흉허물 없이 지내는 각별한 관계입니다. 그런데 그런 맹구에게 최근에 문제가 생깁니다. 맹구는 주위에서 들은 풍월로 주식을 하였는데 처음에는 기십만 원 수익을 올렸나 봅니다. 그러자 자신감이 생겼는지 맹구는 점점 판을 키웁니다. 여기저기 있는 돈 모조리 끌어모아 배팅을 합니다.

간덩이가 커진 거죠. 주식이 으레 그렇듯 판을 키우자마자 갑자기 주가가 하락하기 시작합니다. 걷잡을 수 없는 하락에 맹구는 상당한 손실을 보고 말았습니다. 그런데 거기서 손 털고 일어서는 사람 별로 못 봤습니다. 본전 생각이 나기 때문이죠. 돈이 궁할 대로 궁한 맹구는 카드론 대출을 받고 사채도 빌려 물타기를 하며 버텼습니다. 하지만 결국은 원금이 다 날아가고 빚만 가득 떠안게 되었죠. 사채 이자 등이 눈덩이처럼 불어났거든요.

깊은 수렁에 빠진 맹구는 뒤늦게 후회를 하며 신세를 한탄합니다. 그러나 이미 늦었고 이제 벼랑 끝에서 수습해야 할 일만 남았습니다. 인정사정 봐주지 않는 사채업자로부터 빚 독촉과 협박을 받게 되자 맹구는 밤잠을 설치는 날이 잦아졌습니다. 친지 등 주위를 다 돌아봐도 도움을 요청할 사람도 딱히 보이지 않습니다. 이 절망적인 상황에서 딱 한 사람이 떠오르네요. 바로 달구입니다. 그래서 그에게 돈을 꾸기로 마음먹습니다. 그런데 그간의 경위를 곧이곧대로 설명하고 빌려달라고 하면 아무리 달구라도 선뜻 거금을 빌려줄 리는 없을 겁니다. 그걸 아는 맹구는 달구에게 이렇게 둘러대며 차용을 요청합니다.

"자네도 알다시피 내가 전세를 살고 있잖는가. 전세 만기가 다가오기에 이참에 나도 집을 장만하여 이사를 하려고 다른 집을 구해 매매계약을 하였는데 일본에 간 지금 집주인이 코로나 때문에 발이 묶여 입국을 할 수 없는 상황이라고 하네. 참내, 하필이면 이때……. 매매 잔금 치러야 할 날짜는 다가오는데 기존 전세금은 빠지지 않고 미치겠네. 잔금을 못 치르면 계약금만 날릴 상황이네. 그래서 하는 말이네만, 내일모레가 잔금 날짜여서 그러니 1억만 빌려주게. 그러면 전세금이 빠지는 대로 바로 갚아주겠네. 아마 한두 달 내로 집주인이 입국이 가능하다고 하니 그때쯤이면 해결이 될 거 같네. 자네도 형편이 어렵겠지만 한두 달만 돈을 융통해주게나. 이자는 서운치 않게 줄 터이니, 부탁이네."

　달구는 맹구의 하소연을 듣자 입장이 난처하게 됩니다. 사실 가까운 사람끼리는 금전 거래를 하지 말아야 한다는 것은 동서고금의 진리입니다. 돈 문제로 다툼이 생기다 결국 돈도 잃고 소중한 친구도 잃게 되는 일이 다반사니까요. 하지만 맹구의 딱한 처지를 안 이상 외면할 수는 없습니다. 달구는 잠시 고민하다 금융권에서 대출을 받아 빌려주게 됩니다. 달구도 여윳돈이 없어 대출을 받은 겁니다. 달구는 맹구의 상황이 충분히 이해가 되고 맹구가 실제로 전세금 1억7,000만원짜리 아파트에 살고 있는 것도 알고 있습니다. 사실 달구 입장에서는 어려운 결단을 한 것이죠. 아무리 절친이라도 그런 거금을 선뜻 빌려주기란 쉽지 않습니다.

세상인심이 그렇습니다. 무엇보다 아무런 담보도 제공받지 않고 돈을 빌려줬다가 떼이게 되면 내가 폭삭 망할 수도 있기 때문이죠. 달구로부터 1억 원을 차용한 맹구는 그 즉시 사채와 카드론 대출금을 갚는 데 다 사용해 버립니다. 그런데 그 이후 몇 달이 지나도 맹구가 어떠한 이행도 하지 않자 이상하여 달구가 뒷조사를 해보니 맹구의 이야기는 다 거짓이고 자기 돈을 주식 빚 갚는 데 몽땅 사용한 것을 알게 됩니다. 맹구는 달구의 연락을 슬슬 피하면서 엉뚱한 이야기만 하고 돈 갚을 생각을 하지 않고요. 달구 입장에서는 마른하늘에 날벼락이죠. 자기도 형편이 어렵지만 맹구의 사정이 하도 딱해 대출까지 받아 돈을 빌려주었기 때문에 그 배신감이 이루 말할 수 없습니다.

결국 달구는 맹구를 사기로 고소하게 됩니다.

③

맹구는 경찰에 소환되어 조사를 받습니다. 경찰은 맹구에게 진술거부권 등을 고지하고 고소취지 등을 설명한 후 신문을 시작합니다.

"고소인인 달구와는 어떤 사이인가요?"

"네, 고교 동창으로 오랜 친구 사이입니다."

"피의자는 무슨 일을 하는가요?"

"예전에는 가게를 운영하기도 했는데 망하고 난 후 그냥 공사현장에 일 있으면 나가고, 없으면 그냥 놀고 그럽니다."

"고소인으로부터 1억의 돈을 빌린 사실이 있는가요?"

"네, 그렇습니다."

"어떤 명목으로 빌린 거죠?"

"차용금입니다."

"차용 경위는 어떤가요? 즉, 고소인에게 뭐라고 말하면서 돈을 빌려달라고 하였는가요?"

"그냥 자금이 좀 필요하여 빌려달라고 하였습니다."

"구체적으로 어떤 용도의 자금이 필요하다고 말하였는가요?"

"친한 친구 사이니까 자세히는 말을 안 하고 그냥 사업자금이라고 했습니다."

"고소인 주장에 의하면, 피의자가 새로 계약한 집 매매 잔금이 급히 필요하다고 하여 빌려줬다고 하는데 어떤가요?"

"내가 그런 말을 했나? 아휴!"

맹구가 어쩡쩡하게 답변하자 경찰이 재차 묻습니다.

"고소인 주장이 사실인가요?"

이때 맹구는 손으로 뒤통수를 만지면서,

"머, 그렇다고 합시다"라고 대답합니다.

"사실이 그런가요?"라고 다시금 확인하는 질문을 하자,

"네, 그렇다고 하자니까요!"라며 다소 신경질적인 반응을 보입니다. 이때부터 맹구는 양심의 가책 같은 건 없어 보입니다.

"변제기한이나 방법, 이자지급 등의 차용 조건은 어떻게 정했는가요?"

"기한을 달리 정한 것은 없고, 기존 전세금을 받으면 갚아준다고 했습니다. 제가 1억7,000만원에 전세로 살고 있는 것은 달구도 압니다. 그리고 이자로 10퍼센트를 지급하기로 약속하였는데 이자는 일부 지급했습니다."

맹구는 구차한 변명을 늘어놓지만 조사는 점차 쟁점에 접근하며 진행됩니다.

"그 전세금 만기가 언제죠?"

"차용 당시 기준으로 1년 후입니다."

"고소인 진술에 의하면, 전세금이 금방 빠질 거라고 하면서 한두 달만 쓰자고 하였다는데 어떤가요?"

"허참!"

맹구는 말을 잇지 못하고 고개를 들어 천장을 쳐다봅니다. 경찰의 신문은 계속되죠.

"그런데 그 차용금은 어디에 사용한 겁니까?"라고 묻자,

"제가 사업자금으로 썼다고 말하지 않았습니까!"라며 퉁명스럽게 대답합니다.

이에 경찰은 "그게 아닐 텐데요"라고 말하며, 사전에 확보한 맹구의 주식 거래 내역과 카드론 대출 및 상환 내역, 사채업자 관련 진술 등의 반박 자료를 보여줍니다.

계속하여 경찰은 "피의자는 이와 같이 주식을 하다 거금을 탕진하게 되었고 사채 등의 빚 독촉에 시달리자 이를 해결하기 위해 고소인에게 전세금 운운하며 금방이라도 갚아줄 것처럼 말하고 돈을 빌린 거 아닌가요?"라고 추궁하며 매섭게 맹구를 노려봅니다. 맹구는 경찰의 시선을 피하면서 물을 좀 먹고 싶다고 요청합니다. 경찰은 물을 따라준 후 다시 묻습니다.

"고소인에게 사전에 주식과 주식으로 인한 빚 이야기는 전혀 하지 않은 거죠?"

맹구는 뭔가를 설명하려고 어색한 손짓을 하다가 다리를 X자로 꼬면서 이렇게 말합니다.

"그만둡시다. 제가 죄를 지은 것으로 확인이 되었으면 구속시키면 되지 이런 조사는 왜 하나요? 제 말은 들어주지도 않을 거면서."

경찰은 맹구의 불만 섞인 대꾸를 무시하고 계속 신문을 이어갑

니다.

"만약 고소인이 피의자가 주식을 해서 많은 돈을 잃었고, 그러다 사채까지 끌어다 쓴 것을 알았다면 과연 그 돈을 빌려줬을까요? 대출을 받아서가면서 말이죠."

"그니까 알아서 하시라니까요."

맹구는 체념하듯이 말을 내뱉으며 다시 천장을 올려다봅니다.

"고소인은 피의자의 무엇을 믿고 돈을 빌려줬을까요?"

"오랜 친구 사이니까 빌려줬겠지요."

"그래요, 고소인은 친구가 하도 딱해보여서 빌려줬지요. 그래서 그 돈은 어떻게 갚을 건가요? 방법이 있나요?"

"나중에 전세금을 받으면 그때 봐서 갚던가 해야지, 지금은 별 도리가 없어요."

"피의자는 당시에 별다른 재산이나 소득이 없었나요?"

"제가 다른 돈이 있었으면 그 돈을 빌렸겠어요? 있는 돈마저 주식에 다 말아먹었는데요."

"당시 채무는 어느 정도였나요?"

"사채까지 쓸 정도면 아시잖습니까? 오죽했으면 카드론과 사채를 썼겠어요. 이자가 얼마인데요. 대략 이것저것 다 합치면 1억이 좀 넘을 겁니다."

"당시 벌이는 어느 정도 되었습니까?"

"아까도 말했지만 공사현장 일이 있으면 얼마간이라도 벌지만 일 없으면 아무것도 없지요, 뭐."

"고소인 진술 및 피의자 주장, 주식 거래 내역 등의 증거자료로 볼 때 피의자는 고소인으로부터 돈을 빌리더라도 이를 갚을 의사나 능력이 없었던 것으로 보이는데, 어떤가요?"

"아, 갚으려고 했었죠. 에이, 그놈의 주식만 잘 되었더라도 이러진 않았을 텐데……. 아무튼 죄송합니다. 나중에라도 갚겠습니다."

"현재 일부라도 변제한 돈이 있는가요?"

맹구는 낮은 목소리로 고개를 흔들며 "없습니다"라고 말합니다.

"지금 살고 있는 집 전세금을 받으면 일부라도 갚아줄 의향이 있는가요?"

"사실 그 전세금도 제 명의로 된 것이 아닙니다. 그리고 그 전세금을 빼서 주면 저는 어디로 가서 살라고요."

"더 이상 할 말이 없는가요?"

"달구한테는 미안한 마음 갖고 있습니다."

맹구는 마지막 진술을 끝맺으며 한숨을 내쉽니다. 이상으로 조사는 다 끝났습니다.

④

우리 형법은 사기죄를 '사람을 기망하여 재물을 취득하거나 재산상의 이익을 취득한 경우'로 규정하고 있습니다. 구체적으로는 기망행위, 착오, 재산적 처분행위, 재물 또는 재산상 이익의 취득, 손해의 발생 그리고 고의와 불법영득의사 등을 그 요소로 합니다. 사기에는 여러 유형이 있습니다만, 대표적인 것은 돈을 빌려가서 떼먹은 차용사기입니다. 그 차용사기 중에 용도사기라는 것이 있습니다. 동기의 착오에 대하여는 학설상으로는 다툼이 있으나 판례는 용도를 속이고 돈을 빌린 경우에 진정한 용도를 고지하였다면 상대방이 빌려주지 않았을 경우에 사기죄를 인정하고 있습니다대법원 1995. 9. 15. 선고 95도707 판결.

위 사안은 용도를 기망하여 금전을 차용한 경우로 사기가 인정됩니다. 달구에게 진정한 사용처를 사실대로 말하고 돈을 빌려달라고 하였으면 달구가 빌려주었을 리가 없기 때문이죠.

한편, 용도사기가 아닌 단순 차용사기로도 처벌이 가능합니다. 왜냐하면 맹구는 처음부터 경제적으로 궁박한 상태에서 변제의사─누구나 변제할 의사는 있었다고 주장하죠. 그래서 사실 변제의사는 쟁점이 아닙니다. 변제능력이 관건입니다나 변제능력 없이 돈을 빌려간 뒤 이를 갚지 않았기 때문입니다.

맹구의 경제적 자력 등 객관적인 증거자료와 당사자들의 진술을 종합해보면 자명해보입니다. 일정한 직업과 소득이 없는데다 별다른 재산마저 없는 상태에서 각종 채무가 1억 원 상당에 이르므로 도저히 갚을 능력이 되지 않았던 것으로 판단할 수 있죠. 더군다나 변제를 약속한 한두 달 내로는 더욱 갚을 능력이 되지 않습니다. 달구로부터 빌린 돈을 주식에 투자하여 탕진한 상황이었다면 맹구가 이렇게 주장할 수도 있을 겁니다. 그때 만약 주식이 많이 올라 돈을 벌었다면 갚을 능력이 되었고, 실제 갚았을 거라고요. 하지만 그건 별개이고 그 가능성 또한 희박합니다.

객관적인 능력이나 가능성을 토대로 판단해야 하는 거죠. 차라리 로또복권을 구입하여 1등 당첨되면 갚아줄 테니 돈을 빌려달라고 하죠. 얼토당토않는 변명에 불과합니다. 사실 달구 입장에서는 돈도 돈이지만 인간적으로 엄청난 배신감과 상처를 입었을 겁니다. 다른 사람도 아니고 오랜 절친에게 사기를 당했으니 말입니다. 그래서 사기를 재산을 넘어 영혼을 터는 사악한 범죄라고 나는 말하는 것입니다.

사기 유형에는 어떤 것들이 있나요?

실무상 볼 수 있는 사기 사안을 유형별로 분류하면 무전취식, 무임승차 등의 비교적 단순한 사기 사건에서부터 금전거래 관계에서 발생하는 차용금 및 투자금 사기, 신용카드를 이용한 사기, 딱지어음 등 어음·수표거래 사기, 물품대금 사기, 공사대금 및 공사하도급 사기, 부동산 거래 과정에서의 부동산 사기, 대출 사기, 선불금 사기, 소송사기, 컴퓨터와 인터넷을 이용한 사기 등 그 양상이 매우 다양합니다.

최근에는 불특정 또는 다수의 피해자를 대상으로 한 조직적이고 전문적인 사기 범행도 빈발하는데 보이스피싱 범죄, 사기단의 교통사고 등의 보험사기, 기획부동산 사기, 다단계 판매를 빙자한 사기 범행 등이 이에 해당한다고 할 수 있을 것입니다.

〈형법〉

제347조(사기)

①사람을 기망하여 재물의 교부를 받거나 재산상의 이익을 취득한 자는 10년 이하의 징역 또는 2천만 원 이하의 벌금에 처한다.

29 아무 말도 하지 않았다면 죄가 되지 않는 걸까요?

남을 속이는 행위는 부작위 방법도 있습니다

①

"난 아무 말도 안했다고요. 상대방에게 어떤 행위를 한 것이 없어요. 그런데도 사기가 되나요?"라고 묻는 사람이 있습니다. 하지만 그런 경우에도 구체적 사안에 따라 사기가 될 수 있습니다. 바로 부작위에 의한 기망이지요.

다음 사례를 들어보겠습니다.

맹구는 시골에 밭이 기백 평 있습니다. 그 밭은 외진 곳에 있고 진출입로가 없는 맹지입니다. 더군다나 지인에게 돈을 차용하고 그 토지를 담보로 제공한 터라 채무담보를 위한 근저당권설정등기도 되어 있습니다. 별로 쓸모없는 땅이죠. 그래서 맹구는 그 땅을 다른 사람에게 팔아버리자고 마음먹습니다. 그래서 그 부근에 매매한다는 취지의 현수막을 내걸었습니다. 그랬더니 절구가 그 현수막을 보고 그 땅의 매수인으로 나타납니다. 가격을 절충하여

5,000만 원에 매매하기로 계약을 합니다. 계약금 1,000만 원을 당일날 지급받고 잔금 4,000만 원을 1달 후에 지급받기로 하는 조건으로 계약합니다.

맹구는 그 토지가 맹지이고 근저당권설정등기가 되어 있다는 설명은 굳이 하지 않았습니다. 그 정도야 매수인이 다 알아볼 터이고 그럼에도 불구하고 매수의사를 표시한 것이라고 생각한 거겠죠. 그리고 약속한 잔금날 절구를 만났더니 절구가 5만 원권 현금으로 모두 찾아와 건네주는 겁니다. 맹구는 당연히 액수가 맞는지 세어봤겠죠.

그런데 이게 웬일입니까? 액수가 총 5,000만 원입니다. 아마도 계약금으로 1,000만 원 준 사실을 깜박했거나 잔금을 잘못 계산한 거 같습니다. 이때 맹구는 잠시 고민하더니 아무 말도 하지 않고 그냥 그 5,000만 원을 모두 챙겨서 일어납니다. 1,000만 원을 꿀꺽한 거죠. 사실 절구는 시골에서 농사만 짓는 사람으로 일자무식이고 세상물정도 잘 모르는 사람입니다. 그래서 서류를 볼 줄도 모르고 본다 해도 무슨 내용인지도 잘 모릅니다.

보통 사람 같았으면 그 토지에 대한 부동산등기부등본을 발급받아 권리설정 등의 내용을 모두 확인해보고 계약했을 겁니다. 하지만 어리숙한 달구는 그 토지를 외형만 보고 매수한 것이죠.

자, 이런 경우 맹구에게 어떤 죄가 성립할까요?

②

사기죄 성립 여부가 문제됩니다. 사기 혐의로 조사를 받게 된 맹구는 분명 이렇게 항변할 겁니다.

"아니, 내가 그 사람에게 무슨 잘못했나요? 내가 거짓말하여 돈을 더 받은 것도 아니고 그냥 주기에 받았을 뿐이예요. 그게 잘못이라면 지금이라도 1,000만 원 돌려줄랍니다. 또 등기부등본 떼보면 근저당설정 되어 있는 거 다 알 수 있는 내용인데 제가 굳이 설명할 필요 있나요? 그 토지가 맹지인 것은 그 사람도 알고 있고요. 억울합니다."

사기죄에서 기망이란 거짓말로 상대방을 착오에 빠뜨려 자신의 재산을 처분하도록 하는 것입니다. 기망의 수단, 방법은 작위뿐만 아니라 부작위로도 가능합니다.

위 사안에서는 부작위에 의한 기망이 문제가 되죠. 상대방이 스스로 착오에 빠진 경우 그 착오를 알려주어야 할 신의칙상 고지의무가 인정되는지 여부와 그 의무를 이행하지 않았을 경우 부작위에 의한 사기죄가 성립하는지 여부가 판단의 핵심 요소입니다.

위 사안에서는 2가지가 쟁점입니다. 매수인이 착오에 빠져 지급해야 할 금액을 초과하여 교부한 돈을 수령한 행위, 즉 초과 수령한 1,000만 원 부분이 부작위에 의한 사기죄를 구성하는지 여부입니다.

또 하나는 토지를 매도함에 있어서 근저당권설정등기가 경료되어 있는 사실을 고지하지 아니하여 매수인이 이를 알지 못한 탓으로 그 토지를 매수한 것이 고지의무자의 고지의무 불이행으로 인한 사기죄 성립 여부가 그것입니다.

첫 번째 부분은, 부작위에 의한 사기가 인정되기에 충분합니다. 맹구가 매매잔금을 교부받던 중에 잔금을 더 많이 받은 사실을 알게 되었는데도 그대로 수령하였기 때문입니다.

만약 당시 맹구가 1,000만 원을 초과하여 교부받은 것을 사실대로 고지하였다면 달구가 그와 같이 초과하여 교부하지 않았을 것임은 경험칙상 명백합니다.

그러므로 그 잔금을 교부받던 중에 그 사실을 알게 된 이상 특별한 사정이 없는 한 맹구로서는 달구에게 사실대로 고지하여 달구의 착오를 제거하여야 할 신의칙상 의무를 지게 되는 것이죠. 그 의무를 이행하지 아니하고 그대로 수령한 경우에는 사기죄가 해당됩니다. 대법원도 같은 취지에서 사기죄가 인정된다고 판시한 바 있습니다.대법원 2004. 5. 27. 선고 2003도4531 판결

그리고 1,000만 원을 초과하여 교부받아 즉시 반환하지 않는 이상 이미 실행행위에 착수한 것으로 봐야 하고, 돈을 챙겨 현장을 이탈한 이상 범죄는 기수에 이르렀으므로, 즉시가 아닌 상당한 시간이 지난 후에 반환하였더라도 기수에 이른 범죄를 되돌릴 수는 없습니다.

두 번째 부분은, 토지 매매에 있어 그 토지에 대한 근저당권설정이 경료된 사실은 매매, 즉 법률행위의 중요 부분에 관한 것으로서 매수인인 달구 입장에서는 재산적 처분행위를 하기 위한 판단의 기초사실에 관한 것입니다.

따라서 비록 누구나 부동산등기부를 발급받거나 열람하여 해당 사실을 확인할 수 있고, 확인과정에 아무런 지장을 받지 않는다고 하더라도 부동산 계약 상대방에게 거래에 대한 피해 위험성을 인식하게 하거나 이를 고지할 의무가 있는 것으로 봐야 됩니다. 더군다나 상대방인 달구의 지식, 경험, 직업 등 행위자의 구체적 사정을 고려하면 더욱 고지 의무가 인정된다고 할 수 있습니다.

대법원도 '어떤 행위가 다른 사람을 착오에 빠지게 한 기망행위에 해당하는가의 여부는 거래의 상황, 상대방의 지식, 경험, 직업 등 행위 당시의 구체적 사정을 고려하여 일반적·객관적으로 판단해야 할 것이다대법원 2007. 10. 25. 2005도1991라고 판결하고 있습니다.

　위와 같이 이미 착오에 빠져 있는 상태를 이용하는 것도 기망에 해당합니다. 사기죄 등 재산범죄는 널리 재산상의 거래 관계에 있어서 상호가 지켜야 할 신의와 성실의 의무를 배반하는 것을 그 본질로 하기 때문이죠. 맹구는 잔금을 착오로 잘못 건네주고 서류를 확인하지 못한 달구의 실수라고 하며 이는 민사사안일 뿐 형사사건이 될 수 없다고 주장하지만, 실제 법적용은 그렇지 않습니다. 상대방에게 아무 말도 하지 않았는데도 속임수가 될 수 있고 편취 범의가 인정될 수 있습니다. 거래라는 건 정확하게 해야죠. 그래야 탈이 없습니다.

30 사기도 절도도 아닌 컴퓨터 등 사용사기

새로운 범죄에 대처하기 위해 형법도 업그레이드 됩니다

①

백수건달인 맹구는 그날도 빈둥거리다 동네 후배인 벅구집에 놀러 갑니다. 둘 다 똑같은 사람이라 백주대낮부터 술을 사다 퍼마십니다. 한참 후 주량이 맹구보다 약한 벅구가 먼저 곤드레만드레 취해 쓰러집니다.

맹구는 세상 모르게 자고 있는 벅구를 내버려두고 남은 술을 혼자 마시다 문득 벅구 방 이곳저곳을 뒤져봅니다. 맹구는 원래가 손버릇이 나쁜 사람이죠. 책상 서랍을 열어보니 그 안에 까맣게 손때 묻은 농협 예금통장이 들어있네요. 통장을 꺼내 확인해보니 잔고가 250만 원이나 됩니다.

그 순간 맹구는 침을 꿀꺽 삼키며 요걸 어떻게 하나 궁리를 하죠. 그러다가 맹구의 뇌리를 스치는 번호가 하나 떠오릅니다. 바로 벅구 방 잠금장치 비밀번호입니다. 맹구는 벅구 집을 자주 들락거려 벅구가 누르는 번호를 어깨너머로 눈여겨본 적이 있거든요. 벅구의 출생 월일인 0610. 통장 비밀번호도 그 번호가 아닐까 하는 생각이 들어 통장을 냉큼 챙겨 일어섭니다. 그리고 즉시 은행으로 달려가죠. 현금자동지급기에 통장을 집어넣고 위 비밀번호를 입력하였더니 일치합니다. 맹구는 마치 복권이라도 당첨된 양 쾌재를 부르죠.

맹구는 위험천만한 짓을 하고 있는데 죄의식도 느끼지 못하고 있습니다. 급기야 벅구 농협 통장에서 자신의 신한은행 계좌로 100만 원을 계좌이체를 합니다. 그래도 일말의 양심이라도 있는 것인지, 아니면 벅구가 알아채지 못하게 일부 금액만 이체시킨 겁니다. 그리고 그 통장을 다시 제자리에 몰래 갖다놓습니다. 그리고는 아무 일 없었다는 듯이 벅구 집을 빠져나오면서 휘파람을 불죠. 맹구는 그날 밤 유흥주점에 가서 아가씨를 끼고 술을 마십니다. 하지만 그 대가는 치러야 하겠죠. CCTV 등을 확인해보면 맹구가 범인이라는 것은 쉽게 알아낼 수 있습니다. 예정된 수순인 양 며칠 후 경찰로부터 출석 요구를 받습니다.

과연 맹구에게는 어떤 혐의가 적용될까요?

②

예전에는 위와 같은 맹구 행위를 처벌하는 데 곤란했던 적이 있었습니다. 왜냐하면 그런 경우에 적용할 죄명이 형법에 마땅히 규정되어 있지 않았기 때문이죠. 기존의 사기나 절도로 처벌하기에는 법리상 문제가 있었거든요.

이제부터 하나하나 따져보겠습니다. 우선, 벅구 소유의 통장 그 자체에 대해서는 절도가 성립하지 않습니다. 통장이라는 물건에 대해서는 불법영득의사가 없기 때문이죠. 맹구는 통장을 일시적으로 사용할 의사만 있었지 이를 지속적으로 배제하거나 소유하려는 의사는 없었습니다. 따라서 절도로는 처벌할 수 없습니다. 사용절도죄의 객체는 자동차 등의 운행수단에 국한되어 있어 사용절도로도 처벌할 수 없습니다.

벅구 명의의 계좌에서 일정 금액을 자신 계좌로 이체한 행위도 절도로는 처벌할 수 없기는 매한가지입니다. 절도의 객체가 아니기 때문이죠. 절도의 객체는 타인 소유의 재물인데, 재물이란 유체물과 관리 가능한 동력을 의미합니다.

전자적으로 이체한 금액은 그 어디에도 해당되지 않기 때문이죠. 또한 재물의 점유가 이전되는 것도 아닙니다. 그렇다면 사기도 안 되는 건가요? 네. 사기도 성립하지 않습니다.

사기란 기본적으로 기망을 핵심 요소로 하는데, 위 사안에서는 사람에 대한 기망행위와 상대방의 처분행위가 수반되지 않았기 때문입니다. 위와 같이 컴퓨터나 현금자동지급기 등의 정보를 다루는 매체들을 이용하여 불법 이익을 취득한 행위에 대해 처벌의 사각지대가 존재하여 이를 보완하기 위해 새로운 죄명이 그래서 형법에 추가된 것입니다.

1995년 형법 개정시 신설된 범죄인 컴퓨터등 사용사기가 그것입니다. 컴퓨터 등 사용사기죄는 정보처리장치에 허위의 정보 또는 부정한 명령을 입력하거나 권한없이 정보를 입력·변경하여 정보 처리를 하게 함으로써 재산상의 이익을 취득함으로써 성립하는 범죄입니다.

결국 정보처리 권한이 없는 맹구가 진정한 정보나 명령을 임의로 입력하는 방법으로 금원을 이체하여 재산상 이익을 취득하였기 때문에 컴퓨터등 사용사기가 성립하는 것입니다. 절취한 타인의 신용카드로 서비스 이용대금 등을 결제한 경우나 인터넷뱅킹 또는 텔레뱅킹을 위해 타인의 ID 및 비밀번호를 이용하는 경우가 이에 해당합니다. 참고로 위 사안에서 컴퓨터등 사용사기의 피해자는 계좌 명의인인 벅구가 아니라 벅구가 거래하는 금융기관이라고 대법원은 판단하고 있습니다.

그런데, 만약 맹구가 현금자동지급기에서 계좌이체하지 않고 현금을 바로 인출하였다면 어떤 죄가 성립할까요?

그런 경우에는 절도죄가 성립합니다. 이는 인출한 현금에 대해 현금자동지급기의 관리자의 점유가 인정되는데 그 관리자의 의사에 반하거나 지배를 배제한 채 그 현금을 자기의 지배하에 옮겨놓은 행위를 하였기 때문입니다. 현금은 재물이고 피해자의 의사에 반해 점유가 이전된 것이므로 절도가 성립한다는 말입니다.

한편, 맹구가 자신의 계좌로 이체한 후 자신의 현금카드로 현금지급기에서 돈을 인출한 행위는 어떤 죄가 성립할까요?

그런 경우에는 자신의 현금카드이므로 권한이 있고 부정한 명령어를 입력한 것도 아니어서 컴퓨터등 사용사기죄는 성립이 되지 않습니다. 또한 계좌이체 후 현금지급기에서 현금을 인출한 행위는 본인의 현금카드를 이용한 것이어서 현금지급기 의사에 반한다고 볼 수 없고 자신이 점유하는 계좌이므로 절취행위에 해당하지도 않는다고 대법원은 판결하고 있습니다.

즉 그런 행위는 별도의 죄가 성립하지 않습니다. 과학기술의 발전과 새로운 기계가 개발되면서 범죄가 지능화되고 첨단화하며 은밀해지고 있습니다. 그에 따라 법 적용에 있어 결함이 생기면 입법 및 개정에 의해 보완하고 있는 것입니다. 사실 형사법은 항상 앞서가는 법이 없습니다. 새로운 부정과 범죄가 발생하면 이를 응징하기 위해 필요한 그때그때마다 업그레이드됩니다. 앞으로도 새로운 범죄가 출현할 것입니다.

<형법>

제347조의2(컴퓨터등 사용사기)

컴퓨터등 정보처리장치에 허위의 정보 또는 부정한 명령을 입력하거나 권한 없이 정보를 입력·변경하여 정보처리를 하게 함으로써 재산상의 이익을 취득하거나 제3자로 하여금 취득하게 한 자는 10년 이하의 징역 또는 2천만원 이하의 벌금에 처한다.

31 남을 배신하는 건 비난받아 마땅하죠

사안에 따라 횡령일 수도 있고, 아닐 수도 있습니다

①

맹구는 중고자동차 딜러입니다.

어느 날 지인인 달구가 그에게 자신의 차를 판매해달라고 의뢰를 하였습니다. 이전등록에 필요한 서류도 건넸습니다. 맹구는 판매 위탁을 받은 후 그 차를 여러 거래처를 물색해보더니 가장 좋은 가격인 1,000만 원에 판매했습니다. 그런데 그 중 500만 원만 달구에게 중고차 대금이라고 지급하였습니다. 나중에 이를 알게 된 달구는 그 차액 부분에 대해 맹구를 횡령으로 고소했습니다. 참고로 그 차 매매 비용 및 중개수수료는 다 합쳐 200만 원 가량입니다. 맹구는 형사 처벌을 받게 될까요?

결론부터 말하자면, 구체적 사실관계 및 두 사람 간의 약정에 따라 횡령 등의 범죄가 성립할 수도 있고 아닐 수도 있습니다.

우선, 판매 수탁자인 맹구와 위탁자인 달구가 이렇게 대화하여 구두약정한 경우입니다.

"자네는 얼마 받기를 원하는가?"

"글쎄, 내가 차에 대해 아는 게 있나. 자네가 그 분야 전문가니 그냥 알아서 팔아주게."

"그래도 대충 원하는 금액이 있을 거 아닌가?"라고 재차 묻자, 달구는 잠시 생각하더니 이렇게 대답합니다.

"그러면 얼마에 팔든지 내게는 500만 원만 주게, 그 정도는 받을 수 있지?"

이에 맹구는 "오케이!"라고 화답하죠.

이런 경우는 횡령죄 성립이 어렵습니다. 횡령죄란 타인 소유의 자기 점유의 물건을 불법으로 영득하거나 위탁의 취지에 반하여 권한을 초월하여 불법 처분하는 범죄입니다. 그런데 위 사안에서는 차액 300만 원판매대금 1,000만 원에서 각종 비용 200만 원을 공제한 금액이 달구의 소유가 아닙니다. 즉 타인 소유가 아니라는 말이죠. 또한 위탁의 취지에 반하여 권한을 초월하여 불법 영득한 돈도 아닙니다.

달구는 당초 맹구에게 그 중고차를 얼마에 팔든지 간에 자기 손에 500만 원만 쥐어주기만 한다면 상관하지 않기로 하고 매매를 위임했기 때문입니다. 그러므로 차액 300만 원은 맹구 자기 돈이고 그 위탁 취지에 반한 것도 아니므로 횡령죄가 성립할 수 없습니다.

②

두 번째, 이런 경우를 상정합니다.

달구는 매매를 의뢰하면서 맹구에게 이렇게 말합니다.

"내가 주위에 알아보니, 잘하면 1,000만 원까지 받을 수 있다고 하네. 자네한테 모든 걸 위임할 테니 알아서 팔아주고 비용과 수수료를 제한 돈은 나한테 일단 모두 주소. 자네가 높은 금액으로 팔아주면 내가 나중에 보너스를 주겠네"라고 말이죠.

그러자 맹구도 "알겠네"라고 응답합니다.

그렇게 두 사람 간에 약속을 하고 얼마 후, 맹구는 그 차를 실제 1,000만 원에 매도하였습니다. 맹구는 그 돈을 수령하여 보관하게 되자 생각이 달라집니다. '달구 지까짓께 차에 대해 얼마나 알겠어. 내가 여러 군데 알아봤더니 700만 원 이상으로는 도저히 받을 수 없다고 하여 별수 없이 700만 원에 매도하였다고 말하고 각종 비용등이 200만 원이니 500만 원만 줘야지'라고 말이죠. 그래서 달구를 만나 매매경위 및 판매대금 등에 대해 설명하고 500만 원을 건넵니다. 하지만 달구는 고개를 갸우뚱합니다. 맹구의 말을 곧이곧대로 믿지 않죠. 그래서 뒷조사를 해봤더니 맹구가 1,000만 원에 매도한 것을 알게 됩니다. 자신을 속인 것을 알고 패씸하여 맹구를 형사고소합니다.

맹구는 처벌을 받을까요?

위 사안의 경우는 횡령죄가 성립할 수 있습니다.

대법원은 위탁매매에 있어서 위탁품의 소유권은 위임자에게 있고, 그 판매대금은 이를 수령함과 동시에 위탁자에게 귀속한다 할 것이므로 특별한 사정이 없는 한 위탁매매인이 위탁품이나 그 판매대금을 임의로 사용·소비한 때에는 횡령죄가 성립한다(대법원 2013. 3. 28. 선고 2012도 16161 판결)라고 하고 있습니다. 따라서 판매대금 전체 소유권은 위임자인 달구에게 있습니다.

한편, 위탁판매인과 위탁자 간에 판매대금에서 각종 비용이나 수수료 등을 공제한 이익을 분배하기로 하는 등 그 대금처분에 관하여 특별한 약정이 있는 경우에는 이에 관한 정산관계가 밝혀지지 않는 한 위탁물을 판매하여 이를 소비하거나 인도를 거부하였다고 하여 곧바로 횡령죄가 성립한다고는 할 수 없다(대법원 1990. 3. 27. 선고 89도 813판결)라는 판례도 있습니다.

그렇지만 위 경우에는 특별한 약정이 존재하지 않습니다. 왜냐하면 달구는 비용 등을 제외한 모든 대금을 일단 자기한테 달라고 분명히 말했기 때문이죠. 그 후 보너스를 지급하는 문제는 별도입니다. 위탁의 취지에 반하여 맹구가 권한을 초월하여 그 돈을 불법으로 영득한 것입니다. 결국 맹구는 달구와의 신임관계를 저버렸기 때문에 횡령죄가 성립합니다.

③

이번에는 이런 경우입니다. 맹구는 그 중고차를 1,000만 원에 판매한 후 달구에게 전화로 이렇게 말하고 500만 원만 송금해줍니다.

"그 차를 1,000만 원에 판매한 것은 사실이네. 따라서 비용을 제외한 800만 원을 자네한테 줘야 하는 건 맞아. 근데 말야. 예전에 자네가 나한테 빌려간 돈 300만 원을 아직까지 갚지 않고 있으니 그 돈을 상계하고 500만 원만 주겠네."

800만 원 전부를 돌려받을 줄 알았던 달구는 500만 원만 돌려받자 화가 나서 이렇게 따집니다.

"아니, 그 차용금은 나중에 갚아주기로 하였잖는가? 그 돈은 이 돈과 별개일세. 내가 그 차 판매를 의뢰하면서 예전 차용금과는 연계시키지 말라고 하였잖는가. 그런데 이제와서 자네 마음대로 하면 되나?"

맹구는 "그렇기는 하지만, 난 내 돈도 받아야겠네"라고 잘라 말하며 전화를 끊어버립니다. 이에 달구는 괘씸하여 맹구를 고소합니다. 맹구는 어떻게 될까요?

법은 상식이라고 했습니다. 상식적으로 봐도 맹구의 주장은 일방적이고 설득력이 없습니다. 비난받아 마땅합니다. 달구의 말대로 차량 매매대금과 예전 차용금은 별개의 돈입니다. 그걸 맹구 자기 마음대로 쌤쌤할 수는 없는 것이죠. 어떤 사전 약정 없이 맹구가 임의로 상계하면 안 되는 것입니다.

횡령죄는 위탁관계, 즉 신뢰관계를 침해하는 배신죄입니다. 맹구는 달구를 배신한 겁니다.

참고로 용도가 특정된 금전과 관련하여, 무허가 환전상인 피고인이 피해자로부터 환전을 의뢰받고 금전을 교부받았는데 피고인이 그 돈을 피해자에 대한 자신의 채권에 충당하였다면 피고인에게 횡령죄가 성립한다(대법원 1997. 9. 26. 97도1520)라는 판결이 있습니다.

한편, 금전은 대체가 가능하므로 원칙적으로 보관자가 소유자입니다. 따라서 타인의 금전을 보관하는 자가 이를 소비하여도 횡령죄는 성립하지 않습니다. 그러면 맹구는 그 돈에 대한 보관자이므로 소유자이기 때문에 횡령죄가 성립하지 않을까요?

그렇지는 않습니다. 그 관계는 이렇게 보면 됩니다. 애초 그 중고차는 누구 차입니까?

달구 차이죠. 그러면 그 차를 팔아 생긴 돈은 누구 돈입니까?

그 돈도 당연히 달구의 돈입니다.

위탁판매로 인한 판매대금은 위탁자의 소유입니다. 현금 그 자체를 보관한 것이 아니고 특정된 물건인 차와 거기에서 유래한 금전을 보관하게 된 것이죠. 그렇기 때문에 횡령죄가 성립합니다. 이렇듯 위탁 및 신임관계의 존재 및 내용 여하에 따라 죄명 및 혐의 유무가 달라집니다.

횡령죄나 배임죄는 신뢰관계를 배반하는 배신성에 본질이 있습니다. 실정법 위반 여부를 떠나서 신임관계를 저버리는 행위는 지탄받아 마땅하죠. 횡령과 화이트칼라 범죄라고 할 수 있는 배임은 사기와 마찬가지로 범행의 계획성, 상습성, 반복성의 특징이 있고, 증거조작, 증거인멸의 가능성 또한 높습니다. 그렇기에 피의자가 불법영득의사와 범의를 부인하는 경우가 많죠. 그래서 물적 증거의 확보와 더욱 철저하고 면밀한 분석과 조사가 필요합니다.

횡령은 사안에 따라 가중처벌을 받나요?

네, 그렇습니다. 우선 횡령의 유형에는 위와 같은 착복 횡령뿐만 아니라 소비 횡령, 과대 횡령, 매각 횡령 등이 있습니다. 한편 회사나 직장, 단체에서 자금을 관리하는 사람이 회사나 직장의 돈을 마음대로 빼돌린 경우에는 '업무상' 횡령죄에 해당되어 단순 횡령죄보다 가중처벌하고 있습니다.

그 외에도 특별법 규정인 특정경제범죄가중처벌등에관한법률에서는 범죄 이득액이 5억 이상 등 일정 가액 이상인 경우를 더욱 가중처벌하도록 별도로 규정하고 있습니다.

〈형법〉

제355조(횡령, 배임)

①타인의 재물을 보관하는 자가 그 재물을 횡령하거나 그 반환을 거부한 때에는 5년 이하의 징역 또는 1천500만 원 이하의 벌금에 처한다.

32 하루 더 놀다가라, 근데 이게 감금이라고요?

네, 감금이 될 수 있습니다

①

사람들은 종종 의외의 법 적용에 대해 황당해합니다.

여기 소개한 경우도 마찬가지입니다. 골탕 먹이려고 하거나 나쁜 의도로 그런 건 아니지만 사건화되면 피의사로 입건이 될 수도 있습니다.

맹구의 깨복쟁이 친구인 멍구가 서울서 내려왔습니다. 멍구는 오랜만에 고향을 방문하였고, 맹구는 그런 멍구가 더 없이 반가웠습니다. 둘은 그날 저녁 술을 마시면서 이런저런 옛날 이야기도 하고 화기애애한 시간을 보냈습니다. 멍구도 그랬겠지만 맹구는 더욱 기분이 좋았습니다. '옷은 새 옷이 좋고 사람은 헌 사람이 좋다'고, 딱 그랬습니다. 즐거운 시간은 후딱 지나가고 둘은 술이 꽤 되었습니다. 홍건히 취한 멍구를 데리고 맹구는 자기 집으로 갑니다. 그날 밤은 맹구 집에서 같이 자기로 한 것입니다. 그런데 멍구는 잠들기 전 맹구에게 "내일 아침 일찍 서울로 올라갈 테니 일어나면 꼭 좀 깨워주라"라고 당부합니다.

다음 날 아침 맹구가 출근하기 위해 일어나는데 멍구는 술에 취해 깨어날 기미가 보이지 않습니다. 이때 맹구는 이대로 헤어지기가 마냥 아쉽습니다. 그래서 하루 더 놀다 가게 멍구를 붙들어야겠다고 마음먹죠. 그러면서 어떻게 하면 자기가 퇴근할 때까지 자기 집에 붙들어놓을 수 있을까 그 방법을 강구하더니 올커니 하며 멍구의 지갑과 휴대폰을 꺼내 자기 가방에 집어넣고 현관문을 나섭니다. 맹구는 '지갑과 휴대폰이 나한테 있는데 그 친구가 어딜 가겠어. 꼼짝없이 내가 돌아올 때까지 집에 있을 수밖에 없을 걸'라고 생각하며 회심의 미소를 짓죠.

친구 입장에서는 충분히 이해가 될 수 있는 대목입니다. 맹구는 회사에 출근하여 일을 하는데 멍구가 어제 한 말이 자꾸 신경이 쓰입니다.

"내일은 꼭 서울로 올라가봐야 되네. 할 일이 있어. 나도 아쉽지만 후일을 기약하세나."

맹구는 고개를 가로저으며 점심시간에 회사에서 나와 집으로 갑니다. 집에 도착하니 그때까지 멍구는 간밤의 과음 탓인지 아직도 자고 있습니다. 맹구는 물끄러미 멍구를 내려다보며 '그래 그냥 보내주는 게 낫겠어'라고 생각합니다. 그래서 명구의 휴대폰과 지갑을 제자리에 놔두고 회사로 돌아갑니다. 그리고 명구는 오후 2시쯤 잠에서 깨어 아무일 없다는 듯이 밖으로 나가 서울로 올라갑니다.

둘 사이에 어떤 다툼도 없었고, 불미스러운 일도 없었습니다. 더군다나 명구는 자고 있었기 때문에 맹구가 자기의 휴대폰과 지갑을 가져간 사실도 몰랐습니다. 그런데 만약 위 맹구의 행위가 사건화되면 어떻게 될까요?

②

둘 사이 관계와 행위의 동기 등에 비추어보면 사실 별 거 아닙니다. 그렇지만 법적으로는 별 게 될 수도 있습니다. 물론 휴대폰 등에 대한 절도죄는 성립하지 않습니다. 불법영득의사 또는 절취에 대한 고의가 없기 때문이죠. 그렇지만 감금죄가 성립할 수도 있습니다. 뭐라고요? 감금죄라고요?

여기서 맹구의 행위가 감금이 되느냐 안되느냐는 법리상 다툼의 여지가 있고 논란의 소지가 있습니다만 이론상으로는 감금죄 성립 가능성이 있습니다. 사람은 누구나 자신이 원하는 장소로 이동할 자유를 가지는데 이러한 장소 선택의 자유를 침해하는 행위가 감금죄입니다. 감금이란 사람을 일정한 장소 밖으로 나가지 못하게 하여 신체활동의 자유를 장소적으로 제한하는 행위를 말합니다. 그런데 감금의 수단과 방법에는 아무런 제한이 없습니다. 따라서 사람을 가두는 등 물리적이고 유형적인 방법에 의할 수도 있지만 무형적인 방법으로도 할 수 있습니다.

이를테면 동화에 나오는 나무꾼이 선녀의 옷을 감추는 경우, 지붕에 올라간 사람의 사다리를 치우는 것도 감금의 수단이 될 수 있습니다. 그리고 감금의 보호법익은 사람의 잠재적 이전의 자유이므로 피해자가 현실적으로 자신의 자유가 박탈되고 있다는 것을 인식하고 있을 필요가 없습니다.

따라서 명구는 비록 잠들어 있어서 자신이 감금되었다는 사실을 몰랐다고 하더라도 곧 활동이 기대되는 피해자의 잠재적인 활동의 자유가 침해되었다면 감금죄가 성립할 수도 있습니다. 따라서 사리분별을 하지 못하는 정신병자를 감금해도 감금죄가 성립합니다. 실제 일반인이 인식하는 것보다 훨씬 넓은 범위의 감금행위가 불법으로 간주되고 있습니다.

물론 확실히 붙잡아두기 위해 현관문을 나서면서 밖에서 문에 자물쇠로 채우고 갔다면 감금 행위는 더 확실히 인정될 겁니다. 그 행위의 동기 등은 양형 참작 사유에 불과합니다.

맹구는 어이없는 일을 겪었다며 허탈하게 웃거나 씁쓸하게 돌아설 겁니다. 설마 그런 일이 일어나지는 않겠지만 그러나 살다보면 어느 누구도 백지애매한 일을 당할지 모릅니다.

위 사례를 소개한 이유입니다.

〈형법〉

제276조(체포, 감금, 존속체포, 존속감금)

①사람을 체포 또는 감금한 자는 5년 이하의 징역 또는 700만 원 이하의 벌금에 처한다.

---

33 행위가 합법과 불법의 경계선에 있는 경우가 적지 않죠

항상 정도가 문제가 됩니다

①

사람이 하는 말이나 행위가 합법과 불법의 경계선에 있는 경우가 적지 않습니다. 공갈죄도 마찬가지이지요. 공갈이란 겁을 집어먹도록 하여 스스로 자신의 재산을 처분하도록 하는 행위를 말합니다.

참고로 흔히 말하는 '공갈치지 마라'고 할 때의 공갈은 거짓말이지만 여기서 말하는 공갈은 윽박지르며 을러대는 것을 의미합니다. 어떤 말이나 행위가 정당한 권리의 행사라 할지라도 사회통념상 허용되는 정도나 범위를 넘을 경우에는 권리남용으로서 위법한 행위가 되고 공갈죄가 성립합니다.

항상 정도가 문제가 되는 법이죠. 그 경계선에 있는 행위는 판단하기가 쉽지 않습니다. 그래서 실제 사건에서 유사한 사안이라

할지라도 어떤 경우는 공갈이 되기도 하고 어떤 경우는 공갈을 부정하기도 합니다. 다음 경우는 어떨까요?

맹구는 거래처 사장인 달구에게 물품대금을 받을 게 있습니다. 그런데 달구가 자꾸 약속을 어기고 대금지급을 질질 끕니다. 달구는 이런저런 핑계를 대며 대금지급을 회피하는데 맹구 입장에서는 돌아버릴 거 같습니다. 자기도 거래처에 발행한 어음이 곧 만기가 돌아오는데 그걸 막지 못하면 부도가 날 수도 있기 때문이죠. 맹구는 화가 머리끝까지 납니다.

달구 요놈을 어떻게 할까 벼르고 있는데 예전에 부가가치세 환급 관련하여 달구에게 협조해줬던 일이 갑자기 기억나는 겁니다. 당시 달구가 통사정을 하기에 부정한 방법으로 세금을 탈루하도록 해줬습니다. 그래서 맹구는 그 약점을 이용해서 돈을 받아내기로 마음먹고 달구에게 내용증명을 보냅니다.

'물품대금 500만 원을 최후 기일인 2020년 5월 10일 까지 지급하지 않으면 귀하의 허위세금계산서 관련 조세포탈 사실을 세무서와 검찰청에 신고하겠습니다' 라는 취지로 말입니다.

물론 맹구도 공범이기 때문에 불이익을 받을 수 있지만 이미 각오한 바죠. 이에 화들짝 놀란 달구는 대금을 곧바로 지급합니다. 그래서 아무 일도 없었으면 다행일 텐데 나중에 달구가 그 내용증명을 문제 삼아 맹구를 고소하게 됩니다.

맹구는 처벌을 받을까요? 아니면 죄가 안 되는 건가요?

②

사실 맹구가 없는 사실을 언급한 것도 아니고 실제 행한 불법 사실을 관계 당국에 신고하겠다고 고지한 것은 어쩌면 비난받을 만한 행위는 아니죠. 법치 국가에서 누구나 불법 사실을 인지하게 되면 당국에 신고를 하여 바로잡는 게 마땅합니다. 맹구는 그래서 경찰로부터 출석 요구를 받았을 때 적잖이 당황합니다.

하지만 문제가 있습니다. 그 불법신고 고지를 권리 실현의 수단으로 사용한 것이 그것입니다. 즉 내 요구를 들어주지 않을 경우 불법 사실을 당국에 신고하여 세금 추징 및 처벌을 받게 하겠다이를 '해악의 고지'라고 합니다라고 으름장을 놓으면 상대방은 겁을 먹고 이에 응할 수밖에 없는 심리적인 상태가 되죠. 외포심을 갖는다는 말입니다. 실제로 달구는 맹구의 내용증명에 겁을 먹었고, 그 협박이 통해서 돈을 받아냈잖습니까.

맹구 입장에서는 사실 억울하기는 합니다. 없는 돈 달라는 것도 아니고 실제 존재하는 채권에 대해 변제 독촉을 한 겁니다. 정당한 청구권과 요구이므로 재산상의 불법적인 이익을 얻기 위한 것이 아니라고 할 수도 있습니다. 하지만 그 방법이 틀린 것이죠. 대금 변제를 받는 과정에서 사회통념상 용인되기 어려운 정도나 범위를 넘는 방법을 수단으로 사용하면 위법한 것입니다. 대법원도 같은 취지의 판결을 일관되게 하고 있습니다. 물론 맹구가 '돈을 갚지 않으면 형사고소를 하겠다. 민사소송을 제기할 것이고 재산을 압류하겠다'라는 취지로 압박을 가하면서 채무 변제를 유도했다면 그런 정도는 사회통념상 용인되는 정도의 수단이므로 협박죄나 공갈죄가 성립하지 않을 겁니다. 그런 경우는 법적대응에 나서겠다는 경고로 채권추심을 위해 이용될 수 있는 법적 절차를 언급한 내용이기 때문이죠. 사회상규에 어긋나지 않는다는 말입니다. 그러나 금전채권 등 실제로 권리가 존재한다 하여 그 권리를 행사하는 것과 권리행사를 빙자한 것은 다릅니다.

합법과 불법의 경계선을 들락날락하는 경우가 적지 않습니다. 그래서 어떠한 행위가 구체적으로 사회통념상 용인되는 정도이고, 어떤 경우가 그 범위를 넘어선 수준인지 잘 판단하여 지혜롭게 처신해야 할 것입니다.

감정이 격해지거나 다급한 상태에서는 더욱 침착해야 하죠.

실제 생활에서 누구나 맹구처럼 불미스런 사건에 연루될 수 있으니 주의를 환기시키고자 위 사례를 소개한 겁니다.

다시 말하지만, 사후에 '그게 죄가 되는 줄 진짜 몰랐어요'라고 말하는 건 무의미합니다. 우리의 행위는 항상 정도가 문제가 되는 겁니다.

공갈과 관련한 대법원 판례

방송기자가 신축 아파트의 진입도로 마비 등 공사하자를 계속 보도할 것 같은 태도를 보여 돈을 교부받았다면 공갈죄가 성립한다대법원판결 1991. 5. 28. 91도80.

외상대금 회수의 의뢰를 받은 자가 채무자에게 욕을 하고 멱살을 잡는 등 겁을 먹게 하여 금원을 교부하게 하였다면 공갈죄가 성립한다대법원판결 1987. 10. 26. 87도1656.

교통사고로 전치 2주의 상해를 입은 피고인이 사고차의 운전자가 바뀐 것을 알고 사고책임자인 피해자에게 700만 원을 요구하며 수사기관에 신고할 거 같은 태도를 보여 겁을 먹은 피해자로부터 350만 원을 교부받았다면 피고인에게 공갈죄가 성립한다대법원판결 1990. 3. 27. 89도2036.

〈형법〉

제350조(공갈)

①사람을 공갈하여 재물의 교부를 받거나 재산상의 이익을 취득한 자는 10년 이하의 징역 또는 2천만 원 이하의 벌금에 처한다.

2장

특별법범

01 무심코 가린 차 등록번호판

여우 피하려다가 범 만납니다

①

초등학교 친구인 맹순은 내게 전화를 하여 법이 이상하다며 하소연을 합니다. 도대체 무슨 일이냐고 했더니, 대뜸 "너희도 똑같아!"라고 밑도 끝도 없는 말을 합니다.

"뭐가?"

"그냥 좀 봐줄 수도 있지. 몰라서 그랬는데 벌금씩이나 부과하고 그러냐. 벌금이 한두 푼도 아니고. 아휴!"

"뚱딴지같은 소리 말고 무슨 일 있었는지 얘기를 해봐."

사연이 이랬습니다.

맹순은 2019년 2월 어느 날, 순천 호수공원 부근 도롯가에 주차를 했다. 어머니와 함께 점심 식사를 하러 호수공원에 있는 식당으로 왔던 것이다. 그런데 그 도로는 평소 차량 및 사람들의 통행이 빈번하여 혼잡한 곳이었다. 맹순은 주차를 하고 내리는데, 가만 보니 차 뒤쪽에 주정차위반 단속 카메라가 눈에 들어왔다. '이크!' 하며 잠시 생각하더니 종이박스를 찢어 뒤 번호판 위에 살짝 올려놨다. 차 번호판을 가리기 위해서였다. 솔직히 찜찜했지만 별일 있겠냐 생각하고, 찍혀봐야 과태료 몇 만원 내면 될 줄 알았다. 그런데 그로부터 얼마 후 경찰서에서 연락이 왔다.

②

맹순은 억울한가 봅니다. 적발 및 처벌이 너무한 거 아니냐고 항변을 합니다.

"차 번호판을 잠깐 가린다고 남한테 피해를 주는 것도 아니고, 범행에 이용되는 차를 은폐하기 위해서도 아닌데 너무 하더라고!"

"그렇긴 하지만, 법이 그렇게 되어 있고 그렇게 해야 하는 법 취지도 이해를 할 필요가 있어."

"그걸 내가 어떻게 아니?"

"맞아, 보통 사람들은 잘못된 것은 알지만 그런 행위가 형사처벌 대상이 되는지 잘 모르지. 사실 벌금도 센 편이야. 주정차위반이나 과속 단속을 피하기 위해, 또는 다른 의도로 차량 번호판을 가리거나 알아보기 어렵게 하는 일이 종종 있지. 반사번호판과 같이 육안으로는 식별이 가능하나 무인카메라로 인식이나 판독이 곤란한 경우도 마찬가지야. 사건을 보다보니 번호 부분에 청색테이프를 붙이거나 헝겊을 올려놓은 경우도 있더라고."

"우리가 그딴 거까지 알 수가 없잖아. 그리고 내 차 차량번호를 알고자 하면 앞 번호판을 보면 바로 알 수 있잖아."

"사람이 직접 단속하면 그럴 수 있겠지. 너도 생각해봐라. 만약 그런 행위를 제재를 가하지 않는다면 어떻게 될까? 안 봐도 뻔하잖아. 불법이 판을 치게 될 거야."

맹순은 못마땅하다는 듯이 입꼬리가 처지며 입술을 삐죽 내밉니다. 그녀는 속으로 이렇게 생각할지 모르죠. '저게, 위로는커녕 나에게 설명하려 드네. 직업병이지 뭐' 라고 말입니다.

맹순은 여전히 속상한 모양입니다.

"지금 생각해도 어이가 없어. 아, 또 그날은 일요일이라 찍지 않는다고 하더라고. 근데 재수없게 행인이 사진을 찍어 스마트국민제보인가 뭔가로 신고를 했더라고, 참내!"

"그러게, 요즘은 신고 정신이 투철해서 조심해야 해."

"그런 일로 경찰서에 불려가 조사까지 받으니 마음이 참 심란하더라. 내 생각이 짧았던 건 인정한다."

"차라리 주정차위반으로 단속되면 몇 만 원으로 끝날 일인데 속상했겠다. 정말!"

내가 공감을 표하자 맹순은 표정이 풀리며 이렇게 탄식합니다.

"여우 피하려다 호랑이 만난 꼴이지, 뭐. 흑흑…."

〈자동차관리법〉

제81조(벌칙)

다음 각 호의 어느 하나에 해당하는 자는 1년 이하의 징역 또는 300만 원 이하의 벌금에 처한다.

1의2. 제10조 제5항을 위반하여 고의로 등록번호판을 가리거나 알아보기 곤란하게 한 자

제10조 (자동차등록번호판)

⑤누구든지 등록번호판을 가리거나 알아보기 곤란하게 하여서는 아니되며, 그러한 자동차를 운행하여서도 아니된다.

---

02 갈수록 규율이 강화되는 위험한 물건인 차

①

현대인에게 자동차는 필수품이 되었는데 운전 행태나 습관은 높은 수준이 아닌 거 같습니다. 그러다보니 사고 또한 자주 발생합니다. 교통법규를 준수하여 안전 운전을 해야 하며, 교통상의 위험과 장애를 초래하는 운전은 금물입니다.

특히 신호위반이나 중앙선침범, 제한속도 초과, 앞지르기방법 위반 등은 교통상의 위험이 커서 한층 규율이 강화되어 있습니다. 그러한 중과실로 인해 사람이 다치는 교통사고가 발생하면 종합보험 가입이나 합의 유무와 관계없이 처벌을 받게 됩니다.

운전대를 잡으면 다들 성미가 급해지는지 난폭운전을 일삼아 하는 사람이 있습니다. 여기 맹구가 그런 사람입니다.

맹구는 편도 1차로 도로를 운행하고 있습니다. 폭이 좁고 구불구불한 시골길입니다. 제한속도는 시속 60킬로미터이죠. 맹구는 제한속도 따위는 신경쓰지 않는 사람입니다. 그래서 도로를 한참 질주하고 있는데 앞에 어떤 오토바이가 도로 한가운데로 가고 있습니다. 천천히 진행하는 오토바이를 보자 조바심이 생깁니다. 그래서 여차하면 추월하려고 하는데 상황이 여의치 않습니다. 굽은 길인데다 오토바이가 계속 중앙으로 가고 있기 때문이죠.

갓길 쪽으로 잠깐만 빠져주면 얼른 지나갈 수 있을 거 같은데, 그 오토바이 운전자 또한 무슨 고집인지 길을 비켜주지 않으려 하고 있습니다. 실제 이런 경우 종종 있는데 그렇다고 오토바이 운전자를 탓할 수는 없습니다. 규정속도대로 진행하고 최저 제한속도를 위반한 것도 아니기 때문이죠. 맹구는 그 오토바이를 계속 뒤따라가는데 답답할 노릇입니다.

맹구는 차츰 열이 받고 심사가 뒤틀립니다. 그래서 클랙슨을 연신 빵빵 울려대며 길을 비키라고 요구합니다. 그 오토바이 뒤에 바짝 붙으며 쌍라이트를 켜기도 합니다. 그래도 그 오토바이는 그러지든지 말든지 태연히 가고 있습니다. 열이 받기는 그 오토바이 운전자도 마찬가지겠죠. 이쯤 되면 서로 한 치의 양보도 없는 벼랑 끝 운전이 되는 모양입니다.

한쪽이 양보하면 끝날 일인데 서로 양보를 하지 않고 위험천만한 운전이 계속됩니다. 맹구는 계속해서 근접하여 수회에 걸쳐 경적을 울려댑니다. 바짝 붙어 상향등을 비추면서 위협도 합니다. 팽팽한 긴장감이 감도는 아슬아슬한 상황이 10여 분 이어집니다. 둘 다 어지간한 사람들입니다. 그런데 그 오토바이 운전자가 갑자기 오토바이를 멈추더니 경찰에 신고를 합니다.

②

맹구는 여자친구인 맹순이를 자기 차에 태우고 드라이브를 즐깁니다. 맹구는 젊은 혈기에 여자친구 앞에서 멋진 운전 솜씨를 뽐내고 싶어하고, 아슬아슬한 운전에 스릴을 느끼는 사람입니다. 그래서 환호성을 지르며 가속 페달을 꾸욱 밟으며 질주하는 일이 잦습니다. 맹구는 그따위 운전을 어디서 배웠는지 과속, 신호 무시, 차선 무시를 수시로 일삼아 합니다.

그날도 맹구는 데이트를 할 겸 전망대가 있는 높은 산에 차로 올랐다가 한 바퀴 돌고 내려옵니다. 내려가는 길은 커브 구간이 많고 차로도 편도 1차로이기 때문에 서행을 해야 합니다. 백수건달인 맹구는 사실 바쁜 일도 없습니다. 그럼에도 맹구는 앞서 진행하는 차를 추월하지 못해 안달입니다. 경적을 위협적으로 울려대다 급기야 앞차를 추월하기 위해 중앙선을 침범합니다. 자고로 제 버릇 개 못 주는 겁니다. 앞 차에 바짝 붙어 동향을 살피다가

핑음을 울리며 연달아 차 2대를 앞지르기를 합니다. 그 도로는 제한속도가 시속 60킬로미터인데 맹구는 80킬로미터 이상으로 속도를 올려 질주합니다. 아주 위험천만한 운전입니다. 그렇게 해서 약 1킬로미터 내리막길 도로를 한달음에 내려와서는 맹순을 쳐다보며 '나 어때?' 하는 표정으로 회심의 미소를 지어 보입니다.

그런데 중앙선까지 침범하여 추월당한 차 운전자는 얼마나 아찔했을지 상상해보세요. 적잖이 가슴을 쓸어내렸을 겁니다. 그러나 그런 맹구의 회심의 미소는 얼마 가지 않습니다. 추월당한 차 블랙박스에 그 장면이 고스란히 찍혀 있기 때문이죠. 맹구 차를 난폭운전으로 경찰에 신고를 합니다.

맹구는 형사 처벌을 받을까요? 그냥 교통범칙금만 내면 되는 거 아닌가요? 이런 경우 맹구는 형사입건이 될까요?

③

사실 위 승용차와 오토바이 사례 같은 경우 오토바이 운전자는 교통의 흐름상 뒤의 승용차가 추월해서 지나갈 수 있도록 길을 비켜주는 게 맞습니다. 하지만 길을 양보하지 않았다고 해서 오토바이 운전자를 비난할 수는 없습니다. 규정속도로 진행하는 사람이 과속을 일삼는 맹구에게 양보하라고 하는 건 불법이 합법에게 양보를 하라는 것과도 같으니까요.

　반면, 맹구는 안전거리를 확보하지 않고 지속적으로 그 오토바이에 근접하여 경적을 수 차례 울리는 등의 행위를 하였습니다. 그 행위는 오토바이 운전자에게 위해를 주거나 교통상의 위험을 발생하게 하였다고 볼 수 있습니다. 도로교통법에는 난폭운전에 대해 처벌하는 규정이 있습니다. 몇 해 전에 신설된 조항입니다. 맹구는 이게 무슨 난폭운전이냐고 항변할지 모릅니다. 하지만 객관적인 사실관계는 위와 같이 난폭운전이 틀림없습니다. 다만 난폭운전을 하게 된 동기나 경위는 양형에 참작되겠죠.

　다소 거칠게 운전을 하였더라도 교통사고가 발생하지 않았고 피해가 없으므로 괜찮은 거 아니냐고 생각하면 착각입니다. 난폭운전 자체는 사고의 위험성이 아주 높습니다. 자동차는 아주 위험한 물건이므로 교통법규를 제대로 준수하고 안전운전을 해야 합니다. 그런데 맹랑하고 혈기왕성한 일부 애송이(?)들이 폭주를 일삼고 '칼치기' 등 난폭운전을 습관적으로 하곤 합니다. 그래서는 안 됩니다. 맹구는 여자친구를 태우고 폼 나게 운전한 죄로 처벌을 받게 되었지만 맹구를 위해서도 다행스러운 일입니다. 그런 잘못된 행위에 대해 제재를 가하지 않는다면 별 생각 없이 또 그렇게 습관적으로 난폭운전을 해낼 것이고, 그렇게 되면 타인은 물론

자신도 크게 다치거나 운명을 달리할지 모르기 때문이죠. 목숨은
소중한 것입니다.

〈도로교통법〉

제151조의2(벌칙)

자동차등의 운전자가 제46조의3을 위반하여 난폭운전을 한 경우에는 1년
이하의 징역이나 500만 원 이하의 벌금에 처한다.

제46조의3(난폭운전 금지)

자동차등의 운전자는 다음 각 호 중 둘 이상의 행위를 연달아 하거나, 하나
의 행위를 지속 또는 반복하여 다른 사람에게 위협 또는 위해를 가하거나
교통상의 위험을 발생하게 하여서는 아니 된다.

1. 제5조에 따른 신호 또는 지시 위반

2. 제13조제3항에 따른 중앙선 침범

3. 제17조제3항에 따른 속도의 위반

4. 제18조제1항에 따른 횡단 · 유턴 · 후진 금지 위반

5. 제19조에 따른 안전거리 미확보, 진로변경 금지 위반, 급제동 금지 위반

6. 제21조제1항 · 제3항 및 제4항에 따른 앞지르기 방법 또는 앞지르기의
   방해금지 위반

7. 제49조제1항제8호에 따른 정당한 사유 없는 소음 발생

8. 제60조제2항에 따른 고속도로에서의 앞지르기 방법 위반

9. 제62조에 따른 고속도로등에서의 횡단 · 유턴 · 후진 금지 위반

---

03 경범죄처벌법위반 중에는 이런 것도 있지요

무심코 거짓신고를 하면 처벌받습니다

①

경위야 어떻든간에 거짓말을 하면 호되게 꾸중을 듣거나 질책을 받습니다. 그런데 공무원에게 거짓신고나 장난전화를 하면 꾸중으로 끝나지 않습니다. 이런 경우가 종종 있습니다.

맹구가 타고 다니는 승용차가 어느 날 사라졌습니다. 그러자 곧바로 경찰에 도난신고를 합니다. 응당 경찰은 수사에 착수합니다. 해당 차량을 도난차량으로 수배하고 피해자 진술을 근거로 그 부근 각종 CCTV 등을 분석하여 용의자의 동선을 파악하고 탐문 수사를 하여 범인 추적에 나섭니다. 차량번호판 자동판독시스템을 검색해보면 그 차량이 그 이후 운행한 사실이 있는지와 운행 내역이 확인이 됩니다.

요즈음은 경찰이 범인을 정말 잘 잡습니다. 곳곳에 설치된 CCTV 등의 영상자료가 확보되는 등 수사 환경이 좋아지고 과학

수사기법 또한 발전했기 때문이랍니다. 그래서 결국 도난차량을 찾아냅니다. 그런데 범인을 잡고 보니 맹구의 친구 맹순이입니다. 경찰이 맹순에게 묻습니다.

"왜 남의 차를 가져갔나요?"

"무슨 소리예요? 그 차 제 차인데요!"

경찰은 맹순의 답변에 황당하여 차량등록증 등 서류를 보여주며 신문을 이어갑니다.

"맹구가 자기 차를 잃어버렸다고 도난신고를 하였는데요. 차 명의도 맹구로 되어있고요."

"아니예요, 명의만 그렇게 되어 있지 실제 차 주인은 저랍니다. 제가 할부로 구입한 거예요. 다만 제가 신용불량자라 맹구에게 부탁해서 명의만 빌린 거거든요."

경찰은 갸우뚱하며 맹순의 진술의 진위를 파악하고자 합니다.

"그러면 진술인이 줄곧 그 차를 보유하면서 타고 다녔나요?"

"네, 제 차니까 당연히 제가 관리하며 타고 다녔지요."

경찰은 양 당사자의 진술이 상이하여 갑자기 멍해집니다.

"그런데 왜 맹구는 그 차량에 대해 도난신고를 한 걸까요?"

"그건 제가 할부금을 제때 납부하지 못하니까 괘씸해서 그런 거 같아요." 캐피탈 회사가 명의인인 맹구에게 자꾸 변제 독촉을 하니까 차를 회수하려고 제 딴에는 머리를 쓴 거 같아요."

　경찰은 맥이 풀리면서 허탈해합니다. 맹순이의 말이 사실이라면 맹구는 경찰에게 고의로 거짓신고를 한 것입니다. 그런 경우 맹구는 어떤 처벌을 받을까요?

　②

　경찰은 즉각 맹구를 소환하여 수사 진행 상황을 대략적으로 설명한 후 묻습니다.

　"그 차 실제 소유자는 맹순이가 맞나요?"

　맹구는 경찰이 사실관계를 파악한 것을 알고 그제서야 실토합니다.

　"네, 맹순이 차가 맞긴 맞습니다."

　"그런데 왜 마치 자기 차인 양 도난신고를 한 겁니까?"

　맹구는 머쓱해하며 이렇게 대답합니다.

　"죄송합니다. 맹순이가 차량 대금을 갚지 않아서요."

　"그럼 차를 도난당한 게 아니라는 말인가요?"

　맹구는 경찰의 눈치를 살피며 "네"라고 말하며 난감한 표정을 짓습니다. 그러면서 맹구는 그 이유에 대해 이렇게 변명을 늘어놓습니다.

"맹순이가 약속을 어겼으므로 그 차를 회수하려고요. 회수하지 않으면 갈수록 연체금이 쌓이고 제가 다 떠안아야 하니 생각하다 못해……."

"그럼 맹순이에게 연락해서 차를 가져오라고 하거나 얼른 할부금 채무를 해결하라고 독촉해야지 왜 도난신고를 한 것인가요?"

"안 그래도 몇 번 연락을 하고 문자도 보냈는데 아무 응답도 없고 만나주지도 않아서 차를 가져올 수 없었어요. 이렇게 경찰에 신고를 하면 차를 찾아줄 것이고 맹순이도 만날 수 있을 거 같아서……. 제 생각이 짧았습니다."

경찰은 맹구의 얄팍한 의도에 어이가 없었습니다.

"그래서 그 차를 찾아 어떻게 하려고요?"

"제 명의 차이니 차를 처분하여 채무를 빨리 정리해야죠. 어쨌든 바쁘신데 번거롭게 해서 정말 죄송합니다."

말하자면, 맹구는 차량 할부금이 밀려 자신에게 피해가 돌아올까 봐 차를 회수할 목적으로 경찰에 허위 도난신고를 한 것이죠. 개인적인 채권채무 관계에 공권력인 경찰을 끌어들인 맹구의 행위는 지탄받아 마땅합니다. 시급히 해결해야 할 사건도 많은데 수사력의 낭비가 이만저만이 아니죠.

맹구는 면목이 없다면서 "그냥 신고가 없었던 걸로 해주세요"라고 말하며 자기 잘못을 모면하려고 합니다. 하지만 맹구의 행위에 대해 아무런 제재도 가하지 않고 그냥 넘어가면 안 되겠지요.

우선, 맹구는 공무원에게 거짓신고를 하였으므로 경범죄처벌법 위반으로 처벌을 받습니다. 실제 사건에서도 취객 등이 있지 아니한 범죄 피해자 운운하거나 이상한 소리를 하여 거짓신고를 한 혐의로 입건된 사례가 상당히 많습니다. 만우절 등에 장난 전화를 해서도 안 됩니다. 꾸중 정도가 아니라 형사 처벌을 받을 수가 있으니까요. 그리고 더욱 중요한 것은, 맹순이 등 특정인을 적시하여 그 사람이 피해를 입혔다고 주장하거나 가해자라는 취지로 허위신고 또는 형사고소를 하면 경범죄 정도가 아니라 형법상의 무고죄로 처벌받을 수 있습니다. 무고죄는 그 죄질이 나빠 처벌이 무겁습니다. 아무튼 양치기 소년의 교훈을 잊지 말아야 하겠습니다.

〈경범죄처벌법〉

제3조(경범죄의 종류)

③ 다음 각 호의 어느 하나에 해당하는 사람은 60만 원 이하의 벌금, 구류 또는 과료의 형으로 처벌한다.

2. (거짓신고) 있지 아니한 범죄나 재해 사실을 공무원에게 거짓으로 신고한 사람

---

04 함부로 파헤친 임야

모든 토지는 개발행위를 하려면 사전에 절차를 거쳐야 합니다

①

맹구는 시골에 임야가 좀 있습니다.

오랫동안 묵혀놨던 땅인데 그냥 방치하기 아까워 이참에 유실수를 심어보려고 합니다. 그런데 맹구의 임야로 들어가기 위해서는 험한 산길을 굽이굽이 돌아가야 합니다. 예전에는 임산물을 채취하는 주민들이 더러 그 산길을 이용하였으나 최근에는 지나다니는 사람이 거의 없어 잡풀과 관목이 무성하여 통행이 불편합니다. 그래서 맹구는 굴삭기를 임차하여 잡풀과 잡관목을 제거하고 정리하는 작업을 시작합니다. 진입로를 통행하기 좋게 만드는 거죠. 큰 나무를 벌채하는 수준은 아니고 길을 좀 넓히고 평평하게 하기 위해 주변 잡목을 정리하는 정도입니다. 맹구의 산이 바로 인접해있기 때문에 불가피한 조치로 보입니다. 경운기가 들어갈 수 있도록 최소한의 길을 확보하기 위해 폭 3~4미터, 길이 20미터 가량의 산자락을 파헤쳤습니다. 사전에 아무런 자문도 구하지 않고. 맹구는 촌부라 사실 행정 절차나 법적인 문제에 대해서는 문외한입니다. 아니나 다를까 바로 문제가 생깁니다.

어느 날 ○○군 환경산림과 담당자로부터 연락이 와서 그곳을 파헤친 사람이 본인이 맞느냐고 물어봅니다. 파헤쳐진 산의 산주로부터 신고가 들어왔고, 그래서 현장에 나가 실황 조사를 하여보니 산림을 무단으로 훼손하였기 때문에 산지관리법 위반이라는 겁니다. 맹구는 갑작스런 통보에 당혹스럽고 억울해합니다.

맹구가 잡목을 제거한 곳이 남의 땅이기는 하나 예전에 있던 길을 살려 조금 넓힌 것에 불과하고, 또한 무슨 불법 건축물을 지으려고 한 것도 아니고 단지 길을 좀 정리한 것 뿐인데 그게 그렇게 잘못이냐는 것이죠. 그 정도야 산주도 용인할 수 있고 산주에게 특별히 무슨 피해가 있는 것도 아니기 때문이죠. 사실 맹구의 생각에도 일리가 있고, 충분히 고려할 만한 사정도 있습니다. 산주 입장에서 봐도 평소 안 쓰는 길을 정리해줬기 때문에 딱히 피해가 있거나 나쁠 것은 없습니다.

하지만 사전에 산주로부터 승낙을 받은 것도 아닌데다, 더 중요한 것은 관할 관청에 사전에 인허가 등 법적으로나 절차적으로 어떻게 해야 하는지 문의를 하지 않고 무턱대고 일을 진행한 것이 맹구의 잘못입니다.

②

최근에 맹구처럼 농사용으로 또는 태양광발전용 등으로 임야 등이 개발되면서 종종 산지관리법 위반으로 입건되어 오는 경우가 있습니다. 피의자는 법을 잘 몰라서 그랬다고 하며 선처를 바란다고 호소합니다만, 엄연히 실정법 위반이고 처벌 정도도 가볍지가 않습니다.

산지관리법에 보면 '산지일시사용신고를 하지 아니하고 산지일시사용을 한 자는 처벌한다' 라고 규정되어 있습니다.

또한 '일정한 용도로 국유림이 아닌 산림의 산지에 대해 산지일시사용을 하려는 자는 당국에 신고하여야 한다' 라고 되어 있습니다.

그 일정한 용도 중 하나가 임도, 작업로, 임산물 운반로 등 산길의 조성입니다. 산지전용 정도가 아니라도 산지일시사용을 하려면 위와 같이 사전에 관할 관청에 신고를 하여야 함에도 맹구는 사전절차를 거치지 않고 함부로 임야에 손을 댄 것이 문제가 되는 겁니다. 원래부터 길이 나 있던 부분인데 세월이 지나 잡풀이 자라 자기 산으로 가기 위해 불가피하게 잡풀을 걷어내고 바닥을 긁어내어 정리 작업을 했을 뿐이었다고 해도 사정은 달라지지 않습니다. 길을 조성한 그 산이 맹구의 소유라고 하여도 마찬가지입니다. 누구든지 산림 안에서 작업로, 진입로 등을 개설하기 위해서는 산지일시사용신고를 하여야 합니다.

관계 법령 취지가 산지를 합리적으로 보전하고 이용하여 임업의 발전과 산림의 다양한 공익 기능의 증진을 도모함으로써 국민경제의 건전한 발전과 국토 환경의 보전에 이바지함을 목적으로 하기 때문이죠.

결국, 맹구는 산지관리법 위반으로 입건되었고, 양형은 산림 훼손 면적이나 산림복구비 금액 등의 기준에 의해 결정됩니다. 맹구는 법을 어기려는 의도도 없었고 좋은 취지로 행위를 하였다고 항변하였지만 받아들여지지 않습니다. 어찌되었든 실정법 위반이기 때문이죠.

③

그런데 또 하나의 문제가 있습니다. 파헤쳐진 산의 산주가 그곳에 심어진 나무를 함부로 베고 훼손하여 재산권 침해를 당하였다는 취지로 맹구를 고소한다면 어떻게 될까요?

재물손괴죄가 성립합니다. 재물손괴죄의 객체인 재물에는 동산뿐만 아니라 부동산도 포함되기 때문이죠. 참고로 수목은 땅에 식재되어 있는 상태이면 부동산으로 취급됩니다. 그러나 토지에 대한 경계침범죄는 성립하지 않습니다. '경계표'를 손괴 또는 제거하거나 토지의 경계를 인식 불능하게 한 것은 아니기 때문입니다. 다시 말하지만, 내 소유 토지라도 내 마음대로 해도 좋다고 생각하면 정말 큰 오산이죠. 내 토지이므로 개인적인 법익 침해는 없지만 토지는 공공재적 성격을 가지고 있으므로 공적인 규제 및 규율을 받게 되어 있거든요.

자연적인 상태 그대로 보존하지 않고 그곳에 인위적인 행위를 하려면 관할 당국에 요모조모 문의를 하고 법적으로 걸리는 게 없는지 충분히 알아본 후 사전 절차를 밟아 진행해야 합니다. 우리가 생활을 하면서 법의 적용을 받지 않는 영역은 거의 없습니다.

〈산지관리법〉

55조(벌칙) 보전산지에 대하여 다음 각 호의 어느 하나에 해당하는 자는 2년 이하의 징역 또는 2천만 원 이하의 벌금에 처하고, 보전산지 외의 산지에 대하여 다음 각 호의 어느 하나에 해당하는 자는 1년 이하의 징역 또는 1천만 원 이하의 벌금에 처한다.

1. 제15조제1항 전단에 따라 산지전용신고를 하지 아니하고 산지전용을 하

거나 거짓이나 그 밖의 부정한 방법으로 산지전용신고를 하고 산지전용한 자

2. 제15조의2제4항 전단에 따라 산지일시사용신고를 하지 아니하고 산지 일시사용을 하거나 거짓이나 그 밖의 부정한 방법으로 산지일시사용신고를 하고 산지일시사용을 한 자

〈형법〉

제370조(경계침범)

경계표를 손괴, 이동 또는 제거하거나 기타 방법으로 토지의 경계를 인식 불능하게 한 자는 3년 이하의 징역 또는 500만 원 이하의 벌금에 처한다.

05 돈도 법 테두리 내에서 벌어야죠

편법을 쓰거나 배짱 영업을 해서는 안 됩니다

①

맹순이는 항구 도시에 사는 여자로 복부인이라 불립니다. 부동산 투기로 재미를 봐서 재테크에 관심이 많습니다. 그런 맹순이기에 귀가 밝고 눈치도 빠릅니다.

어느 날 맹순이가 가만 보니 심상치 않은 현상을 포착합니다. 그 도시를 찾는 관광객이 부쩍 늘어나고 있는 겁니다. 성수기에는 숙박업소가 부족하여 바가지 요금을 받아도 방을 못 잡아 발을 동동 구른다는 소문마저 돕니다. 건물 주변에 '월 200만 원 수입 보장'이라는 문구가 적힌 현수막도 봤습니다. 맹순이는 그런 점을 눈여겨보더니 바닷가에 있는 신축 빌라 3채를 분양받습니다. 맹순이가 느닷없이 빌라를 분양받은 이유가 무엇일까요?

맹순이는 그 빌라에 TV, 냉장고 등의 가전제품 및 침대 등을 들여놓습니다. 방을 정비하고 시설을 갖추니 제법 근사합니다. 그리고 온라인 중개 사이트인 ○○○ 숙박 어플을 이용하여 사람들에게 광고를 합니다. 이내 각지로부터 예약 문의가 들어옵니다. 바로 숙박업을 한 것입니다. 펜션 개념입니다.

맹순이는 신이 났습니다. 숙박비로 받은 돈이 쏠쏠했거든요. 주말을 포함하여 매주 2회 정도 손님을 받을 수 있으니까 그 돈이 상당합니다. 돈을 이렇게 손쉽게 벌 수 있다니요? 자기는 역시 재테크의 달인이라고 자찬합니다. 월세로 임대한 것보다 훨씬 많은 돈을 벌 수 있으니 쾌재를 부르죠.

그런데 어느 날 경찰로부터 연락을 받습니다. 불법숙박업을 한다는 신고가 접수되었다는 겁니다. 손님을 상대로 예약 사항 등을 조사해보고 관할 관청에 숙박업 신고 여부를 확인해보았더니 미신고 숙박업 혐의가 드러났다는 것입니다.

②

경찰은 맹순에게 묻습니다.

"시에 숙박업 신고를 하였는가요?"

"아니요."

"왜 신고하지 않고 숙박업을 한 것이죠?"

"숙박업이라니요? 그냥 관광객이 묵을 장소가 부족하다고 하니까 하루나 이틀 정도만 빌려주면 괜찮을 줄 알았는데요."

"무료로 빌려준 것은 아니잖아요?"

"네, 돈을 받았죠."

"그게 숙박업인데 몰랐나요?"

"이런 것까지 숙박업 신고를 해야 되는 줄 몰랐는데요. 나는 그냥 임대 개념으로 생각해서 괜찮은 줄 알았습니다."

"그러면 시에 괜찮은지 알아보고 해야 되지 않나요?"

"분양사무실 직원이 가능하다는 식으로 말하였고, 그냥 용돈 버는 정도에 불과하니 굳이 신고를 하지 않아도 상관없는 줄 알았죠."

맹순의 변명은 이치에도 맞지 않고 말 그대로 변명에 불과합니다. 그런 법이 있는지 몰랐고, 그게 죄가 되는지 몰랐다고 하여도 법 적용이 달라질 것은 없습니다.

빌라는 숙박업을 할 수 없고 숙박업 신고도 되지 않는 건물입니다. 맹순이처럼 영업하면 모텔 등 합법적인 숙박업소가 가만히 있을까요. 불법 숙박업은 관리 사각지대여서 화재나 위생 등 안전사고에 취약하다는 게 가장 큰 문제이죠. 맹순이는 얄팍한 편법으로 돈을 벌려다 오히려 벌금을 물게 되었습니다.

그 후에도 맹순이는 미련을 버리지 못하고 배짱 영업을 하다 벌금을 왕창 물었습니다.

〈공중위생관리법〉

제20조(벌칙)

①다음 각호의 1에 해당하는 자는 1년 이하의 징역 또는 1천만 원 이하의 벌금에 처한다.

1. 제3조제1항 전단의 규정에 의한 신고를 하지 아니한 자

제3조(공중위생영업의 신고 및 폐업신고)

①공중위생영업을 하고자 하는 자는 공중위생영업의 종류별로 보건복지부령이 정하는 시설 및 설비를 갖추고 시장·군수·구청장자치구의 구청장에 한한다. 이하 같다에게 신고하여야 한다.

---

06 또 하나의 흔한 음주사고

관공서에서 주정을 하면 처벌받아요

①

맹구도 참 딱한 사람입니다. 없는 형편에 졸지에 벌금을 물게 되었으니 말입니다. 원래 급한 성격인데 술까지 먹었으니 사고를 칠 수밖에요. 사연은 이렇습니다.

맹구는 도로변 허름한 주택에 살고 있습니다. 그런데 어느 날부터 집이 약간 들썩거리는 듯하며 쿵쿵거리는 소리가 들려옵니다. 바로 옆에서 고층건물 신축 공사가 시작된 것입니다. 파일을 박는지, 암반을 파쇄하는지 공사소음이 너무 커 귀가 따갑고 심장마저 벌렁거릴 정도입니다.

맹구의 스트레스가 이만저만이 아닙니다. 이명 현상으로 잠도 못 잘 지경이죠. 그래서 공사 책임자를 찾아가 피해를 호소하며 항의를 합니다. 책임자는 알았다고 하는데 그 후에도 별로 나아진 것이 없었대요. 몇 차례 강력하게 항의를 더 해보지만 별 소용이 없더랍니다. 사실 주거의 평온을 심히 해치는 소음이나 진동을 유발하는 공사는 문제가 있죠. 그럼에도 '배 째라'는 식으로 공사를 강행하는데 돌아버릴 지경입니다.

그러다 결국 시에 민원을 넣죠. 그런데 시에서도 적극적으로 조치를 취하지 않는 것인지 별반 시정이 되지 않는 모양입니다. 그날도 맹구는 화가 치밀어 오릅니다. 홧김에 술을 마십니다. 낮술은 사람을 격정적으로 만들죠. 맹구는 시에 전화를 하여 민원처리를 도대체 어떻게 하느냐고 따집니다. 상담 직원은 젊은 여성입니다. 맹구는 그 직원에게 시장을 좀 만나야겠다고 말합니다.

직원은 그런 일로는 시장을 만날 필요가 없다고 잘라 말합니다. 그 말에 발끈하여 맹구는 "야, 이년아!"라고 버럭 소리지르며 욕설을 합니다. 그런데 그 여직원도 "야, 이놈아!"라며 똑같이 응수합니다.

맹구의 머리에서 김이 모락모락 올라옵니다. 맹구는 어이가 없어 그 직원에게 관등성명을 대라고 말합니다. 직원은 알려줄 수 없다고 합니다. 맹구는 "당장 시장실로 찾아가겠다"고 소리치며 전화를 끊습니다. 맹구는 소주 1병을 더 들이킵니다. 잔뜩 취한 맹구는 씩씩거리며 한달음에 시청으로 달려갑니다. 시장실 출입문을 왈칵 열고 "시장 어딨어!"라고 다짜고짜 소리칩니다.

놀란 부속실 직원이, "지금 시장님이 출타중이라 안 계신다"고 하면서 무슨 일이냐고 물어봅니다. 맹구는 당신은 알 필요 없고 시장한테 직접 이야기하겠노라고 말합니다. 직원은 난감하여 "그러면 면담요청서를 작성하고 돌아가계시면 연락을 주겠다"고 말합니다. 술 냄새가 나고 얼굴도 불그스레한 맹구가 꽤 흥분된 상태임을 알 수 있습니다. 그래서 되도록 좋게 달래서 돌려보내려고 노력하죠. 하지만 맹구는 단호합니다.

"시장이 올 때까지 여기서 기다리겠다"고 하면서 시장 집무실로 들어가 소파에 그대로 벌렁 드러누워 버립니다. 맹구 같은 어거지를 부리는 악성 민원인 때문에 식원들은 죽을 맛입니다. 그래도 맹구를 다독이며 "시장님한테 연락을 해볼 테니 접견실에서 대기해달라"고 간곡히 요청합니다. 그래도 맹구는 요지부동입니다. 맹구는 자기 뜻이 관철될 때까지는 한 발짝도 안 나겠다고 계속 고집을 피우죠. 직원이 거듭 요청하여도 아랑곳하지 않습니다. 직원도 더 이상은 어찌할 수 없어 계속 이러면 경찰에 신고하겠다고 합니다.

맹구는 "그러면 내가 겁날 줄 아냐"고 하면서 "신고하든지 맘대로 해! 난 여기 꼼짝 않고 기다리겠다. 내가 여기에 있으면 시장이 올 거 아니냐!"라며 직원의 거듭된 퇴거 요구에 불응합니다. 그리고 큰소리로 "아까 전화로 나한테 욕한 그년 당장 데리고 와!"라고 악을 씁니다.

맹구는 그렇게 관공서에서 주정을 부리며 소란을 피우죠. 그러기를 한 20여 분 실랑이를 하고 있는데 경찰이 신고를 받고 현장에 옵니다. 경찰도 처음에는 일단 나가서 이야기하자며 설득하고 귀가할 것을 종용하였으나 맹구는 어림없는 수작 말라며 막무가내입니다. 그러면서 혀 꼬부라진 소리로 경찰에게 "나넌 나갈 수 없응께 느그들 맘대로 해부러, 이 짭새들아!"라고 폭언까지 퍼붓습니다.

맹구는 이미 사리분별력을 잃었습니다. 그래서 결국 현행범으로 체포되고 말죠. 맹구는 어떤 처벌을 받을까요?

②

물론 직원들의 정당한 퇴거 요구에 거듭 불응하였으므로 퇴거불응죄 성립도 가능하지만 퇴거불응은 앞서 다른 사례에서 살펴봤기 때문에 제외하겠습니다.

또한 여러 사람들 앞에서 경찰관에게 욕설을 하며 비하적인 폭언을 한 부분은 모욕죄 성립이 응당 인정될 겁니다. 사실 퇴거불응이나 모욕이 사안이 더 중하고 처벌 또한 무겁습니다. 하지만 경찰이 현행범 체포할 때 우선적으로 적용한 죄명은 경범죄처벌법 위반입니다. 그 부분 혐의가 더욱 명백하고 분명하기 때문이죠. 술에 취한 채로 관공서에서 몹시 거친 말과 행동으로 주정하거나 소란을 피우면 경범죄처벌법상 관공서에서의 주취소란으로 처벌받습니다. 직무를 집행하는 경찰관이나 공무원 등을 밀치는 등 폭행을 하거나 협박을 하면 경범죄가 아니라 공무집행방해로 구속을 당할 수도 있습니다. 관공서 등에서 주취소란 행위가 도가 지나치면 중대한 범죄가 성립할 수 있고 패가망신하며 치명적인 대가를 치를 수 있죠.

실제 사건에도 취객이 파출소 등에서 주정을 하거나 소란을 피워 주취소란으로 입건되어 오는 경우가 꽤 있습니다. 술은 양날의 칼입니다. 그 칼날에 자신이 베이는 아픔을 당할 수 있죠. 나중에 술이 깨고 난 뒤 사태가 심각한 것을 알고 후회한들 그때는 이미 늦습니다. 맨정신으로 찾아가 조곤조곤 설명을 하고 억울한 사정을 차분히 풀어내면 안 들어줄 공무원이 어디 있겠습니까. 악성민원인이 갑질하는 시대도 이제 종말을 고하여야 할 것입니다.

〈경범죄처벌법〉

제3조(경범죄의 종류)

③ 다음 각 호의 어느 하나에 해당하는 사람은 60만 원 이하의 벌금, 구류 또는 과료의 형으로 처벌한다.

1. (관공서에서의 주취소란) 술에 취한 채로 관공서에서 몹시 거친 말과 행동으로 주정하거나 시끄럽게 한 사람

〈형법〉

제136조(공무집행방해)

①직무를 집행하는 공무원에 대하여 폭행 또는 협박한 자는 5년 이하의 징역 또는 1천만 원 이하의 벌금에 처한다.

07 의무보험 미가입 차를 운행하면 자동차손해배상보장법 위반

오토바이나 사발이도 예외가 아닙니다

①

맹구는 대학생으로, 대학 부근 원룸에서 거주하는데 학교까지 걸어다니기가 다소 멀고 불편했습니다. 그래서 평소에 소망해오던 오토바이를 한 대 구입해야겠다고 마음먹었죠. 자동차 운전면허는 취득한 상태였습니다. 그래서 열심히 아르바이트를 하여 중고 오토바이를 한 대 구입합니다.

비록 싸구려고 낡았지만 마음이 흡족했습니다. 휘파람을 불며 신나게 동네 한 바퀴를 돌았죠. 그 또래 젊은이들이 으레 그런 것처럼 폼이 나고 좋았습니다. 여자애를 태우고 신나게 달리는 상상을 하면 가슴이 벅찼습니다. 맹구는 오늘도 오토바이 위에 올라타 "이랴!" 하고 고삐를 잡아당깁니다. 그렇게 소원하던 오토바이를 마음껏 탈 수 있으니 얼마나 좋을까요.

그런데 맹구가 한 가지 놓친 게 있습니다. 그 오토바이를 운전하기 위해서 반드시 해야 되는 일이 있습니다. 오토바이는 일반 자동차와 똑같이 취급됩니다. 오토바이는 자동차관리법상 이륜자동차라고 불립니다.

우선 관할 관청에 이전등록을 신청해야 합니다. 집을 매입하면 소유권이전등기를 해야 하듯이 자동차를 매입하면 등록을 해야 합니다. 그래야 등록증을 교부받고 차량번호판도 부여되죠.

오토바이는 등록하지 않으면 과태료 등 행정 처분을 받게 됩니다. 일반 사륜자동차는 미등록하면 형사 처벌 대상입니다.

중요한 것은 또 하나 있습니다. 바로 자동차보험에 가입해야 하는 것입니다. 자동차보험에는 종합보험과 의무보험이 있는데, 말 그대로 의무보험은 최소한의 보험으로 의무적으로 들어야 하는 보험입니다. 대인배상1과 2,000만원 한도 내에서 물적 피해 배상 책임을 국가에서 강제하는 것입니다.

②

맹구는 담배를 구입하기 위해 학교 부근 편의점에 오토바이를 타고 갑니다. 그런데 편의점 앞 도로에서 경찰이 안전모 미착용 등 법규위반 행위에 대해 일제단속을 실시하고 있습니다. 경찰은 번호판을 부착하지 않은 맹구 오토바이를 발견하고 호출하며 다가옵니다. 경찰이 묻습니다.

"무등록 오토바이 같은데 의무보험에 가입했나요?"

"네? 의무보험이요?"

맹구는 생뚱맞은 얼굴로 경찰을 쳐다봅니다.

"네, 의무보험이요."

경찰은 다시 한번 확인시켜줍니다.

"이런 작은 오토바이도 그런 보험에 들어야 하나요? 저는 몰랐는데요"라고 말하며 난감한 표정을 짓습니다.

경찰은 한심하다는 듯이 이렇게 말합니다.

"모든 자동차는 의무보험에 가입을 해야만 운행을 할 수 있는데 왜 가입을 안 한 거죠?"

"그게, 사실은 오토바이를 구입할 때 의무보험에는 가입해야 한다는 말을 얼핏 들은 것도 같은데, 돈이 없어서요. 그런데 학교나 집 부근에서만 잠깐씩 타고 다니면 괜찮을 줄 알았는데……."

맹구는 말을 흐리며 '그럴 수 있지 않겠느냐'와 '좀 봐줄 수 없겠느냐'라는 두 생각이 섞인 애매한 눈빛으로 경찰을 쳐다봅니다. 경찰은 의무보험에 가입해야 되는 이유에 대해 설명합니다. 의무보험 미가입 상태에서 운전하다 사고를 야기하여 인적 및 물적 피해가 발생하면 피해자는 피해배상을 온전히 받을 수가 없습니다. 그래서 피해자가 피해배상을 받을 수 있도록 의무보험에 가입하도록 강제하는 것이라고 설명을 해줍니다.

맹구는 고개를 끄덕이면서 이렇게 대꾸합니다.

"그 취지는 알겠는데요. 그런데 50cc 이하 소형 오토바이까지 그래야 하나요? 형사 처벌 대상이 될 수 있다는 것은 정말 몰랐네요."

맹구의 하소연은 아무런 의미가 없습니다. 법의 무지는 위법성이 조각되거나 책임이 면제되는 것은 아니니까요. 즉 위반 행위에 대한 고의는 그대로 인정됩니다.

사실 시내 도로나 시골에서 남녀노소 가릴 것 없이 소형 오토바이를 타고 다니는 걸 많이 볼 수 있는데, 그 오토바이 중 상당수가 의무보험 미가입 차량입니다. 규정 자체를 모르는 경우도 있지만, 가입을 해야 한다는 것쯤은 알면서도 자기는 사고를 일으키지 않기 때문에 괜찮을 거야 하는 안일한 생각으로 가입을 안하는 경우도 있습니다. 물론 경제적인 형편 때문에 의무보험에 가입 안하는 경우가 많죠. 그런데 교통사고는 누구도 예외가 될 수 없습니다.

참고로, 몸이 불편한 노인들이 주로 타고 다니는 사륜 오토바이, 일명 '사발이' 라는 운행수단도 의무보험에 가입해야 합니다. 그것도 자동차의 일종이기 때문이죠. 자전거는 예외입니다. 어떠한 자동차이든 의무보험에는 가입하고 운행해야 합니다. 형사처벌이나 행정처분이 문제가 아닙니다. 민사적으로 엄청난 손해배상책임을 져야 할 일이 닥칠지도 모르기 때문이죠.

〈자동차손해배상보장법〉

제46조(벌칙)

② 다음 각 호의 어느 하나에 해당하는 자는 1년 이하의 징역 또는 1천만 원 이하의 벌금에 처한다.

2. 제8조 본문을 위반하여 의무보험에 가입되어 있지 아니한 자동차를 운행한 자동차보유자

제8조(운행의 금지)

의무보험에 가입되어 있지 아니한 자동차는 도로에서 운행하여서는 아니 된다.

---

08 의무보험을 들어야 하는 또 다른 이유

①

맹구는 경제적 형편이 좋지 않습니다. 그래도 차량은 운행해야 하기에 의무보험만, 그것도 단기로 가입하고 운행하곤 하였습니다. 어느덧 의무보험 만기가 도래하였는데 마침 실직 상태라 보험료를 낼 돈이 없었습니다. 그러면 차량을 운행하지 말아야 되는데, 맹구는 '별일이야 있겠나' 싶어 대수롭지 않게 차를 운행하였습니다. 안전수칙을 준수하고 교통사고만 일으키지 않으면 그까짓 보험에 들지 않아도 상관없다는 식으로 생각했던 것입니다.

자동차 보유자는 자동차의 운행으로 다른 사람이 사망하거나 부상한 경우에 피해자에게 법이 정하는 일정 금액을 지급할 책임을 지도록 담보하는 대인배상1과 법이 정하는 최소한도의 대물배상 보험에 의무적으로 가입해야 합니다.

맹구는 교통법규를 위반한 적이 없고 단속에 걸린 사실도 없기 때문에 운행 사실을 아무도 모를 것이라고 생각했습니다. 누가 신고하지 않는 이상 당국에서 알 턱이 없다고 생각한 거죠.

하지만 맹구의 생각은 오산입니다. 그로부터 얼마 후에 관할 지방자치단체 특별사법경찰로부터 연락이 왔습니다. 출석 요구를 받은 것인데, 내용인 즉은 의무보험 미가입 차량을 운행하였다는 것입니다. 맹구는 출석 이유를 고지받고 어리둥절합니다. 내 차가 의무보험에 가입되어 있지 않다는 것과 그 차를 운행했다는 사실을 그들이 어떻게 알았느냐 하는 것입니다.

하지만 일반인의 생각과 달리 국가의 법과 제도 그것을 뒷받침하는 시스템은 그렇게 허술하지 않습니다. 요즈음은 국가 및 공공기관과 민간기업 간에 정보가 공유되어 있고, 시스템이 서로 연결되어 있는 경우가 허다합니다. 담당자는 의무보험 기간을 넘긴 차량에 대해 의무보험 계약조회를 통해 일일이 확인을 합니다. 의무보험 계약 조회를 해보면 해당 차량의 의무보험 시기 및 종기를 확인할 수 있거든요. 의무보험 종기가 지나고 새로 보험계약을 하지 않더라도 차량을 운행하지 않으면 그만입니다.

②

그런데 맹구가 차를 운행한 것은 또 어떻게 알았을까요?

그런 경우에는 무보험 운행차량 조회를 합니다. 주기적으로 또는 상시 체크를 통해 무보험 차량이 도로에서 운행하였는지를 확인합니다. 도로 곳곳에는 CCTV가 설치되어 있고 각종 교통단속 및 교통정보 카메라가 있습니다. 그런 카메라 등을 통해 차량 운행사실을 정확히 알 수가 있습니다. 그런 장비를 피해 몰래 운행하는 것은 사실상 불가능합니다. 맹구는 '설마 증거도 없는데 내가 운전한 것을 어떻게 알겠어?' 라고 생각했겠지만, 최신 기계는 당신이 그날 한 일을 다 알고 있답니다.

그렇다고 차량번호판을 종이 등으로 가리고 운행하면 더욱 더 안 됩니다. 그런 차도 다 적발이 되고 더 중한 처벌을 받을 수 있으니까요. 그러므로 아무리 형편이 어려워도 의무보험에는 가입을 하고 차를 운행해야 합니다.

교통사고를 야기했을 경우 엄청난 피해 배상도 감당할 수 없지만 미가입 차량 운행사실 자체로 형사 처벌을 받을 수 있습니다. 갈수록 첨단 장비가 동원되고 시스템이 촘촘해지기 때문에 법망을 빠져나갈 수가 없습니다. 자동차는 현대인의 필수품이고 위험한 물건이기 때문에 더욱 더 각종 규제를 받습니다.

여기서 한 가지 언급할 게 있습니다. 종합보험에 가입한 차를 특약사항이를 테면, 가족운전자 한정운전특약, 나이한정운전특약 등을 위반한 사람, 즉 제3자가 그 차를 운전하다 사고를 야기하였을 경우 전혀 보험 혜택을 받지 못하는가 하는 점입니다. 그렇다 하더라도 대인배상1은 적용을 받습니다. 그러나 그 이상은 적용을 받지 못하죠. 대인2나 대물배상은 개인적으로 합의를 하지 않으면 처벌을 받을 수 있고, 민사적으로 피해금액을 배상해줘야 합니다. 그렇기 때문에 피보험자나 특약에 해당되는 사람이 아닌 이가 운전을 하다 사고를 내면 위와 같이 대인배상1 범위를 벗어난 인적 피해뿐만 아니라 물적 피해를 개인적으로 감당해야 하니 이점 유의하기 바랍니다.

특별사법경찰이란 어떤 사람인가요?

특별사법경찰이하 '특사경' 이라 함이란 특수한 분야의 범죄에 한해 경찰과 동일한 수사권을 지니고 수사를 펼치는 행정공무원을 말합니다. 특사경은 소속 기관장의 제청과 관할 지검장의 지명으로 임명되죠.

일반사법경찰관리의 수사권이 미치기 어려운 철도, 환경, 위생, 산림, 세무, 교도소 등 특정 분야 및 지역과 시설에 대한 수사나 조세, 마약, 관세사범 수사 시 그 분야의 전문 종사자에게 수사권을 위임하여 업무를 수행하도록 권한을 부여하고 있습니다. 의무보험 관련하여서는 행정적인 업무뿐만 아니라 적발 및 수사도 해당 지방자치단체 소속 행정공무원인 특사경이 담당하고 있습니다.

09 함부로 '튜닝' 하면 자동차관리법 위반

굉음을 울리는 오토바이

①

간혹 도로에서 들리는 굉음에 깜짝 놀라기도 하고 짜증이 납니다. 도대체가 기본이 되어 있지 않고 경우가 없습니다. 오토바이가 특히 그렇습니다.

맹구는 퀵서비스 업체에서 배달 직원으로 일하고 있습니다. 일의 특성상 이해가 안 되는 측면이 없는 건 아니지만, 대개 그런 업종에 종사하는 사람들이 운전하는 것을 보면 눈살이 찌푸려집니다. 교통법규도 잘 지키지 않고 아주 제멋대로 위험천만하게 도로를 질주합니다. 차들 사이를 지그재그로 운행하며 '칼치기' 추월도 서슴지 않습니다. 그런데 오토바이도 이상하게 개조를 합니다. 개폼을 잡고 싶어서 그런지 튀고 싶어서 그런지 알 수 없으나, 맹구도 그런 부류의 족속입니다.

맹구는 어느 날 멀쩡한 오토바이 머플러를 떼어내고 인터넷에서 구입한 머플러를 답니다. 소음방지장치인 '머플러보통 일본식 용어인 '마후라' 라고 불림' 는 말 그대로 소음을 방지하는 장치임에도 소음을 오히려 크게 하는 머플러로 교체한 것입니다. 자동차의 구조나 장치를 임의로 변경한 것이죠. 법적인 용어로는 '튜닝' 입니다. 오토바이도 이륜자동차입니다.

맹구는 그 머플러를 부착하고 마구 도로를 헤집고 다닙니다. '뿌앙~~!' 하고 달리면 그 굉음이 장난 아닙니다. 과속, 신호위반 등 난폭운전을 하는 것도 모자라 엄청난 소음까지 발생시킵니다. 맹구는 자기만 좋으면 되는지 다른 사람들은 안중에도 없는 거 같습니다. 민폐 중의 민폐이지요. 당연히 경찰이 단속에 나섭니다.

②

경찰이 맹구의 오토바이를 멈추게 하고 멀뚱멀뚱 쳐다보는 맹구에게 묻습니다.

"머플러를 변경하였는가요?"

"네. 그런데요?"라며 맹구는 무슨 문제가 있냐는 식으로 반문합니다.

"튜닝하려면 사전 승인을 받아야 하는데 당국의 승인을 받았는가요?"

"아니요, 안 받았어요. 그런데 그런 것도 승인을 받아야 하나요?"

경찰은 맹구의 무지에 혀를 차며 관련 규정을 대략적으로 설명해줍니다.

"그런데 왜 소음이 큰 머플러로 교체한 거죠?"

"멋있잖아요. 나는 굉음에 희열을 느껴요."

"다른 사람들은 그 소음에 진절머리를 치는데요."

"그러든지 말든지요. 자유 국가에서 내 오토바이 내 마음대로 타고 다니지도 못하나요."

경찰은 자기 과오를 인정하기는커녕 당돌하게 지껄이는 맹구를 보며 어이가 없어 말을 잇지 못합니다.

자동차관리법에는 '자동차소유자가 국토교통부령으로 정하는 자동차 항목에 대하여 튜닝을 하려는 경우에는 시장·군수·구청장의 승인을 받아야 한다' 라고 규정되어 있습니다. 이를 위반하여 승인을 받지 아니하고 자동차에 튜닝을 한 자는 1년 이하의 징역 또는 1,000만 원 이하의 벌금에 처합니다.

위 소음방지장치도 승인을 받아야 하는 항목 중 하나입니다. 소음 허용 기준을 초과하는 머플러를 부착하고 운행하면 안 되죠.

사실 오토바이를 포함한 수많은 차가 정상적이지 않은 방법으로 튜닝을 하여 버젓이 도로를 운행하고 있습니다.

맹구는 이번에 잘못된 점을 인식시켜줬으니 다시는 굉음을 울리지 말고 운행해야 할 터인데 또 모르죠. 애시당초 글러먹은 녀석 같은데 벌금이나 무지 세게 때려야 할 거 같습니다. 정상적인 차를 정상적으로 운행하면 아무 문제가 없는데, 당최 말귀를 알아듣지 못하고 제 버릇 개 못 주는 사람이 더러 있어 말씀드리는 겁니다.

불법 튜닝에는 어떤 것들이 있나요?

튜닝의 유형에는 등화장치로서 눈부심을 심하게 자극하는 등화, 미인증 LED후미등과 HD전조등이 있고, 물품적재장치로서 슬라이딩 답판 및 등반용 발판을 적재장치로 사용한 경우, 캠핑용 승합자동차로 변경, 기타장치로서 트레일러 길이 연장, 차체 높이 초과 등이 있습니다.

10 민폐를 끼치는 이기적인 주·정차

차를 보도 위에 올려놓으면 안 됩니다

①

보도를 걷다 보면 차가 보도 위에 올라와 있는 경우를 종종 봅니다. 사람이 지나다니는 좁은 보도에 차가 길을 가로막고 있으니 상당히 불편하고 불쾌하기 그지없습니다. 남이야 불편하든 말든 자기 편할 대로만 하면 되는지 정말 이해가 되지 않습니다.

차는 차도로 사람은 보도로 통행하는 것, 지극히 상식이고 당연한 일입니다. 그럼에도 남을 배려하기는커녕 기본 중의 기본을 지키지 않는 사람이 더러 있습니다. 그런 차를 보면 발로 뻥! 차주고 싶습니다만 불법을 불법으로 응징할 수는 없죠. 상가가 많은 곳에서 특히 심합니다. 통행인은 안중에 없다는 듯 마치 자기 가게 주차장인 양 버젓이 보도 위에 차를 주차하곤 합니다. 사람이 차를 피해 차도로 내려가거나 낑낑대며 차와 건물 사이를 겨우 빠져나가야 합니다. 당장 견인차를 불러 견인해가라고 소리치고 싶습니다. 당국은 도대체 저런 불법 주정차 차량 단속을 하지 않고 무엇을 하는지 알 수가 없습니다.

차주와 마찰을 피하려고 일부러 방임하는지도 모릅니다. 아무튼 내 개인적인 생각으로는 직무태만이고 직무유기 같습니다. 그런 뻔뻔한 작태를 보고 항의를 하면 차주가 오히려 큰소리치는 세상, 이건 정말 아니지요. 그런 차가 보이면 당장 사진을 찍어 인터넷 국민신문고 등에 신고를 하라고 권하고 싶습니다. 불법을 함부로 자행하는 사람에게는 본때를 보여줘야 합니다.

법을 업신여기는 사람을 못 본 체하면 그 피해는 고스란히 시민들에게 돌아옵니다. 그런데 그런 경우에도 형사 처벌이 가능하나요?

②

네, 그런 경우도 처벌 대상이 됩니다. 최근에 도로교통법이 개정되었거든요. 범칙금이나 과태료 사안이 아닙니다. 사실 처벌이 문제가 아니라 양심 문제이지요. 어디가나 주차 공간이 협소하지만 마음마저 협소해지면 안될 일입니다. 그럼요.

〈도로교통법〉

제156조(벌칙)

다음 각 호의 어느 하나에 해당하는 사람은 20만 원 이하의 벌금이나 구류 또는 과료科料에 처한다.

1. 제32조를 위반한 차마의 운전자

제32조(정차 및 주차의 금지)

모든 차의 운전자는 다음 각 호의 어느 하나에 해당하는 곳에서는 차를 정차하거나 주차하여서는 아니 된다.

1. 교차로 · 횡단보도 · 건널목이나 보도와 차도가 구분된 도로의 보도(「주차장법」에 따라 차도와 보도에 걸쳐서 설치된 노상주차장은 제외한다)

11 각종 차 사고를 규율하는 법

차 운전하다 사고를 내면 그냥 가서는 안 돼요

①

차와 관련하여 흔히 일어날 수 있는 사고와 관련된 내용입니다. 도로나 주차장에서 차를 운전하다가 타인에게 피해를 입힌 경우죠. 교통사고에는 인적 피해가 발생한 경우도 있고 물적 피해이하 '물피' 라고 지칭함만 발생하는 경우도 있습니다.

이번에는 물피만 발생한 사고에 대해 이야기해보겠습니다. 아파트 주차장에서 운전 부주의로 경미한 접촉 사고를 야기합니다. 너무 바짝 주차해놓은 탓에 차를 빼다가 범퍼 모서리 부분이 살짝 닿아 긁혔습니다. 상대방 차는 도색 칠만 약간 벗겨졌을 뿐입니다. 그래도 굳이 수리비 견적을 낸다면 견적이 꽤 나옵니다.

이럴 때 고민되죠. 그냥 가자니 찝찝하고 차주한테 연락을 하자니 괜히 덤터기 쓸 거 같고 말이죠. 그래도 어쩔 것입니까. 자수해서 광명 찾아야죠. 양심은 둘째 문제이고, 요즘은 사방 도처에

CCTV와 블랙박스가 설치되어 있거든요. 설마 하고 아무 말 없이 그냥 갔다가는 나중에 어떤 망신을 당할지 모릅니다. 과실로 남의 차를 들이받고 아무런 조치 없이 그냥 가버린 경우 형사적으로는 어떻게 되는지 알아봅시다.

②

형법상으로는 과실로 타인의 재물을 손괴한 경우 범죄가 성립하지 않지만, 도로교통법상의 재물손괴는 좀 다릅니다. 원칙적으로 형사입건 대상이지만 가해차량이 가입되어 있는 자동차보험의 대물배상금액 한도를 초과를 초과하지 않으면 수사 실무상으로는 입건 자체를 하지 않고 있습니다.

그런데 불특정 다수의 차나 사람의 통행이 제한되는 곳, 이를테면 유료주차장이나 차단기 등이 설치되어 출입이 통제되는 아파트 구내 등에서의 물피 사고는 사정이 다릅니다. 그곳은 도로가 아니기 때문이죠. 따라서 처음부터 도로교통법상의 재물손괴 조항이 적용되지 않습니다. 도로교통법은 원칙적으로 불특정 다수에게 공개된 장소인 도로에서 발생하는 사고를 규율합니다.

한편, 물피 사고를 일으킨 후 이를 인식하고 가버렸을 경우 도로교통법 위반사고 후미 조치 성립 여부가 문제됩니다. 교통사고가 발생하면 차의 운전자는 즉시 정차하여 피해자를 구호하거나 2차 사고가 발생하지 않도록 비산물 등을 제거하는 등 현장을 정리하고, 곧바로 경찰에 신고하거나 보험사에 연락하는 등의 조치를 취해야 합니다. 그러한 필요한 조치를 취하지 않고 현장을 이탈하면 사고 후 미조치 혐의가 인정될 수 있습니다.

참고로 사고 후 미조치는 사고 장소가 도로 외의 장소도 포함됩니다. 그런데 위 조항으로 처벌하는 경우가 흔하지는 않습니다. 왜냐하면, 첫째 일단 사고를 인지해야 하고, 두 번째는 교통사고로 발생한 차량 파편 등의 비산물이 도로에 방치되어 있어 교통상의 위험과 장애를 초래하였을 경우에 적용되는 조항이기 때문입니다.

경미한 사고여서 비산물이 발생하지 않았거나 교통상의 안전을 해할 정도가 아니라면 위 조항을 적용하기 곤란합니다. 접촉이나 충격이 경미하여 사고 자체를 인지하지 못한 경우도 마찬가지입니다.

하지만 경미한 사고라도 피해차량 운전자가 현장을 이탈하는 가해차량을 추격하거나 추격할 가능성이 있다면 또 다른 교통상의 위험이 발생될 수 있기 때문에 혐의가 인정될 가능성이 있습니다. 그 부분에 대해서는 추후에 관련 사례를 소개하겠습니다.

③

물피 사고 후 즉시 정차하여 필요한 조치를 취하지 아니한 경우에 위 사고 후 미조치 조항으로 처벌을 하지 못하는 경우가 종종 존재한다고 했습니다. 설사 나중에 발각되더라도 가해차량이 자동차보험에 가입되어 있으면 재물손괴로도 처벌을 하지 못합니다. 즉 형사 영역을 떠나 민사 문제가 됩니다.

이렇게 법의 사각지대가 존재하고 운전자의 도덕적 해이가 사회적으로 문제가 되어 이를 처벌하는 조항이 최근에 생겼습니다.

도로교통법 제156조 제10호가 그것입니다. 그 내용은 '물피 사고를 야기한 후 피해자에게 인적 사항을 제공하지 않고 그냥 가버린 경우에는 소정의 벌금형20만 원 이하의 벌금에 처한다'라는 것입니다. 하지만 차를 운전하다 남의 집 벽면 등 차가 아닌 다른 물건을 들이받은 후 가버린 경우는 처벌할 수가 없습니다. 왜냐하면 위 제156조 제10호는 그 대상이 주·정차된 '차'에 국한되기 때문입니다.

또한 주정차한 후 하차하기 위해 차 문을 열다가 옆 차 문짝과 부딪친 경우, 소위 '문콕' 사고는 위 조항으로 처벌할 수 없습니다. 그런 경우는 '운전'이 아니기 때문이죠. 운전이란 차를 본래의 용법에 따라 사용하는 것을 의미합니다.

위와 같이 자동차 사고로 인해 자칫 형사범으로 입건되거나 중한 처벌을 받을 수도 있으므로 관련 규정을 제대로 알고 대처를 해야 할 것입니다. '설마 별일이야 있겠어' 라고 생각하고 대수롭지 않게 여겼다가는 나중에 적잖이 후회할 일이 생길지 모르니까요.

〈도로교통법〉

제148조(벌칙)

제54조 제1항에 따른 교통사고 발생 시의 조치를 하지 아니한 사람은 5년 이하의 징역이나 1천500만 원 이하의 벌금에 처한다.

제54조(사고발생 시의 조치)

①차 또는 노면전차의 운전 등 교통으로 인하여 사람을 사상하거나 물건을 손괴한 경우에는 그 차 또는 노면전차의 운전자나 그 밖의 승무원은 즉시 정차하여 다음 각 호의 조치를 하여야 한다.

1. 사상자를 구호하는 등 필요한 조치

2. 피해자에게 인적 사항성명 · 전화번호 · 주소 등을 말한다. 이하 제148조 및 제156조제10호에서 같다 제공

---

12 맹구의 순정과 파탄

싫다는 사람에게 카카오톡이나 문자를 자꾸 보내지 말아요

①

맹구는 맹순이와 사귄 지 5개월째입니다. 그런데 그 애정에 서서히 금이 가고 있었습니다.

맹구도 언제부터인가 그걸 느끼고 있었죠. 인정하고 싶지 않은 불안감이 틈새로 스며들고, 불길한 생각이 심상치 않게 구체화되고 있었습니다. 맹순이가 전화를 해도 잘 받지 않고 카카오톡을 해도 답이 없는 것이었습니다. 어쩌다 대답을 해도 건성으로 대꾸하는 식이고 말이죠. 얼마 전에 맹순이가 무슨 말을 꺼내려다가 입을 닫은 걸 봤습니다. 이 정도 되면 우둔한 맹구도 직감적으로 압니다. 맹순에게 새로운 남자가 생겼다는 것을요.

이제 어찌해야할 것인가. 눈앞이 캄캄했습니다. 맹구는 사실 순정파 남자였습니다. 그러니 그 충격은 이루 말할 수 없었죠. 잘 먹지도 못 하는 술을 입에 대는 날이 잦아졌습니다. 배신감 이전에 눈물이 먼저 났습니다. 그 남자는 어떤 사람일까? 나보다 잘난 놈이겠지……. 맹구는 문득 자신이 초래해지는 게 느껴졌습니다. '그냥 그놈과 잘 살라고 쿨하게 놓아줄까? 아냐, 아냐!' 주먹으로 자기 머리를 치며 몸부림을 쳤습니다. 생각할수록 맹순이가 괘씸하고 화가 났습니다. 그리고 이대로 순순히 물러날 수는 없다는 결론에 이르렀죠. 맹구는 다시 휴대폰을 꺼내들었습니다. 바탕화면에 사랑하는 그녀가 웃고 있었습니다.

맹구는 입술을 깨물고 카카오톡으로 그간의 심경과 함께 한번 만나자고 문자를 보냈습니다. 맹순은 한참 후에 그 톡을 봤습니다. 그런데 답이 없습니다. 기다리는 1분이 1시간 같았습니다. 술병은 비어가는데 맹구의 머릿속은 갈수록 하얘지는 거 같았습니다. 두 시간째 맹구는 폰을 노려보고 있습니다.

비참함을 애써 억누르며 버티고 있는 것이랍니다. 예전 같았으면 진작 애교 넘치고 귀여운 말투로 답이 왔을 겁니다. 하트 모양의 이모티콘도 팡팡 쐈줬을 것이고 말이죠. 그런데 여전히 폰은 침묵을 지키고 있습니다.

폰을 열어봤다가 닫았다가 하기를 반복하다 어느덧 자정 무렵이 되었습니다. 맹구의 가슴속에서 한숨과 함께 불길이 치솟았습니다. '정녕 이대로 끝이란 말인가?' 벼랑 끝으로 치닫는 기분이었습니다. 그때 톡이 왔습니다. 오매불망 기다리던 맹순이로부터 톡이 온 것입니다. 하지만 그 맹순의 문자는 맹구의 가슴속을 한 번 더 뒤집어놓았죠.

"오빠 미안해, 오빠도 눈치 챈 거 같은데, 나 다른 사람 생겼어……. 그동안 고마웠어, 잊지 않을께. 나를 잊어줘 부탁이야! 잘자~"

맹구가 예상 못한 일이 아니었습니다. 그래도 혹시나 기대했던 게 물거품이 되는 순간이었죠. 막상 이별 통보를 받고보니 미칠 거 같고 환장할 노릇이었습니다. 그리고 울음이 와락 솟구쳤습니다. 맹구는 이윽고 생각을 고쳐먹었습니다.

다시 맹순이에게 매달려보기로 한 것입니다. 앞으로 더 잘하고 돈도 많이많이 벌어 호강시켜 줄 테니 돌아와달라고 애원하는 톡을 보냈습니다. 맹구는 이미 자존심도 뭣도 없었습니다. 사실 맹구의 처신은 잘못되었죠. 잘못되었다기보다는 아무 소용이 없다고 해야 할 것입니다. 그렇게 해서 돌아올 여자의 마음이 아니랍니다. 여자는 한번 돌아서면 끝입니다. 숱한 인간사가 그것을 증명했고, 불변의 진리입니다. 맹순도 마찬가지였습니다. 맹순은 이미 다른 남자한테 홀딱 빠져 있기 때문에 아무리 열렬히 충성 맹세를 해도 다시 돌아오지 않습니다. 어쨌든 이미 버스는 떠났고, 이제 그걸 인정해야 하는 시간만 남은 것입니다. 맹구의 마지막

호소에도 맹순은 묵묵부답이었습니다. 맹구는 개무시를 당하는 것처럼 여겨졌습니다. 맹구의 인내력도 한계에 이르렀습니다. 순한 사람이 한번 화나면 더 무섭다고, 맹구가 그짝이었습니다. 온갖 원망과 저주의 감정이 총동원되고 있었죠. 사랑과 미움은 백지 한 장 차이입니다. 맹구는 이미 이성을 상실한 채, 막가파식으로 치닫고 있었습니다. 다시 톡을 보냈습니다.

"나는 너가 이 세상 다였는데 결국은 이렇게 되다니⋯⋯. 그래, 난 다 포기했고, 살기 싫다. 그런데 억울해서 혼자 죽을 수는 없다. 너 혼자 잘 살게 내버려두지 않을 거다. 지구 끝까지 따라가서도 해코지 할꺼다. 두고 봐라!」

사실 그래서는 안 될 일입니다. 한때 사랑했던 사이였으면 더욱 그래서는 안 되죠. 그런데 맹구는 자신을 최악으로 내몰고 있었습니다. 맹구의 무시무시한 협박에도 맹순은 가타부타 답이 없었습니다. 사실 맹순은 맹구를 달랬어야 했습니다. 사람을 극단적으로 치닫게 내버려둬서는 안 됩니다. 무슨 일을 저지를지 모르기 때문이죠. 이 일의 단초는 맹순이가 제공했기에 더욱 그렇습니다. 맹구는 더욱 분노가 치밀었습니다. 다시 톡을 보냈습니다.

"좋아, 날 개무시한다 이거지. 너를 죽이고 너 가족들도 죽이고 나도 죽는다!"

맹구는 이판사판이었습니다. 그런데 또 답이 없더랍니다. 아! 무슨 대거리라도 있어야 하는데 맹순은 씹고 있는 것이라고 생각되었습니다. 맹구는 절망하며 또 절망했습니다. 맹구는 마지막 불꽃마저 사그라드는 것을 느끼며 부르르 떨었습니다. 지독한 비참함이 술기운과 어우러져 증폭되어갔죠. 또 격한 내용의 톡을 보냈습니다. 심한 욕설도 보냈죠.

맹구는 그날 밤 그런 내용의 문자를 반복적으로 보냈습니다. 맹순이도 더는 어찌할 수 없었는지 경찰에 신고를 하고 맙니다. 우리 딱한 맹구는 어떤 처벌을 받을까요?

②

물론 협박죄 성립은 자명합니다. 여기서는 정보통신망, 즉 카카오톡으로 보낸 행위와 관련입니다. 맹구는 공포심이나 불안감을 유발하는 문언 등을 반복적으로 맹순에게 도달하도록 한 자로서, 정보통신망이용촉진및정보보호등에관한법 제74조 제1항 제3호 위반입니다. IT 강국이라고 불리는 대한민국에서 의외로 정보통신망을 이용한 범죄가 빈번하게 발생하고 있습니다. 고도 문명 사회의 또 다른 폐해라고 볼 수도 있죠.

참고로 모욕죄는 성립하지 않습니다. 단체 대화방이 아니고 두 사람만의 대화이므로 공연성이 없기 때문입니다. 사족으로 한 가지 더 언급할 게 있습니다. 실무에서 숱한 사건을 보다보면 사건 발단의 동기 또는 원인이 되는 중요한 2가지가 있습니다. 술과 남녀 간의 애증이 그것이죠. 둘 다 사람을 상당히 흥분하게 만듭니다. 유념해야 될 것입니다. 나 싫다고 가는 사람 붙잡고 늘어져봐야 패가망신할 뿐이랍니다.

"이것 또한 지나가리라"라는 말로 위안을 삼기 바랍니다.

〈정보통신망이용촉진및정보보호등에관한법〉

제74조(벌칙)

① 다음 각 호의 어느 하나에 해당하는 자는 1년 이하의 징역 또는 1천만 원 이하의 벌금에 처한다.

 3. 제44조의7 제1항제3호를 위반하여 공포심이나 불안감을 유발하는 부호 · 문언 · 음향 · 화상 또는 영상을 반복적으로 상대방에게 도달하게 한 자

제44조의7(불법정보의 유통금지 등)

① 누구든지 정보통신망을 통하여 다음 각 호의 어느 하나에 해당하는 정보를 유통하여서는 아니 된다.

3. 공포심이나 불안감을 유발하는 부호 · 문언 · 음향 · 화상 또는 영상을 반복적으로 상대방에게 도달하도록 하는 내용의 정보

---

13 대포차량의 문제점

자동차는 소유자 명의로 등록하고 운행해야 합니다

①

맹구는 인터넷 사이트를 통해 중고차를 한 대 구입했습니다. 판매자를 시내 모처에서 만나 대금을 주고 직접 차를 인수하였습니다. 인터넷 거래 물건이 으레 그렇듯 그 차도 싸게 나와 가격에 혹하여 구입한 것입니다. 판매자는 돈을 빌려가서 갚지 않는 사람 차라고 하면서 보험에만 가입하고 운행하면 아무 지장이 없다고 설명하였습니다. 구두로 거래를 하였고 매매서류를 따로 작성한 것은 없습니다.

부동산은 부동산등기부등본이 있듯이 자동차는 자동차등록원부가 있습니다. 그 등록원부에 그 자동차에 관한 소유권 및 그 외 권리, 기타 사항을 다 확인할 수 있죠. 차는 등록원부에 등록해야 운행이 가능합니다. 그런데 그 등록원부에 운행정지명령 신청이 되어 있다면 운행해서는 안 됩니다.

맹구도 세상 물정을 어느 정도는 아는 사람입니다. 인터넷에서 거래되는 차는 '대포차량'인 경우가 적지 않습니다. 그래서 어떤 경위로 그 차가 시중에 떠돌아다니게 되었는지는 몰라도 정상적인 차량이 아니라는 것쯤은 짐작하고 있었죠. 맹구 자신도 신용불량자인 관계로 굳이 자신 명의로 이전하고 싶은 생각이 없었습니다. 그래서 소유권 이전에 필요한 서류를 요구하지 않았고, 자동차등록원부도 확인하지 않았습니다.

부동산을 구입하면 매수인 명의로 소유권이전등기를 해야 하듯 차를 구입해도 마찬가지로 이전등록을 해야 합니다. 이전등록하지 않거나 타인 명의로 등록하면 불법으로 처벌을 받습니다. 맹구는 그런 연유로 그 차를 이전등록하지 않고 타고 다녔습니다. 누가 그 사실을 알랴 싶고 설마 단속에 걸리겠는가 생각했기 때문이죠. 사실 그 차 원래 소유자는 자신 명의로 차를 구입하여 동업을 했던 사람에게 제공했던 것인데, 그 후 사업이 망하고 동업자도 연락이 끊어지면서 대포차량으로 유통이 된 것입니다.

차를 찾을 길이 묘연해졌던 것이죠. 그런데 그 후 영문을 알 수 없는 교통법규 위반 과태료, 각종 세금 등의 고지서가 집으로 날아와서 그 차가 대포차량으로 유통되고 있다는 것을 안 것입니다. 그래서 그는 이대로 놔두면 안 되겠다 싶어 그 차에 대해 도난신고를 하고 운행정지명령 신청을 하였던 것입니다.

따라서 그 차량은 불법 차량이 맞습니다. 해당 차량은 적법하게 처분도 할 수 없습니다. 대포차량은 종종 범죄에 이용되기도 합니다. 차량 정기검사도 받지 못하고 과태료 및 세금도 체납하기 일쑤이죠.

②

그런데 그 차에 위치추적장치도 달려 있지 않는데 어떻게 발견되었을까요?

맹구가 그 차를 불법주차한 바람에 들통이 나고 만 것이죠. 복잡한 시내에서 주차할 곳을 찾다 마땅한 자리가 없어 급한 나머지 주차금지구역에 주차했는데 누군가가 불법주차로 신고를 한 것입니다. 얼마 후 견인 차량이 와서 견인을 해갔습니다. 견인업체에서 명의인에게 연락을 하였고 그래서 명의인인 원소유자가 자기차가 어디에 있는 지 알게 된 것이죠. 맹구는 당연히 경찰 조사를 받았고 자동차관리법으로 입건이 되었습니다.

위와 같이 대포차량을 구입하여 등록하지 않고 운행하면 처벌받게 되어 있습니다. 구입 후 15일 이내에 관할 관청에 이전등록을 한 후에 운행을 해야 합니다. 명의인이 소유자이고 운행자가 되어야 합니다. 그러므로 처음부터 이전등록이 쉽지 않은 정체불명의 차는 구입을 하지 말아야 합니다. 아무리 저렴해도 말이죠. 대포폰, 대포통장, 대포차량은 그 익명성 때문에 범죄 수단으로 자주 이용됩니다. 본의 아니게 범죄에 휘말리고 곤경에 처할 수 있으니 이점 유념하시기 바랍니다.

대포폰 등이란 어떤 물건인가요?

대포란 가짜라는 의미로 등록자 명의와 실제 사용자가 다른 기기를 말합니다. 일반적으로 보이스피싱 등 각종 범죄에 사용하거나 뒤가 구린 일 등 불법적인 목적으로 이용됩니다.

대개 노숙자에게 접근하여 밥을 사주고 푼돈을 쥐어주며 그들로부터 명의를 빌리거나 도난, 분실된 휴대폰을 이용해서 명의를 도용하여 휴대폰 등을 개통, 개설하기도 합니다. 대포통장이나 체크카드 대여 등과 같은 행위는 전자금융거래법 위반으로 형사 처벌 대상이 됩니다.

〈자동차관리법〉

제80조(벌칙)

다음 각 호의 어느 하나에 해당하는 자는 2년 이하의 징역 또는 2천만 원 이하의 벌금에 처한다.

1. 제5조를 위반하여 등록하지 아니하고 자동차를 운행한 자

제5조(등록)

자동차는 자동차등록원부에 등록한 후가 아니면 이를 운행할 수 없다.

제81조(벌칙)

다음 각 호의 어느 하나에 해당하는 자는 1년 이하의 징역 또는 1천만 원 이하의 벌금에 처한다.

2. 제12조제1항을 위반하여 정당한 사유 없이 자동차 소유권의 이전등록을 신청하지 아니한 자

제12조(이전등록)

① 등록된 자동차를 양수받는 자는 대통령령으로 정하는 바에 따라 시 · 도지사에게 자동차 소유권의 이전등록을 신청하여야 한다.

14 차 번호판을 떼어내는 순간 자동차관리법 위반

**차 등록번호판은 공적으로 중요한 기호이므로
함부로 떼어내면 안 돼요**

①

맹구는 얼마 전에 동거하는 맹순이로부터 이별 통보를 받았습니다. 맹구의 빚이 너무 많아서라는 이유입니다. 걸핏하면 빚 독촉이 들어오고 가재도구에 압류 딱지가 붙을까봐 불안해서 못살겠다고 하더랍니다. 맹구는 빚쟁이들을 피해 다니기 일쑤입니다. 사실 그 동거하는 방도 원룸인데 임차인이 맹순이 이름으로 되어 있습니다. 맹구는 그런 맹순이를 이해합니다.

사채를 빌어쓴 것이 이자가 눈덩이처럼 불어나 사채업자로부터 시달린 지 꽤 되었습니다. 맹구 앞으로 된 재산은 차 한 대뿐입니다. 중고지만 중형 세단이라 차량 가격이 꽤 나갑니다. 그런데 채권자가 차량번호를 알고 있는 거 같습니다. 얼마 전에도 어떤 남자들이 맹구가 사는 집을 기웃거리고 뭔가를 찾다가 돌아간 적이 있습니다. 맹구는 그것마저 빼앗길까봐 전전긍긍합니다.

빚쟁이들이 그 차를 찾지 못하게 하려면 번호판을 가리거나 아니면 아예 번호판을 떼어놓아야 합니다. 그래서 맹구는 차를 운행할 일이 있으면 번호판을 부착해서 운행하고, 사용하지 않을 때는 번호판을 잠시 떼어놓기로 했습니다.

번호판 없이 도로에서 운행하는 게 아니고 주차를 하는 동안에만 번호판을 떼어놓은 게 무슨 문제가 되랴 싶었던 것이죠. 맹구는 그날 밤에도 집 부근에 주차를 하면서 번호판 볼트를 풀어 떼어내어 차 안에 놔두고 잠을 자러 들어갑니다. 그런데 그 다음날 행인이 지나가다 맹구의 차에 번호판이 없는 것을 발견하고 사진 촬영하여 국민신문고에 신고를 합니다.

맹구는 어떤 처벌을 받을까요?

②

자동차관리법 관련 규정을 보면, 자동차번호판은 당국의 허가를 받은 경우 외에는 함부로 떼지 못하도록 규정되어 있습니다.

자동차번호판은 공적으로 관리되는 아주 중요한 기호이기 때문에 반드시 그 부착 및 봉인 해제는 당국의 허가나 법에 규정이 있는 경우에만 허용하도록 되어 있습니다. 차 번호판은 사인이 절대로 손을 대어서는 안 됩니다. 내 차에 달려 있다고 해서 내가 마음대로 떼어냈다 붙였다 할 수 없다는 것을 명심하기 바랍니다. 차등록번호판을 종이나 헝겊 등으로 가리거나 알아보기 곤란하게 하는 경우도 물론 처벌을 받습니다.

〈자동차관리법〉

제81조(벌칙)

다음 각 호의 어느 하나에 해당하는 자는 1년 이하의 징역 또는 1천만 원 이하의 벌금에 처한다.

1. 제10조제2항을 위반하여 등록번호판 또는 그 봉인을 뗀 자

제10조(자동차등록번호판)

② 제1항에 따라 붙인 등록번호판 및 봉인은 시·도지사의 허가를 받은 경우와 다른 법률에 특별한 규정이 있는 경우를 제외하고는 떼지 못한다.

---

15 사고후미조치의 구체적인 사례

교통사고 발생 시 간과하기 쉽습니다

①

맹구가 출근하기 위해 차를 운전하고 가던 중 정지신호에 걸려 대기하고 있습니다. 그때 휴대폰을 보려 하다가 놓쳐 밑으로 떨어집니다. 주우려고 하는 순간 브레이크에서 발이 떨어져 차가 뒤로 약간 밀리게 되죠. 하필 그곳이 오르막길이거든요. 그러다 뒤쪽 차 앞 범퍼 부분을 살짝 들이받게 됩니다. 그때 신호가 바뀌었고 맹구는 잠깐 멈칫하더니 그냥 출발합니다.

뒤에서 경적소리가 나는 거 같았지만 맹구 자기 딴에는 대수로운 사고가 아니라고 여기고 그대로 가버립니다. 사거리 교차로라 주정차할 데가 마땅치 않고 또 회사에 지각할까봐 조바심이 났던 것이죠.

얼핏 백미러를 보니 뒤에서 어떤 차가 따라오는 거 같습니다. 이때 맹구는 '살짝 닿은 정도의 접촉사고로 사람이 다친 것도 아닌데 별일이야 있겠어' 라고 판단하고 그대로 진행합니다.

종합보험에 가입되어 있기 때문에 '나중에 연락이 오면 그때 물적피해에 대해 보험처리를 해줘도 되겠다' 싶었죠. 한편으로는 피해 차량이 계속 따라오면 회사 앞에서 만나 이야기를 해보자라고 생각한 것도 있었고요. 맹구는 그렇게 회사 방향으로 쭉 진행하는데 어느 순간 그 차가 따라오지 않더랍니다.

그 후 맹구에게 어떤 일이 벌어졌을까요?

②

맹구는 그날 저녁 회사 부근 식당에서 늦은 식사를 하면서 맥주 1병을 시켜 마십니다. 그리고 차를 운전하여 귀가를 시작합니다. 혹시 음주운전에 걸릴지 몰라 상시 단속지역으로 가지 않고 한적한 도로로 돌아서 갑니다. 그러다 삼거리 도로에서 깜박 조는 바람에 도로 펜스 및 가로수 등을 들이받는 사고를 내고 맙니다.

맹구 자신이 콧잔등이 깨질 만큼 충격이 컸습니다. 정신을 차리고 상황 파악이 되자 '이걸 어떻게 하지?' 라고 고민을 합니다. 그러다 자기가 술 마신 걸 깨닫고 어서 여길 벗어나자고 마음먹죠. 운행이 불가능할 정도로 부서진 차를 그대로 방치한 채 서둘러 택시를 잡아탑니다. 맹구 차는 범퍼 등이 부서져 파편이 도로에 떨어져 있습니다. 택시를 타고 가면서 지인에게 연락을 하여 사고 현장을 알려주며 자기 차를 견인하여 정비업체에 맡겨줄 것을 부탁합니다.

맹구가 현장을 이탈한 얼마 후 지나가는 사람이 사고 차량을 보고 경찰에 신고합니다. 경찰이 현장에 도착해서 조치하는 동안 맹구뿐만 아니라 그 어떤 사람도 나타나지 않았습니다. 사고 현장을 수습하고 맹구 차를 견인해가도록 조치한 경찰이 차량번호를 확인하여 맹구에게 연락을 하니 전화를 받지 않습니다.

며칠 후 맹구가 자진해서 경찰에 출석을 합니다. 맹구는 사람을 친 것도 아니고 음주운전으로 걸린 것도 아니며 단순히 물적 피해만 야기했기 때문에 별일 아니라고 생각했습니다.

맹구는 어떤 처벌을 받게 될까요?

③

도로에서 교통사고를 일으킨 경우에는 사고 후 그 즉시 정차하여 필요한 적절한 조치를 취해야 합니다. 경찰에 사고가 일어난 곳, 손괴한 물건, 그 밖의 조치사항 등을 지체 없이 신고하여야 합니다.

자동차는 그 자체가 사고 위험성을 내재하고 있는 반면 차안에 있는 운전자가 누구인지 구체적으로 확인하기 어렵고, 속도를 내어 쉽게 사라져버릴 수 있는 특성이 있어 사고 후 조치라는 특별한 구호조치의 의무를 부과하고 있죠. 도로는 차나 사람이 다니는 곳으로 교통상의 안전이 확보되어야 하기 때문입니다. 그래야 2차 사고도 방지할 수 있지요. 그러면 맹구는 위와 같은 교통사고로 인해 교통상의 위험과 장래를 초래하였을까요?

첫 번째 사례는, 피해 차량이 경미한 물적 피해만을 입었고 사고 차량에서 비산물이 발생하지 않았으므로 교통상의 위험과 장애를 초래하지 않았다고 볼 수도 있을 겁니다. 하지만 그건 피상적인 판단입니다. 교통사고 직후 피해 차량의 추격이 있었거나 추격의 가능성이 있었던 점을 간과하면 안 됩니다.

위 사례에서 실제로 피해자는 가해차량을 얼마간 추격하다가 중간에 정지신호에 걸렸는지 추격을 포기했던 것입니다. 추격하는 과정에서 새로운 교통상의 위험과 장애가 초래될 수 있음은 능히 예견될 수 있죠. 추격 가능성만 있어도 마찬가지입니다. 본범은 구체적 침해범이 아니라 위험범이기 때문입니다.

결국 맹구의 행위는 도로교통법위반(사고 후 미조치)에 해당한다고 판단됩니다.

두 번째 사례는, 교통사고로 인한 파편 등 비산물이 도로에 방치된 상태에서 이에 대한 조치를 하지 않고 현장을 이탈한 경우로서 더 말할 나위도 없이 교통상의 위험과 장래를 초래한 경우이죠. 교통사고 직후 본인이 교통 질서의 회복을 위해 필요한 조치를 취했어야 하는 겁니다. 그러나 경찰이 현장에 출동하여 조치하기 전까지 맹구뿐만 아니라 그 지인도 그런 조치를 취하지 않았습니다.

한편 교통사고로 인적 피해를 발생시켜놓고 임의로 현장을 이탈했다면 치상 후 도주흔히 '뺑소니' 라고 함 혐의가 적용될 수 있습니다. 일반인은 물피 사고 후 도주도 뺑소니라고 부르기도 합니다만, 뺑소니는 인적 피해를 입히고 도주하였을 경우를 지칭하는 게 일반적입니다. 물피 후 도주는 뺑소니라고 칭하지 않고 사고 후 미조치라고 부릅니다.

치상 후 도주는 그 처벌이 무척 셉니다. 그리고 운전면허 취소뿐만 아니라 면허를 다시 취득할 수 없는 기간인 결격기간도 장기입니다. 교통사고 발생시 경위야 어떻든 간에 인적피해 사고가 발생하거나 그 가능성을 인지하였으면 현장에서 이탈할 생각은 아예 하지 않는 게 좋습니다. 음주운전, 무면허운전을 하거나 무보험 차량을 운전하는 사람이 뺑소니를 한 경우가 빈번하니, 뺑소니 동기를 사전에 차단하는 게 상책이죠.

요즘은 차량 블랙박스뿐만 아니라 곳곳에 CCTV가 설치되어 있어 교통사고 관련 범행은 숨길 수가 없습니다.

〈특정범죄가중처벌등에관한법률〉

제5조의3(도주차량 운전자의 가중처벌)

① 「도로교통법」 제2조에 규정된 자동차·원동기장치자전거의 교통으로 인하여 「형법」 제268조의 죄를 범한 해당 차량의 운전자가 피해자를 구호救護하는 등 「도로교통법」 제54조제1항에 따른 조치를 하지 아니하고 도주한 경우에는 다음 각 호의 구분에 따라 가중처벌한다.

1. 피해자를 사망에 이르게 하고 도주하거나, 도주 후에 피해자가 사망한 경우에는 무기 또는 5년 이상의 징역에 처한다.

2. 피해자를 상해에 이르게 한 경우에는 1년 이상의 유기징역 또는 500만 원 이상 3천만 원 이하의 벌금에 처한다

3장

도로교통법 위반음주운전 및 도로교통법 위반무면 허운전사범

01 음주운전으로 적발되는 사례

누구도 예외일 수 없습니다

①

먼저, 음주운전으로 적발되는 사례를 소개합니다.

실무에서 가끔 보게 되는 경우입니다. 방심하면 여러분 일이 될 수 있습니다.

맹구는 퇴근 후 직장 동료와 함께 술을 마십니다. 이제는 헤어져야 할 시간, 당연히 대리운전을 불러 귀가하게 됩니다. 그런데 도중에 요금 문제로 시비가 생겨 대리기사와 옥신각신하게 됩니다. 동네 어귀에서 화가 난 대리기사가 갑자기 차에서 내려서 가버립니다. 맹구는 황당합니다. 그리고 고민되죠. 차를 그대로 놔두고 집까지 걸어갈 것이냐, 집 앞으로 차를 조금 이동시킬 것이냐로 말입니다. 그런데 차를 세워둔 곳이 하필이면 통행이 빈번한 도롯가입니다. 그곳에 어정쩡하게 세워두면 다른 차 통행에 지장을 초래할 수 있고, 주차 단속에 걸릴 수도 있습니다.

그래서 고민 끝에 운전대를 잡습니다. 30미터 가량만 진행하면 주차하기 좋은 데가 있습니다. 맹구는 '집 앞인데 설마' 하고 운전을 시작하죠. 그 순간을 기다렸다는 듯 대리기사는 뒤에서 그 장면을 휴대폰으로 촬영합니다. 그리고 곧바로 신고하죠. 경찰이 현장에 도착하고 맹구는 꼼짝없이 음주운전으로 적발됩니다. 맹구는 경찰에게 경위를 설명하고 하소연합니다. 맹구는 억울할 법도 하죠. 하지만 어쩔 도리가 없습니다. 결국은 운전대를 잡은 맹구의 실수이고 오판이죠. 취중에 대리기사와 시비하다 간혹 곤욕을 치르게 되는 일이 발생하곤 합니다. 주의하십시오.

②

맹구는 시골에 있는 산장에서 초등학교 동창들과 모임을 합니다. 학창 시절의 재미나는 이야기를 하며 술을 마십니다. 그날따라 술맛이 좋습니다. 시간 가는 줄 모르죠. 그런데 갑자기 휴대폰 벨소리가 울립니다. 맹구 와이프입니다. 맹구 와이프는 한 성깔 있는 여자입니다. 아니나 다를까 "지금 몇 시인데 오늘도 술 처먹고 늦느냐, 빨리 들어와!"라며 바가지를 긁습니다.

맹구는 한숨이 나오죠. 갑자기 흥이 깨지면서 더 술 마실 기분도 아닙니다. 맹구는 친구들에게 "미안한데 먼저 일어서야겠다"고 말하고 나옵니다. 대리기사를 부르려고 하는데 그곳이 도심에서 떨어진 외진 곳이라 잘 오지 않습니다.

'와이프는 도끼눈을 하고 기다리고 있을 텐데…….'

맹구는 조바심이 나면서 걱정이 앞섭니다. 한시라도 지체할 수 없는 상황이죠. 할 수 없이 직접 운전하고 가야될 거 같네요. 차가운 물로 세수를 한 후 조심조심 운전해서 겨우 집 앞에 왔습니다. 다행히 음주단속에 걸리지 않았습니다.

집에 들어왔더니 와이프가 과연 도끼눈을 하며 째려봅니다. 그리고 앙칼진 목소리로 퍼붓습니다. 단단히 화가 난 모양입니다. 이런 경우 맹구는 찍소리하지 말고 일단 얌전히 자야 됩니다. 화가 잔뜩 난 사람과 대거리를 해봐야 좋을 거 없습니다. 사실 맹구도 잘한 것 없으니까요. 그런데 와이프가 계속 도발을 해옵니다. 이에 한 성질 있는 맹구도 역공을 취합니다.

큰소리가 오고가며 부부 싸움이 제법 커집니다. 그러다 흥분한 맹구가 와이프에게 손찌검을 하고 맙니다.

와이프는 "오냐, 그래" 하며 즉각 경찰에 신고를 해버리죠.

경찰이 현장에 와서 그녀에게 신고 취지에 대해 묻습니다. 와이프가 그 경위에 대해 자초지종 설명을 합니다. 그러다보니 자연스럽게 맹구가 늦게 귀가하면서 음주운전을 한 사실까지 드러나고

만 거죠. 맹구는 손사래를 쳤지만 음주 측정에 응할 수밖에 없었습니다. 전혀 엉뚱한 곳에서 음주운전이 들통나고 만 것입니다.

③

맹구는 운전을 잘 합니다. 자기는 술 마시고 운전을 하면 더 능숙하게 잘한다고 허풍을 떨곤 합니다. 문제가 있는 사람이죠. 그날도 맹구는 점심 식사를 하면서 반주로 소주를 몇 잔 마십니다. 마시고 한숨 잤더니 술이 깨고 말짱한 거 같아 거래처로 운전을 해서 갑니다.

여기서 유념해야 될 사항이 있습니다. 보통 사람들은 술 몇 잔 안 마셨고 좀 쉬었으니 설사 단속에 걸려 불어도 수치가 나오지 않을 거라고 생각하곤 합니다. 그런데 그건 착각입니다. 실제 사건을 보면 대부분 단속수치 이상 나옵니다.

특히 최근에는 단속수치가 기존 0.050%에서 0.030%로 하향 강화되었거든요. 운전에 자신 있는 맹구도 어쨌든 술을 먹었으니 조심해야겠다며 신경을 곤두세웁니다. 행여나 경찰 단속에 걸릴까 봐 안전띠도 매고 과속도 하지 않고 신호위반도 하지 않았습니다. 사거리 교차로에 이르렀습니다. 마침 정지신호라 신호대기를 하였죠. 그러다 직진신호가 떨어져 출발하는데 반대 차로에서 좌회전하는 어떤 차가 맹구 차를 들이받은 일이 생깁니다.

　그런데 사고 당사자는 신고도 하지 않았는데 어떻게 알고 경찰이 현장에 옵니다. 물론 맹구는 정상 신호에 진행하였기 때문에 맹구 잘못은 아니죠. 상대방이 신호위반 중과실 책임이 있고 맹구는 피해자인 셈입니다. 그런데 어쩌나요. 재수 없으려니 사고를 당해놓고도 할 말이 없게 생겼습니다. 음주운전 사실이 발각되고만 거죠. 더군다나 갑자기 상대방이 맹구가 음주운전한 사실을 알고 공세를 취합니다. 뒷목을 잡으며 자기가 다쳤다고 주장하죠. 치상 사고가 발생하였을 시 음주운전은 그 자체로 중과실이기 때문에 갑과 을이 바뀌는 것입니다. 음주운전을 더욱 해서는 안 되는 이유이죠. 언제 어디서 어떻게 발각될지 모르는 게 음주운전 범행입니다. 완전범죄는 없는 것이죠.

02 호흡 측정과 혈액 검사 중 어느 게 유리한가요?

밑져야 본전이 아닙니다

①

맹구는 평소 자기 관리가 투철한 사람입니다. 그런데 그가 음주운전으로 적발되었다고 합니다. 그리고 음주측정 수치에 이의를 제기하여 혈액 검사까지 요구했다고 합니다. 그런데 그 결과는 맹구를 더욱 당혹스럽게 만들었나 봅니다.

사연인즉슨, 맹구는 어느 날 직원들과 간만에 저녁 회식을 했답니다. 자연스럽게 술도 마시게 되었는데, 처음에는 밤 9시를 넘기지 말자고 약속을 했답니다. 다음 날 아침 숙취 운전이 염려돼서이지요.

그런데 술자리가 으레 그렇듯 분위기에 젖다 보면 길어지곤 하지요. 9시가 다 되어가니 맹구는 조금 염려가 되었습니다. 하지만 칼같이 자기만 9시에 일어나서 갈 수도 없는 처지라 계속 어울려 마셨습니다. 그래서 밤 11시까지 이어졌고 그때쯤 털고 일어나 귀가를 했다고 합니다. 맹구는 그날 통틀어 소주 1병과 맥주 1병 정도를 마셨다고 하였습니다. 과음은 아니고 주량 정도만 마신 모양입니다. 대리기사를 불러 안전하게 귀가한 후 잠을 잤고, 평소대로 아침 7시에 일어나 씻고 출근을 위해 운전을 시작했답니다.

그런데 뜻밖에도 사거리에서 음주단속을 하고 있었다네요. 맹구는 순간 꺼림칙했지만 '뭐 괜찮겠지?' 생각하고 음주측정기에 입을 대고 불었습니다.

그런데 이게 뭡니까? 혈중알코올농도 수치가 0.042%가 나왔습니다. 자신은 과음한 상태가 아니고 잠도 충분히 잤기 때문에 술이 다 깬 줄 알았다고 했습니다. 취기도 거의 남아 있지 않았다고 하고요. 그래서 '설마 수치가 나오랴' 생각했고, 더군다나 단속기준 소위 '윤창호법' 시행으로 음주운전 단속기준이 0.030%로 강화되었음보다 높게 나올 줄은 정말 꿈에도 생각하지 못했다고 했습니다.

망연자실한 맹구는 '이건 좀 아니다' 싶어 경찰에 혈액 검사를 요구했답니다. 밑져야 본전이라는 생각에서이지요. 얼마 후 경찰로부터 그 결과가 나왔다며 연락이 왔습니다.

경찰이 조사를 진행하면서 혈액 검사 결과라며 혈액감정 회보서를 보여줬는데, 수치가 0.051%로 기재되어 있었다고 합니다. 맹구는 한숨을 푹 내쉬며 얼굴이 창백해졌지요. 혈액 채취에 의한 감정까지 했으니 더 이상 다툴 방법이 없습니다.

이제는 결과를 겸허히 받아들여야 하죠. 맹구는 경찰에게 마지막으로 이렇게 물어봤다고 합니다.

"호흡 측정과 혈액 검사 수치 중 저에게 유리한 것을 적용해주는 거죠?"

하지만 경찰은 고개를 내저으며, "그건 안됩니다. 혈액 검사가 더 정확하기 때문에 혈액 검사 수치를 우선적으로 적용합니다. 규정이 그렇게 되어 있어요."라고 단호하게 말했답니다.

맹구는 눈앞이 더 캄캄해졌음은 더 말할 나위가 없지요. 괜히 혈액검사를 요구해서 벌금도 더 많이 나오게 되었습니다.

②

통계적으로 보면, 호흡 측정 검사보다 혈액 채취에 의한 검사 수치가 더 높게 나오는 경향이 있습니다. 물론 사람마다 다를 수는 있지만 보편적으로 그렇습니다. 그리고 혈액 검사에 의한 측정치가 호흡측정기에 의한 측정치보다 측정 당시의 혈중 알코올 농도에 더 근접하기 때문에 둘 중 유리한 수치를 적용하는 게 아니라 혈액 검사 수치를 우선 적용합니다.

밑져야 본전이 아닙니다. 그냥 호흡측정기로 측정해서 나온 수치를 인정하는 게 나아 보입니다. 숙취운전 또한 아주 조심해야 할 일이고요. 회식 등 저녁에 술을 마실 일이 있으면 차를 아예 직장에 놔두고 가거나 아니면 다음 날 대중교통을 이용해서 출근을 해야 합니다. 최소한 다음 날 오전까지는 운전대를 잡지 말기 바랍니다. 설마가 사람 잡습니다.

03 음주운전의 불이익

생각했던 거 이상입니다

①

음주운전 불이익은 실로 엄청납니다. 음주운전 한번 걸리면 패가망신이 이루 말할 수 없습니다. 맹구처럼 말이죠.

공무원인 맹구는 평소 성실하고 매사에 정확한 사람입니다. 그런데 어쩌다가 음주운전을 하다 걸렸다고 합니다. 혈중 알코올 농도 수치가 0.082%가 나왔다고 하네요. 공무원인 그는 어떠한 불이익을 받게 될까요?

첫째, 형사 처벌입니다.

맹구는 아무런 전과가 없습니다. 음주운전도 초범입니다. 그렇지만 초범이라도 수치가 0.080% 이상이고 0.2% 미만이면 법정형이 500만 원 이상 1,000만 원 이하의 벌금입니다. 물론 징역형도 있지요. 법정형 자체가 상당히 센 것을 알 수 있습니다.

만약 맹구가 10년 전쯤에 음주운전으로 한번 걸린 적이 있다고 칩시다. 그러면 법정형이 더 세서 벌금형으로 선고받는다고 해도 1,000만 원 이상 2,000만 원 이하입니다.

2006년 6월 이후 음주운전 전력이 있는 사람은 2회 이상 음주운전자로 가중처벌을 하게 되어 있습니다.

2019년 6월 25일부터 시행된 소위 '윤창호법'은 음주운전 처벌을 한층 더 강화했습니다. 징역형이 선고될 수도 있고 벌금형이 선고된다 해도 그 벌금 액수가 엄청납니다. 가뜩이나 형편이 어려운 사람은 그 벌금 때문에 모진 고초를 겪게 됩니다. 가정불화도 생길지 모르고요. 실제 사건을 보면, 참으로 사정이 딱한 사람들 허다합니다. 구구절절 애절한 반성문을 써서 제출하고 사정을 좀 봐달라고 하소연을 하곤 하죠. 그러나 법은 냉정합니다. 그렇다고 벌금이 깎이는 것은 아니니까요.

둘째, 운전면허 처분입니다.

수치가 0.080% 이상이면 초범이라 할지라도 운전면허가 취소됩니다. 개정된 위 '윤창호법'에 의하면, 운전면허 취소 기준이 기존 0.1%에서 0.08%로 변경되었습니다.

또한, 0.08% 미만의 면허정지 수치라도 삼진 아웃이 아니라 2회

위반으로 바로 운전면허가 취소됩니다. 맹구야 공무원이고 운전을 업으로 삼는 사람이 아니기 때문에 일상생활의 불편은 있어도 당장 생계 위협은 없을 겁니다. 하지만 직업상 운전이 필수인 사람은 형사 처벌보다도 운전면허 처분이 더 치명적이고 심각합니다.그런 사람에게는 운전면허 처분이 실직이나 해고와 다름없습니다. 어떻게 돈을 마련해서 벌금은 낼 터이니 제발 면허취소만은 당하지 않게 해달라고 간청하는 사람들 정말 많습니다.

그러나 이미 엎질러진 물입니다. 도리가 없습니다. 운전을 직업으로 삼는 사람들은 특히 명심해야 할 것입니다. 정말 심각한 타격을 받습니다. 무면허운전을 하다 걸리면 더욱 더 타격을 받겠죠.

셋째, 맹구는 공무원이기 때문에 내부적으로 공무원법상의 징계를 받습니다.

최근 지침 개정으로 음주운전 징계가 더욱 세졌습니다. 음주운전 1회라도 수치가 0.080% 이상이면 정직이나 강등 처분을 받습니다. 중징계입니다. 수치가 0.2% 이상이면 공무원 신분이 박탈될 수도 있고요. 또한 성과평정 등 각종 인사상 불이익 조치가 뒤따릅니다. 기존 근무지에서 쫓거나 원거리 지역으로 귀양(?)도 가야 합니다. 귀양 가면 2년까지는 돌아오기 힘듭니다. 사실 공무원에게는 형사 처벌보다도 징계의 불이익이 더 큽니다.

넷째, 스트레스입니다.

정신적인 고통이 이루 말할 수 없습니다. 주위의 시선도 그렇고 고개를 들 수가 없습니다. 불면증도 생깁니다. 건강을 심히 해치죠.

②

음주운전 위험성은 매우 커서 처벌 수위를 높여 경각심을 심어 줄 필요가 있습니다. 법을 위반하고 잘못을 저질렀다면 경중에 따라 당연히 그에 상응하는 책임을 져야 하는 것은 당연합니다. 그렇지만 실무를 하면서 느낀 점은, 음주운전이 야기할 수 있는 위험성을 감안하더라도 그 형벌과 불이익이 지나친 감이 있지 않나 하는 생각을 할 때가 종종 있습니다. 음주운전으로 적발되는 사람을 보면 경제적 약자나 운전을 업으로 하는 사람이 상대적으로 많은 것도 사실이거든요.

어떻든 단 한 번, 한순간의 오판으로 인해 당신의 인생이 송두리째 바뀔 수 있습니다.

〈도로교통법〉

제148조의2(벌칙)

① 제44조제1항 또는 제2항을 2회 이상 위반한 사람은 2년 이상 5년 이하의 징역이나 1천만 원 이상 2천만 원 이하의 벌금에 처한다.

② 술에 취한 상태에 있다고 인정할 만한 상당한 이유가 있는 사람으로서 제44조제2항에 따른 경찰공무원의 측정에 응하지 아니하는 사람은 1년 이상 5년 이하의 징역이나 500만 원 이상 2천만 원 이하의 벌금에 처한다.

③ 제44조제1항을 위반하여 술에 취한 상태에서 자동차등 또는 노면전차를 운전한 사람은 다음 각 호의 구분에 따라 처벌한다.

1. 혈중알코올농도가 0.2퍼센트 이상인 사람은 2년 이상 5년 이하의 징역이나 1천만원 이상 2천만 원 이하의 벌금

2. 혈중알코올농도가 0.08퍼센트 이상 0.2퍼센트 미만인 사람은 1년 이상 2년 이하의 징역이나 500만 원 이상 1천만 원 이하의 벌금

3. 혈중알코올농도가 0.03퍼센트 이상 0.08퍼센트 미만인 사람은 1년 이하의 징역이나 500만 원 이하의 벌금

04 숙취운전을 해서는 안 되는 이유와 적발 사례

졸음운전으로 우연히 적발이 되곤 합니다

①

생각지도 못했던 의외의 상황에서 음주운전 적발이 될 수 있습니다. 이번에는 경찰의 일제 단속이나 불심 검문이 아님에도 우연히 적발되는 사례를 소개해볼까 합니다.

맹구는 퇴근 후 술을 한잔하게 됩니다. 회사 일도 그렇지만 최근에 가정불화가 있어 심란합니다. 집으로 향하는 발길을 되돌려 주점에 들릅니다. 술 한잔하며 마음을 달래기 위해서죠. 술은 맞상대가 있어 떠들고 마셔야 흥이 나고 덜 취하는 법이죠. 하지만 맹구는 딱히 부를 사람도 없어 홀로 외롭게 마십니다. 홀짝홀짝 들이키다 보니 알딸딸하고 제법 술이 되었습니다. 시간도 어느덧 자정이 다 되어 갑니다. 가게 주인은 영업 마감시간이라며 이제 그만 가줬으면 좋겠다고 말합니다.

맹구는 할 수 없이 밖으로 나오죠. 걸어가는 맹구의 걸음걸이가 비틀비틀 상당히 불안해 보입니다. 그런데 발길이 향하는 곳이 차를 주차해둔 곳입니다. 헉! 운전대를 잡으면 안 되는데……. 맹구는 차에 오르더니 운전석 의자를 뒤로 젖혀 눕습니다.

아하! 차에서 술 좀 깨고 택시로 가려나 보죠. 맹구는 금방 잠이 들었고 깨어보니 동이 틀 무렵이 되었습니다. 얼마간 자고 났더니 술이 좀 깬 거 같습니다. 밖으로 나와 바람도 쐬고 가볍게 몸도 풉니다. 이때 맹구는 큰 착각을 하게 됩니다. 새벽 시간대라 음주 단속도 하지 않을 테고 술도 어느 정도 깼으니 괜찮을 거라고 생각한 겁니다. 그러더니 운전대를 잡고야 맙니다.

맹구의 그날의 행적을 보건대, 격무에 시달리고 마음도 안 좋은 상태에서 술을 연거푸 마셔댔으니 취기가 꽤 오른데다 매우 피곤한 상태임을 미뤄 짐작할 수 있습니다.

맹구는 급기야 시동을 걸고 운전을 시작하는데 연거푸 하품을 해댑니다. 맹구는 시내 간선도로로 진입합니다. 이마트 ○○점 사거리 교차로에 이르렀는데, 마침 적색신호가 들어와 차를 멈춥니다. 신호가 바뀌기를 기다리며 대기합니다.

그런데 멍하니 앞을 바라보던 맹구의 고개가 어느 순간 아래로 처집니다. 이윽고 신호가 바뀌었는데도 출발하지를 않네요. 뒤에서 다른 차량들이 빵빵거리며 재촉합니다. 곯아떨어진 맹구의 귀에 그 소리가 들릴 리 만무합니다. 그런 상황을 보고 누군가가 경찰에 신고를 하죠. 경찰이 도착해서 차창을 세게 두드리니 그제야 맹구는 졸린 눈을 부비며 멀뚱멀뚱 쳐다봅니다. 당연히 음주 측정이 이루어졌죠.

②

실제 음주운전으로 입건되는 사건을 보면 그렇게 해서 적발되는 사례가 적지 않습니다. 아침 출근길 숙취운전을 하다 맹구처럼 신호대기 중 졸다가 경찰이 와서 문을 두드리는 소리를 듣고 화들짝 놀라 깨는 사람이 종종 있습니다.

맹구는 음주운전이 들통났지만 차라리 다행인 줄 알아야 합니다. 술에 취해 혼미한 상태에서 교통사고가 나면 엄청난 사상의 결과가 발생할 수도 있으니까요. 눈을 아무리 부릅뜨고 살을 꼬집어도 밀려드는 잠을 이길 수는 없습니다. 졸음운전 또한 경계해야 할 대상입니다.

05 사실상 모든 운행 수단이 음주운전 제재 대상

음주 후에는 굴러가는 모든 것을 운전해서는 안 됩니다

①

다음 중 음주운전을 해도 형사 처벌이나 범칙금 등 제재를 받지 않는 기기는 무엇일까요?

1)전동킥보드, 2)자전거, 3)ATV, 4)전동장치 휠체어

우선 위 탑승용 기기에 대해 잠깐 설명을 하자면, 전동킥보드는 전기를 동력의 원동기를 단 차로서, 모터 엔진을 부착한 '씽씽카'라고 보면 됩니다.

흔히 대리 기사들이 이동 수단으로 사용하거나 젊은이들이 재미삼아 타고다니기도 합니다. ATV는 속칭 '사발이'라고 불리는 것으로, 시골이나 도시 주택가에서 거동이 불편하거나 고령의 노약자들이 이동 수단으로 타고 다니는 것을 볼 수 있습니다. 바퀴가 넷 달린 오토바이로 인식되기도 하는데 일반인도 레저 활동으로 산악 등지에서 타기도 하죠. 전동장치 휠체어는 환자들이 타는

휠체어에 전동장치를 부착한 것입니다.

②

정답은 전동장치 휠체어입니다.

도로교통법에 "술에 취한 상태에서 자동차등을 운전한 사람은 처벌한다."라고 규정되어 있습니다.

자동차등이란 자동차와 원동기장치자전거를 지칭합니다. 원동기장치자전거는 이륜자동차 가운데 배기량 125cc 이하의 이륜자동차와 배기량 50시시 미만전기를 동력으로 하는 경우에는 정격출력 0.59킬로와트 미만의 원동기를 단 차를 말합니다. 일반적으로 오토바이라고 하죠.

전동킥보드뿐만 아니라 전동스쿠터, 전동휠 등은 오토바이와 똑같이 원동기장치자전거에 포함됩니다. 말 그대로 원동기장치전기모터를 탑재한 자전거라고 보면 됩니다. 그래서 일반 자전거도 모터 엔진을 달면 자전거가 아니라 원동기장치자전거에 속합니다.

자전거는 차이긴 하지만 자동차도 아니고 원동기장치자전거도 아닙니다. 그래서 형사 처벌은 받지 않습니다.

그러나 2018년 관련 법 개정으로 벌금은 아니지만 범칙금 부과 대상이 되었습니다. 범칙금은 경미한 교통법규를 위반하였을 경우에 부과하는 통고 처분으로 일종의 행정벌입니다. 형벌은 아니지만 제재나 벌의 일종입니다. ATV도 전기를 동력으로 하는 원동기를 부착한 운행 수단으로 역시 자동차등에 속합니다. ATV를 운전하기 위해서는 원동기장치자전거 면허도 필요합니다. 면허를 취득하지 않고 운전하면 무면허운전으로 처벌받습니다.

마지막으로 전동장치 휠체어는 신체장애인용 의료기기로서, 도로교통법상의 자동차나 차가 아닙니다. 용구의 본질적인 기능과 구조로 볼 때 운송 목적이 아니라 의료용 목적으로 제작되었기 때문입니다. 다시 말하면 전동장치 휠체어는 차가 아니라 보행자로 보면 됩니다. 사람이 술을 마시고 걸어가는 것을 처벌할 수는 없겠죠.

어쨌든 술을 마신 후에는 굴러가는 모든 운행수단을 운전해서는 아니 됩니다. 음주운전 적발이 문제가 아니라 사고의 위험성이 아주 높으니까요.

06 주차장에서의 음주운전

도로 여부와 형사 처벌 및 운전면허 처분 관계

①

법조계에 근무하다 보니 여러 질문이 들어오곤 합니다. 이번에는 도로가 아닌 주차장에서 음주운전을 한 경우에 형사 처벌과 운전면허 처분이 어떻게 되는지입니다.

지인은 배달업에 종사하는 사람입니다. 그날 지인은 직장 동료 상갓집에 가야 해서 차를 놔두고 가야겠다고 생각했습니다. 술을 할 수도 있기 때문이죠. 그래서 차를 놔둔 곳이 거래처 주차장입니다. 그곳에서 일행들을 만나 같이 문상을 갔습니다. 분위기상 술 몇 잔 했습니다. 갈 때는 동료 차를 얻어타고 갔고, 올 때도 위 거래처 주차장까지는 태워다 줬습니다. 지인은 내일 출근 때문에 차를 집까지 가져가야 해서 대리운전업체에 전화를 했습니다.

그런데 그 주차장은 하필 골목길 외진 곳에 있고 그 부근에 누구라도 알 수 있는 건물이 없어서 찾기가 힘든 곳이었나 봅니다.

대리기사도 '찾기 어려우니 큰 도로로 좀 나와줄 수 없냐'고 하였습니다. 그래서 지인은 대리기사의 요청대로 큰 도로로 차를 이동하기 위해 차에 올라 운전대를 잡았습니다.

그런데 그 주차장 내 코너를 도는 순간 그만 다른 차와 접촉사고를 내고 말았습니다. 사고 현장을 목격한 사람의 신고를 받고 경찰이 즉시 현장에 도착했습니다. 지인은 경찰에게 운전으로 벌어먹고 사는 사람인데 한번 봐줄 수 없겠느냐고 통사정을 하였지만 어림없는 하소연이죠.

결국 지인은 호흡 측정에 응할 수밖에 없었는데, 측정 결과 수치가 0.082%가 나왔습니다. 운전면허 취소 수준입니다. 벌금도 초범이라도 법정형이 500만 원 이상 1,000만 원 이하입니다.

지인은 난리가 났습니다. 벌금도 벌금이지만 운전면허가 취소되면 생계에 커다란 타격을 받을 일이 벌어지고 만 것입니다. 후회해도 이미 늦었습니다. 음주운전은 사정이 아무리 딱해도 벌금이 거의 깎이지 않는 범죄입니다. 운전이 생계의 유일한 수단인 경우에도 형벌은 가혹하기만 합니다. 음주운전 형사 처벌은 그 장소가 도로인지 여부와 무관합니다. 그런데 운전면허 처분은 사정이 좀 다릅니다.

②

주차장 구조 및 객관적인 출입통제 유무가 관건입니다. 그런데 그 주차장은 출입차단기가 설치되어 있고 주차장을 관리하는 사람이 있는 곳이었습니다.

차단기가 설치되어 있고 관리인이 통제를 하는 주차장이나 아파트 거주자나 방문객에게만 출입이 허락된 아파트단지 내 통로 등은 일반인의 통행이 제한되기 때문에 도로교통법상의 '도로'가 아닙니다. 현실적으로 불특정 다수의 사람 또는 차가 통행할 수 있는 공개된 장소가 도로인 것이죠.

그러나 같은 주차장이라고 하더라도 통제장치가 없어 누구나 자유롭게 통행할 수 있는 곳이라면 도로로 취급합니다. 지인이 운전한 장소는 위와 같이 도로가 아닌 게 확인이 되었습니다. 도로 외의 곳에서 운전한 경우에도 형사 처벌을 하지만 행정 처분인 운전면허 처분은 도로에서 운전하는 경우에만 적용됩니다.

형사 처벌과 행정 처분은 별개이거든요. 형사 처벌과 행정 처분은 담당 기관이 다르고 그 이의제기 절차가 다릅니다. 형벌은 경찰 등이 수사하여 검찰이 기소하고 형사법원이 판결하지만, 운전면허 취소 처분은 그 처분청이 주소지 관할 지방경찰청입니다. 그러므로 그 지방경찰청장을 상대로 이의 신청을 하거나 행정심판을 구해야 할 것입니다. 최종적으로는 행정소송을 제기해야 할 것이고요.

지인은 불행 중 다행으로 그곳이 도로가 아닌 관계로 운전면허 취소 처분은 당하지 않게 되었습니다. 하지만 벌금을 마련하느라 큰 곤혹을 치러야만 했습니다. 다시 강조하거니와 음주운전의 불이익은 상상 그 이상입니다.

07 인정사정 봐주지 않는 음주운전

정말 어쩔 수 없었다 하였더라도 그 결과는 변하지 않습니다

①

음주운전은 어처구니없게 적발되는 경우가 허다합니다. 우리 인간은 평소에는 상당히 이성적입니다. 하지만 술이라는 물질이 체내로 들어가는 순간부터는 달라집니다. 이성이라는 단단한 벽이 시나브로 허물어지다 결국 돌이킬 수 없는 큰 실수를 저지르고 마는 경우를 실무에서 많이 봤습니다. 법은 아주 냉정합니다. 피도 눈물도 없습니다. '법대로 한다' 고 하면 공정하고 합리적이기는 한데 아주 비정하기 이를 데 없죠.

특히 음주운전이 그렇습니다. 혈중 알코올 농도 수치를 세분화하여 양형 기준이 정해지고 획일적으로 적용되기 때문에 벌금 등이 조정될 여지가 거의 없습니다. 검사나 판사라도 재량의 여지가 없는 죄목이 바로 도로교통법위반(음주운전)입니다. 운전면허 처분은 별도로 하더라도 일단 벌금이 엄청 세서 아마도 그 벌금통지서를 받아본 사람은 아연실색했을 겁니다. 경제적 형편, 생계형 운전 이런 거 따지지 않습니다.

②

맹구는 12년 전에 음주운전으로 면허를 정지당하고 벌금을 납부한 적이 있습니다. 그래서 음주운전만큼은 늘 경계하고 조심합니다. 술을 한 모금이라도 마시면 절대로 운전대를 잡지 않습니다. 그런데 철저하게 지켜온 그 철칙이 어느 날 뜻밖의 사건으로 무너집니다.

맹구는 주택들이 밀집해 있는 골목길 어느 주택에 살고 있습니다. 맹구가 그날 저녁 집에서 쉬고 있는데 후배가 한 명 찾아옵니다. 평소 친하게 지내던 후배가 소주와 생선회를 사가지고 왔습니다. 둘은 화기애애하게 이런저런 이야기를 하며 술을 마십니다.

그런데 갑자기 밖에서 빵빵거리는 소리가 들려옵니다. 무슨 일인가 싶어 나가봤더니, 골목길이 협소한 데다 후배 차 때문에 지나갈 수 없으니 차를 조금만 이동해달라고 요구합니다. 후배가 차를 어중간하게 주차해놓았는데 맹구는 술을 마셨기 때문에 운전을 할 수 없습니다. 상대방은 빨리 차를 이동시켜달라고 계속 독촉합니다. 난감해하는 맹구를 향해 소리를 지르며 계속해서 경적을 울려댑니다. 맹구는 집 안으로 들어가 후배에게 차를 좀 빼줘야 되겠다고 말합니다. 그런데 후배는 술에 만취해 일어서려다 풀썩 주저앉습니다. 그러더니 맹구에게 차 열쇠를 건네주면서 대신 좀 해달라고 부탁합니다. 맹구는 아주 난처해집니다. 다들 술을 마신 상태인데 밖에서는 자꾸 재촉을 해대니 참으로 난감한 상황이지요. 할 수 없이 맹구는 후배 차에 올라 시동을 켠 후 약간만 이동 주차합니다. 사실 따지고 보면 별일도 아닙니다. 긴급피난이라면 긴급피난일 수도 있습니다. 음주운전을 하였다고는 하나 교통상의 안전을 해하거나 위험을 초래할 정도도 아닙니다. 맹구 입장에서는 음주운전을 할 하등의 이유도 없습니다.

하지만 결국 사단이 나고 맙니다. 맹구가 차를 빼주고 집으로 들어가려고 하는데, 맹구 눈에 경찰차가 다가오는 게 보입니다. 아뿔싸! 좀 전에 실랑이를 벌인 상대방이 음주운전 신고를 한 겁니다. 경찰이 맹구에게 다가가 출동 경위를 설명하고 신고 사항에 대해 확인합니다. 맹구 상태를 살펴보니 술 냄새가 나는 등 술이 상당히 된 것을 알 수 있죠. 상황을 파악한 경찰은 맹구에게 방금 차를 운전한 게 맞느냐고 물어봅니다. 맹구는 경위를 설명하고 정말 불가피하게 어쩔 수 없이 2~3미터 정도만 차를 이동시켰다고 말합니다. 하지만 음주운전 동기나 이유, 운전 거리는 별로 중요하지가 않습니다. 어찌되었든 음주운전이기 때문이죠. 꼼짝없이 음주운전으로 적발이 되었습니다. 혈중 알코올 농도 수치가 0.096%가 나왔습니다. 운전면허가 취소되는 것은 물론, 2006년 6월 이후 음주운전으로 2회 이상 적발되었기 때문에 가중처벌되어 벌금형을 선고받더라도 무려 1,000만 원 이상 2,000만 원 이하입니다. 맹구는 쫄딱 망했습니다. 그동안의 다짐과 철칙이 한순간의 실수로 와르르 무너지고 말았던 것입니다.

당부합니다. 시내 음식점에서 일행들과 술을 한참 마시고 있는데, 갑자기 옆 가게 주인이 찾아와 영업에 지장이 있다면서 자기 가게 앞에 주차된 차를 다른 곳으로 이동해 달라고 요청하거나 떼를 쓰는 경우가 종종 있습니다. 그런 경우 섣불리 차를 움직여서는 절대로 안 됩니다. 도로는 사유지가 아닙니다. 그런 일로 실랑이를 벌일 필요도 없습니다. 굳이 차량을 움직이려면 그 사람에게 차 열쇠를 건네주세요. 그러고는 "나는 보시다시피 술을 마셔 운전을 못하겠으니 사장님이 운전해서 이동을 시키든지 알아서 하십시오"라고 말하면 됩니다. 아니면 어떤 사람이 음주운전을 강요한다고 경찰을 부르던지요.

어떠한 상황에서도 음주 상태에서는 차에 들어가면 안 됩니다. 음주운전은 패가망신의 지름길이니까요.

08 음주운전을 망각하고 큰소리치는 사람

사고 시 음주운전자는 무조건 '을' 입니다

①

맹순은 식당에서 종업원으로 일하는 여자입니다. 단골손님들이 여종업원에게 술을 건네는 경우가 왕왕 있습니다. 가끔 팁도 주고 하기 때문에 그 술을 마냥 거절할 수 없어 한두 잔씩 마시는 일이 잦아집니다. 그러다보니 퇴근 무렵에는 다소 취기가 올라옵니다. 맹순이는 자가용으로 출퇴근을 합니다.

그날도 맹순은 단골손님과 어울려 몇 잔 마시고 퇴근을 합니다. 집이 가깝고 대리비도 아까운지라 대수롭지 않게 차의 시동을 켭니다. 평소처럼 맹순이 사는 빌라 주차장까지 무사히 왔습니다. 맹순은 주차를 하고 안도의 한숨을 쉰 후 내리려고 하는데, 바로 옆에 있는 승용차 문이 열리면서 맹순이의 차 문짝과 살짝 부딪쳤습니다. 바짝 주차된 차량 사이에서 흔히 일어날 수 있는 일이죠. 소위 '문콕' 사고입니다. 흠집도 별로 없는 경미한 사고입니다. 상대방은 고개를 숙이며 미안해합니다.

사실 그냥 가라고 해도 될 만한 일이죠. 그런데 맹순은 그런 상대방에게 수리비를 요구합니다. 번거로운 보험처리 대신 현금으로 10만 원만 달라고 요구하죠. 사실 수리를 할 필요도 없는데 공돈을 챙기려고 한 것입니다. 상대방은 그럼 내일 아침에 만나 다시 얘기하자고 합니다.

이때 맹순은 당연히 그렇게 해야 합니다. 대수롭지 않은 문콕 사고이고, 또 자기가 지은 죄가 있기 때문입니다. 그런데 그 순간 맹순은 자기 죄를 망각한 모양입니다. 그럴 필요 있느냐며 10만 원으로 퉁치자고 계속 요구합니다. 상대방은 얼굴이 일그러지며 상당히 불쾌해합니다. 그런데 가만, 맹순의 상태를 살펴보니 좀 이상합니다. 말하는 것도 그렇고, 입에서 술 냄새가 나는 거 같습니다.

"혹시 술 마셨나요?"

맹순은 펄쩍 뜁니다. 그리고 그 순간 '아차!' 하죠.

"아니요, 전혀요!"

그때라도 맹순은 자기가 '을'이라는 것을 생각해야 합니다.

그런데도 맹순은 오히려 언성을 높이며 모함하지 말라며 상대방을 나무랍니다. 방귀 뀐 사람이 성내는 식이죠. 상대방은 안 되겠다 싶어 경찰에 신고하고 맙니다. 경찰이 현장에 와서 신고 내용에 대해 묻습니다. 맹순은 자기는 운전한 사실이 없고 지인이 여기까지 대리운전 해줬다며 발뺌합니다. 맹순 생각으로는 목격자가 없고 다른 증거가 없으니 경찰도 달리 어쩌겠느냐 싶었던 것이죠.사실 신고자도 주차된 차에서 맹순이 내리는 것만 봤지 운전한 것을 보지는 못했습니다. 그러나 맹순이 운전석에서 내렸으니 운전을 했으리라고 다분히 추정은 됩니다. 그러나 확실한 것은 아니죠. 경찰은 직접증거를 확보하기 위해 그 부근 CCTV를 찾습니다. 그런데 그 부근에 CCTV가 설치되어 있지 않은 겁니다. 그러면 이번에는 다른 증거를 찾아야죠.

바로 블랙박스 영상을 찾는 겁니다. 맹순의 차에 사실 블랙박스가 설치되어 있습니다. 맹순은 뜨끔했으나 짐짓 모른 척합니다. 경찰의 임의제출 요청도 고장이 났다면서 거부합니다. 경찰 입장에서는 맹순의 음주운전 혐의가 넉넉히 인정이 되면 현행범으로 체포하면서 맹순의 차에 있는 블랙박스 칩을 현장에서 압수할 수 있습니다.

그러나 맹순이 범행을 부인하는 데다 혐의가 아직은 불분명하므로 그럴 수가 없습니다. 위법수사 여지가 있기 때문이죠. 수사기관은 실체적 진실 발견도 중요하지만 그 수사 및 증거물 수집

절차에 대해서도 철저하게 법대로 해야 합니다. 그러지 않으면 나중에 법원에서 증거로 채택해주지 않아 무죄가 선고될 수도 있기 때문입니다.

할 수 없이 그 부근에 있는 다른 차를 일일이 살펴봅니다. 경찰은 마침내 증거를 찾아내고 맙니다. 맹순의 차 뒤쪽에 주차된 차에 블랙박스가 설치되어 있다는 것을 알아내죠. 즉시 그 블랙박스 영상을 차주로부터 임의제출받아 확인 작업에 들어갑니다. 맹순의 차가 그 지점까지 진행해와서 주차한 사실, 그 이후 아무도 그 차에서 내리지 않은 사실, 문콕 사고가 나니 맹순이 운전석에서 내린 사실이 모두 영상자료로 확인이 됩니다. 빼도 박을 수도 없는 확실한 증거가 나온 겁니다.

맹순은 그제야 실토를 합니다. 그리고 즉각 잘못했다고 한 번만 봐달라고 눈물로 호소합니다. 두 손을 싹싹 빌며 사정을 해보죠. 하지만 그렇게 하소연해봐야 아무 소용없다는 것을 맹순이도 잘 알고 있습니다. 수년 전에도 음주운전으로 걸린 적이 있는데 정말 냉정하게 사건 처리하는 것을 봤기 때문이죠.

맹순은 결국 경찰의 음주측정 요구에 응합니다. 혈중 알코올 농도 수치가 0.124%가 나왔습니다. 맹순은 '오늘은 소주 3~4잔만 마셨는데 그렇게 수치가 높게 나올 수 있냐'며 억울해하며 항변합니다. 하지만 거의 매일 술을 마시다시피 하였으니 체내에 알코올이 축적되어 그날은 몇 잔 마시지 않았더라도 그렇게 나올 수 있습니다. 기계는 거짓말하지 않습니다.

②

결국, 맹순은 음주운전으로 입건이 되었는데 음주운전 전과가 있기 때문에 가중처벌을 받아야 합니다. 이번 수치도 매우 높아서 아마도 1,400만 원 이상 나올 겁니다. 맹순은 도저히 벌금 낼 형편이 안 되니 차라리 정식 재판을 받게 해달라고 요청하여 검찰에서 구공판을 하여 현재 재판 진행중입니다.

잘하면 집행유예 나오겠지요. 음주운전 범죄는 법정형 및 선고형이 상당히 세서 2회 이상 음주운전자는 엄청난 벌금을 감당할 수 없는 처지를 고려하여 검찰에서 구공판을 하고, 법원도 벌금형보다는 징역형(집행유예)을 선고하는 실정입니다.

맹순은 스스로 화를 자초한 겁니다. 맹순이처럼 어리석은 짓을 해서는 안 됩니다. 당당하게 따지고 주장하려면 최소한 자기가 지은 죄는 없어야겠지요. 음주운전은 아주 큰 죄입니다.

구약식과 구공판의 차이는 무엇인가요?

범죄가 인정되고 처벌을 할 필요성이 있으면 검사는 법원에 공소제기를 합니다. 기소에는 크게 구약식과 구공판이 있습니다.

구약식은 벌금형에 처하는 것이 상당한 경우에 법원에 약식명령을 청구하는 처분입니다.

비교적 경미한 사건을 기소할 때 정식 재판이 아니라 간소한 약식절차로 진행해달라고 청구하는 것으로 구약식을 하게 되면 법원에서는 벌금형을 선고하게 됩니다. 법원에서 서면 심리에 의한 약식절차로 재판이 진행되는 것으로 약식명령이 청구되면 판사는 수사기록을 검토하여 벌금을 정합니다, 서류재판이라고 볼 수 있지요. 그러나 약식명령을 고지받은 피고인이 7일 이내에 정식 재판 청구를 하게 되면 정식 재판 절차로 재판이 진행됩니다.

반면에 형량이 무겁거나 죄질이 나쁜 범죄 등 보다 중한 사건에 대해서는 정식으로 재판을 청구하게 되는데 이를 구공판이라고 합니다. 법원은 공판을 열어 공판기일을 지정하여 검사, 피고인, 증인 등을 법정에 소환하여 직접 심문을 하고 진술을 듣는 등 공판 절차로 진행됩니다. 즉 변론 재판이라고 볼 수 있습니다.

09 사방에서 주시하는 차와 차주

무면허운전, 모를 거 같죠?

①

이번에는 무면허운전의 적발 용이성과 그 불이익에 대해 말씀드리겠습니다. 이번에도 맹구가 등장합니다. 맹구는 얼마 전에 음주운전으로 자동차운전면허가 취소되었습니다. 그래서 현재는 운전면허가 없는 상태입니다.

맹구는 ○○공단 협력업체에서 일하고 있습니다. 회사가 시내 외곽에 위치하고 있어 출퇴근을 하려면 대중교통 이용이 쉽지 않습니다. 그래서 면허취소 이후에 동료 직원의 차를 얻어타고 다니다가 그것도 한두 번이지 불편해서 자기 차를 그냥 운전하곤 하였습니다. 그 차는 물론 맹구 본인 명의로 된 차입니다.

맹구는 이렇게 생각했습니다.

'음주운전을 하지 않고, 신호 준수, 안전띠 착용 등 교통법규를 잘 준수하고 다니면 검문에 걸릴 일도 없고, 무면허인 줄 경찰이 어떻게 알겠어.' 라고 말이죠.

단속에 걸린 적도 없을 뿐더러 신호를 잘 지키고, 안전띠도 매번 착용하는 등 FM대로 운전하였기 때문에 경찰이 검문할 일이 없었죠. 그래서 며칠 동안 무면허운전이 들통나지 않았습니다. 그런데 어느 날 맹구가 차를 운전하고 가는데, 시내 교차로 부근에서 경찰 순찰차가 멈추라고 하더니 불심검문을 하더랍니다. 맹구는 뜨악해서 "왜 그러십니까? 무슨 일 있나요?"라고 조심히 물었겠죠, 그랬더니 경찰이 "이 차량 차적 조회를 해보니 차주가 운전면허가 취소된 상태입니다."라고 말하더랍니다.

맹구는 "아이구야!"라고 탄식이 절로 나왔습니다. 결국 무면허운전이 탄로나고 말았죠. 무면허운전은 초범이지만 음주 취소로 인한 초범은 양형 기준에 의하면 통상 벌금 200만 원입니다. 무면허운전으로 적발이 되는 바람에 면허취득 결격기간도 1년 더 늘어나게 되었습니다. 무면허운전 적발시부터 다시 기산하여 1년의 결격 기간이 개시됩니다.

②

예전에는 무면허운전 적발이 쉽지 않았습니다. 그래서 사람들은 면허가 정지되거나 취소된 상태임에도 태연히 운전을 하곤 하였습니다. 교통법규 위반이나 경찰의 불심검문에 걸리지 않는 한 경찰이 차만 보고 그 차주 면허 여부를 확인하기 어려웠던 게 사실이었습니다.

그러나 최근에는 기술과 장비 발전으로 모든 차량과 차주에 대해 조회가 가능합니다. 경찰전용 스마트폰 앱을 이용하여 순찰차의 경찰이 무작위로 도로에서 운행중인 차량번호를 해당 앱에 입력하면 차주 신원 파악이 되며 해당 운전자의 현재 면허 상태에 대한 모든 것이 조회가 됩니다.

경찰이 소지하고 있는 PDA 기기에 의한 조회도 마찬가지입니다. 그 차량이 수배차량인지, 도난차량인지 등도 모두 확인이 됩니다. 경찰이 보이지 않는 사방 도처에서 여러분의 차량을 주시하고 있다고 생각하면 됩니다. 언제 어디서 경찰의 불심검문을 받을지 모릅니다. 이 점 유념하기 바랍니다.

그리고 무면허운전으로 인한 불이익에 대해 덧붙이면, 소정의 벌금을 납부하여야 하는 것은 물론, 면허취득 결격 기간이 연장된다고 하였습니다. 치상 후 도주, 즉 뺑소니 경우에는 결격 기간이 4~5년이 됩니다. 뺑소니를 하는 이유 중의 하나가 무면허운전인 경우도 있죠. 무면허운전으로 치상 교통사고를 내면 상대방 과실 여부에 따라 교통사고처리특례법 단서 조항에 의해 중과실 책임을 질 수 있습니다. 그리고 운전면허 정지기간 중 사고가 나서 적발된 경우에는 면허가 취소될 수도 있고요.

한편, 교통사고 발생시 보험 처리도 문제가 됩니다. 해당 보험사의 약관에 따라 다르겠지만 보험사는 일부 면책이 되고, 그 차 운전자는 자기부담금을 내야 보험 처리가 될 수 있습니다. 또는 대인1 보험만 적용받고 대인2 보험은 적용이 되지 않는 경우도 있습니다. 여하튼 '몰래 운전을 해도 괜찮겠지' 생각하면 큰 오산입니다. CCTV 등 사방에 눈이 있습니다.

〈도로교통법〉

제152조(벌칙)

다음 각 호의 어느 하나에 해당하는 사람은 1년 이하의 징역이나 300만 원 이하의 벌금에 처한다.

1. 제43조를 위반하여 제80조에 따른 운전면허를 받지 아니하고 (운전면허의 효력이 정지된 경우를 포함한다)자동차를 운전한 사람

제43조(무면허운전 등의 금지)

누구든지 제80조에 따라 지방경찰청장으로부터 운전면허를 받지 아니하거나 운전면허의 효력이 정지된 경우에는 자동차등을 운전하여서는 아니 된다.

4장

교통사고처리특례법 위반 사범

01 교차로에서 진행 방법 알고 운전해야 하는 이유

경과실이더라도 치상 사고를 내면 형사 입건이 됩니다

그림1

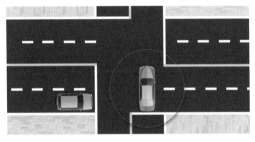

신호등이 없는 교차로에서는 기본적으로 선 진입 차량에 우선순위가 있습니다.

그림2

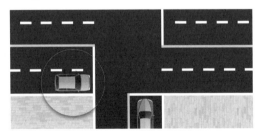

폭이 넓은 도로의 차량에 우선순위가 있습니다.

그림3

도로 폭이 같다면 우측에서 진입하고 있는 차량이 우선권을 가집니다.

①

하루는 맹순이 점심을 먹자고 합니다. 맹순은 나를 보자마자 푸념부터 늘어놓습니다.

"난 사실 여기 올 때도 무척 긴장이 되더라. 요즘 운전대 잡기가 무서워. 그렇다고 운전 안 하고 살 수도 없고, 참내."

"무슨 일이 있었구나?"

맹순은 못마땅하다는 듯이 제게 되묻습니다.

"도대체 무슨 법이 그래?"

맹순은 느닷없는 법 타령을 하며 백지애매한 표정을 짓습니다.

"음, 운전 어쩌구 하는 걸 보니 최근에 교통사고가 있었지?"

"척하면 삼천리구나. 그래, 그런 일이 있었어. 경찰서에도 갔다 왔다. 아휴!"

맹순은 한숨을 내쉬며 살짝 눈을 찡그립니다.

"어여 밥부터 먹자꾸나."

맹순의 사연은 이렇습니다. 맹순은 시내에 볼일이 있어 ○○사거리 교차로를 지나가야 했습니다. 그곳은 신호등이 없는 교차로입니다.

맹순은 진행 방향 좌측에서 차가 오지 않는 걸 확인하고 교차로를 진입하였는데 그 순간 우측 방향에서 오는 차와 부딪치고 말았습니다. 한쪽 방향만 살피다가 다른 방향에서 차가 오는지 제대로 살피지 못했던 것이죠. 보험사에 연락하여 보험 처리하면 될 것을 누가 신고하였는지 경찰이 현장에 왔던 모양입니다.

사고 경위 등 몇 가지 물어보고 진술서를 하나 쓰라고 하여 써주고 왔는데, 나중에 그 교통사고 피의자로 입건이 되었으니 잠깐 다녀가라고 경찰서에서 연락이 왔다는 겁니다. 상대방이 다쳤다고 하면서 상해진단서를 제출하였다고 하네요.

맹순은 그럴 수가 있냐며 상당히 억울해했습니다. 자기 운전부주의도 있지만 상대방도 똑같이 잘못이 있는데 왜 자기가 가해자로 되느냐고 항변하였습니다. 그리고 보험 처리하면 될 일을 경찰서에서 부르고, 또 그런 게 형사사건이 되느냐고 따져 물었습니다. 내가 맹순에게 물었습니다.

"그 교차로를 누가 먼저 진입한 거야?"

"글쎄, 거의 동시에 진입했지 아마."

"차에 혹시 블랙박스 설치되어 있나?"

"있긴 있는데 작동이 되지 않아 꺼놨어."

"교차로에 진입하기 직전 자네가 진행한 도로가 더 넓어? 아니면 상대방 차 도로가 더 넓어?"

"응, 내가 진행한 도로는 좁은 이면도로이고, 상대방 도로는 중앙선도 있고 더 넓더라고."

"아 그래! 동시에 진입하였다고 한다면 자네 과실이 더 큰 게 같네. 그렇다면 형사적으로는 자네가 가해자가 되는 거고."

"경찰도 그렇다고는 했는데, 난 뭐가 뭔지 잘 모르겠어."

"그래도 종합보험에 가입되어 있으면 벌금은 안 나오니 걱정할 거 없어. 피의자로 입건되는 건 어쩔 수 없지만 말야."

②

교통사고 현장이나 그 부근에 설치된 CCTV나 차량 블랙박스 영상을 확인하면 사고 당시 상황을 잘 알 수 있습니다.

예전처럼 목격자에 의존하는 시절과 달리 요즈음은 각종 영상자료가 존재하기 때문에 우겨봐야 아무 소용이 없습니다. 신호위반이나 횡단보도사고 등(교통사고처리특례법상 제3조 단서조항 위반으로 중대한 과실 사고) 중과실이 아닌 안전운전의무위반 경과실 사고는 가해 차량이 종합보험에 가입되어 있거나 피해자와 합의를 하면 처벌받지 않습니다. 즉 혐의 유무를 막론하고 공소권 없는 사안이 되는 거죠.

하지만 반의사 불벌죄인 경과실 사고도 인적 피해가 발생하면 일단 형사 입건은 됩니다. 경찰이 사건을 인지하게 되면 상대적으로 과실이 더 큰 운전자, 이를테면 과실 비율상으로 7:3이라고 하더라도 과실이 7인 사람이 가해자 즉, 피의자로 입건이 되는 것이죠. 민사와 형사가 다른 점이 그런 점입니다. 만약 가해 차량이 책임보험에만 가입되어 있거나 합의가 되지 않으면 교통사고처리특례법에 의해 처벌을 받게 됩니다.

위 사례에서 맹순이 피의자로 입건된 이유는 다음과 같습니다. 누구나 교차로를 진입하게 되었을 경우, 진입하기 전 일단 일시정지하거나 속도를 줄여 서행하여야 합니다. 그리고 내가 진행하고 있는 도로의 폭보다 상대방이 진행하는 도로의 폭이 더 넓은 경우에는 상대방 차가 우선 통행하도록 진로를 양보하여야 합니다. 그럼에도 막연히 교차로에 진입하여 사고가 났을 경우는 맹순의 경우처럼 맹순의 과실이 더 크게 되는 것이죠.

그러면 양쪽 도로의 폭이 똑같은 경우에는 어떻게 되는 것인 가요?

교차로에 동시에 진입하려고 하는 차의 운전자는 진행방향 우측 도로의 차에 진로를 양보하여야 할 의무가 있습니다. 즉 우측 도로에서 진행해오는 차가 우선이죠. 교통법규가 그렇게 되어 있습니다. 물론 교차로를 선진입하여 진행하는 차가 있으면 당연히 그 차에 진로를 양보하여야 하는 것이고요. 또한, 교차로에서 직진하는 차와 진행 방향 우측에서 우회전하는 차의 관계도, 직진하는 차에 진로를 양보하면서 안전하게 우회전해야 합니다.

상대방이 양보해줄 것으로 믿고 막무가내로 차를 들이밀어서는 안 됩니다. 그렇게 하다 사고가 나면 민형사상 책임을 져야 합니다. 갈수록 자동차는 늘어나고 도로는 비좁아 운전하기 힘들고 곳곳에 위험 요소가 도사리고 있습니다.

누누이 강조하지만 차는 위험한 물건이기 때문에 자칫 잘못하면 사소한 실수가 치명적인 결과를 야기할 수 있습니다. 평소 침착하고 온순한 사람도 운전대만 잡으면 성질 급한 사람으로 돌변하여 함부로 운전하며 교통법규를 무시하는 경향이 왕왕 있습니다. 제발 그러지 않았으면 좋겠습니다. 그러다가 평생 운전대를 잡을 수 없는 사태가 올지 모릅니다.

02 회전교차로에서의 진행방법

교통사고 시 억지를 부리는 사람 때문에 골치 아프죠

①

자주 발생하는 교통사고 구역에는 회전교차로에서의 사고도 있습니다. 통행이 빈번하고 혼잡한 곳에는 회전교차로가 설치되어 있습니다. 그런 곳은 신호등은 설치되어 있지 않죠. 교차로의 중앙에 원형 교통섬을 두고 교차로를 통과하는 형식인데, 회전교차로의 기본 운영 원리는 양보입니다.

회전교차로에서는 교차로 진입시 서행하고, 회전차량이 통행우선권이 있으므로 진로를 양보하여야 합니다.

그런데 맹구는 양보는 커녕 자기 주장만 앞세우는 사람입니다. 운전도 마찬가지입니다. 맹구가 운전하는 차가 회전교차로에서 상대 차와 부딪쳐 사람이 다치는 사고가 발생한 일이 있었습니다.

이런 경우 사고 현장에 CCTV가 설치되어 있다든가 웬만한 차량에는 블랙박스가 장착되어 있으므로 당사자들끼리 티격태격 다툴 필요가 없습니다. 영상 증거자료가 다 말해주니까요. 억지를 부려봐야 소용없는 일이죠. 그런데도 맹구는 통 남의 말을 들으려 하지 않고 무조건 자기는 잘못이 없다고 주장합니다. 자기는 잘못이 없으니 피해자이고 오히려 상대방이 가해자라고 주장합니다. 그러면서 보험 처리도 해줄 수 없다고 우깁니다.

②

하지만 사실 관계를 살펴보면 맹구의 주장은 엉터리입니다. 관련 영상을 확인해보니, 맹구가 운전하는 차는 회전교차로에 진입하려 하고 있고, 상대방 차는 이미 회전교차로에 진입하여 회전중이었습니다. 이런 경우에는 회전차로를 진행하는 차에 통행 우선권이 있습니다.

그러므로 회전교차로에서 진입하려고 하는 차는 회전중인 차의 진행을 방해하지 않도록 양보해야 할 의무가 있습니다. 즉 회전

차로 내부에서 진행하는 차가 있으면 무리하게 진입하지 말고 회전 차로 내 여유 공간이 생길 때까지 교차로에 설치되어 있는 양보선에서 대기하며 기다려야 합니다.

그럼에도 맹구는 이를 인정하려 들지 않습니다. 무조건 상대방 차가 양보해야 한다고 하나마나한 이야기만 반복합니다. 답답한 노릇이죠. 맹구 자신이 진입하기 전 일시정지 또는 서행하여 교차로의 진행 상황을 잘 살펴 진행하였더라면 사고가 나지 않았을 것입니다.

그런데 먼저 회전중인 차에게 양보하지 않고 무리하게 진입하다 사고를 야기하였으므로 명백하게 맹구의 운전 부주의입니다. 사실 맹구의 과실은 안전운전의무위반으로 경과실이므로 종합보험에 가입되어 있으면 공소권 없음 처분을 받게 됩니다. 그런데 맹구는 보험료 할증 때문인지 천성이 그런 사람인지 오늘도 쓸데 없이 억지만 부리고 있습니다. 그래봐야 달라질 것은 하나도 없지만요. 참 한심한 사람입니다.

03 무심코 진입하여 사고를 야기하면 중과실로 처벌받는 곳

도로에는 이름도 생소한 안전지대라는 곳이 있습니다

황색으로 빗금처럼 실선으로
그어져 있는 구역-안전지대

안전지대를 침범하여 인적 피해
사고를 일으키면 중과실 책임

①

 평소 차분한 사람도 운전대를 잡기만 하면 성질이 급해지는 모양입니다. 우리 맹구도 마찬가지입니다.

 맹구는 앞차가 규정 속도대로 서서히 진행하자 조바심이 납니다. 딱히 바쁜 일도 없으면서 빨리 가지 못해 안달이 나죠. 앞차에 바짝 붙어 진행하며 여차하면 추월할 태세입니다. 그러나 편도 1차로인 데다 커브 구간이 많은 도로라 추월하기가 여의치 않습니다. 그런데 진행하다 보니 교차로가 나오는데, 그 교차로 우측에는 다른 도로의 진입로가 있습니다.

 그곳은 두 도로가 합쳐지는 합류 지점으로 공간이 제법 있습니다. 맹구는 합류 지점에 이르러 이때다 싶어 가속 페달을 밟아 앞차 우측으로 추월을 시도합니다. 그런데 앞차도 하필 그때 속도를 냈는지 그만 차 옆면끼리 부딪치고 말았습니다. 물적피해뿐만 아니라 인적피해도 발생했습니다. 문제는 사고 지점입니다. 그곳 도로 바닥에는 진입 금지를 내용으로 하는 황색의 사선이 그어져 있습니다. 바로 안전지대입니다. 맹구는 경찰에서 조사를 받고 나서 자신이 신호위반과 동등한 안전표지 위반으로 중과실 책임이 있다는 것을 알게 됩니다.

 맹구는 교차로가 앞지르기 금지구역이라는 사실도 처음 알았습니다. 도대체 용어도 생소한 안전지대가 무엇이기에 안전지대 침범이 중과실이라는 말이지요?

②

맹구뿐만 아니라 도로에 안전지대가 설치되어 있다는 것을 아는 사람은 많지 않을 겁니다. 또한 안전지대의 의미를 제대로 아는 사람도 드물죠. 노면표지인 안전지대는 도로 곳곳에서 쉽게 찾아볼 수 있습니다. 위 그림과 같이 황색으로 빗금처럼 실선으로 그어져 있는 구역입니다. 주로 교통이 복잡한 교차로나 합류 지점, 좌회전이나 유턴이 허용된 차로 등에 안전지대가 설치되어 있습니다.

안전지대를 설치하는 이유는 도로를 횡단하는 보행자의 안전을 위하거나 사람이 안전하게 피해 있도록 하기 위해서입니다. 또한 차들 간의 충돌을 피하기 위해서도 필요합니다. 따라서 안전지대는 절대로 차가 진입하여서는 아니 되는 구역입니다.

맹구의 경우처럼 안전지대를 통해 차로를 변경하거나 추월을 시도해서는 안 되는 이유가 거기에 있는 겁니다. 좌회전 차로에서도 좌회전 구간이 길지 않은 관계로 차들이 많이 밀리는 시간대는 다수의 차량이 안전지대를 물고 진행하거나 안전지대에서 신호를 대기하고 있는 경우를 더러 봅니다.

 그 같은 경우 사고가 나지 않더라도 원칙적으로 안전지대 진입 금지 위반으로 그 자체 범칙금 부과 대상이 됩니다. 또한, 신속히 유턴을 하려고 백색 점선으로 표시된 유턴 허용지점까지 나아가지 않고 안전지대 지점에서 유턴하려다가 반대 차로에서 진행하는 차량과 부딪히는 사고도 왕왕 있는데, 이도 아주 위험한 운전으로 중과실에 해당합니다. 중앙선 침범 사고와는 별도로 안전표지 의무위반입니다. 어떠한 도로에 주차공간이 없다는 이유로 도로 한가운데 있는 안전지대에 버젓이 차량을 주차해놓은 경우도 있습니다. 이 또한 범칙금 부과 대상이고 곧바로 차량이 견인될 수도 있습니다.

04 교차로 점멸 신호등과 황색 신호등의 의미 및 주의 의무

사람들이 간과하는 신호위반

황색 점멸등 위반 사고시-경과실, 적색 점멸등 위반 사고시-중과실

①

우리 사회에서 발생률이 가장 높은 범죄가 무엇일까요?

폭력이나 절도 등의 사건이 아닙니다. 누구나 잠재적 가해자인 교통사고 사건입니다. 자칫 잘못하면 큰 사고로 이어져 사상의 결과가 발생함은 물론 범법자가 될 수 있습니다. 교통법규를 철저히 숙지하고 준수하여 안전운전을 해야 하는 이유입니다.

시내를 진행하다 보면 교차로에 신호등이 있는데 황색 점멸등과 적색 점멸등이 작동하고 있는 경우를 봤을 겁니다. 황색 점멸등이 작동하고 있는 경우에는 교차로를 어떻게 진행하여야 할까요?

황색 점멸신호는 서행하면서 전방 및 좌우를 확인하고 통행하라는 의미입니다. 황색 점멸신호를 위반하여 인적피해(이하 '인피'라고 함) 사고를 일으킨 경우에는 경과실인 안전운전의무 불이행으로 입건됩니다. 그러면 적색 점멸등이 작동하고 있는 경우에는요?

적색 점멸등이 작동하고 있는 경우에는 특히 더 주의를 기울여야 합니다. 전방에 적색 점멸등이 작동하고 있으면, 교차로에 진입하기 전에 정지선에 일시 정지하여 교차하는 차량이 있는지 확인하거나 다른 교통의 통행에 주의를 하면서 안전하게 진행하여야 합니다.

만약 적색 점멸 상태임에도 정지선에 일시 정지하지 않고 그대로 교차로로 진입하여 인피 사고를 야기한 경우에는 신호위반 책임을 지게 됩니다. 중과실입니다. 피해자 상해주수 1주당 50~100만 원의 벌금형을 받을 수 있습니다. 간혹 적색 점멸 신호등을 고장 난 신호등으로 알고 무심코 그냥 지나가는 사람이 있더라고요. 고장나거나 비정상 작동 신호등이 결코 아닙니다.

②

한편, 신호위반과 관련하여 사람들이 오해를 하고 있는 부분이 있어 주의를 환기시키는 차원에서 다음 사례를 소개합니다.

이런 사건이 있습니다. 맹구는 오토바이로 배달일을 하는 사람입니다. 그래서 항상 바쁩니다. 교통법규를 함부로 무시하고 제멋대로 운전하기 일쑤입니다. 차들 사이를 비집고 들어와 요리조리 빠져나가는 곡예 운전을 하는 걸 보면 보는 사람도 가슴이 철렁합니다. 그날도 맹구는 총알 배달을 위해 도로를 질주하고 있습니다.

전방에 신호등이 설치된 교차로가 있는데, 신호등 색깔을 보니 녹색등에서 황색등으로 바뀌려고 하고 있습니다. 교차로에 보면 신호대기 정지선이 있는데 그 정지선에 이르기 전에 황색등으로 이미 바뀐 상태입니다. 그래도 맹구는 이에 아랑곳하지 않고 냅다 '고고씽!' 합니다. '무식하면 용감하다'는 말이 있는데 아마 맹구를 두고 한 말 같습니다. 그러다 반대 차로에서 정상신호를 받고 좌회전 진행하는 차량과 그만 부딪치고 말았죠. 상대 차 운전자가 다쳤다고 진단서를 제출합니다.

조사는 이렇게 진행됩니다.

"황색 신호를 어느 지점에서 보았나요?"

"정지선 이르기 전 한 10미터 전방에서 신호가 바뀌는 것을 봤습니다."

"그러면 정지선에 이르렀을 때는 이미 황색등으로 바뀌었다는 말인가요?'

"네, 그렇습니다.“

"그렇다면 녹색등에서 황색등으로 신호가 바뀌었는데 왜 정지하지 않았나요?"

"제가 알기로는 황색등이면 신속히 빠져나가라는 의미로 알고 있습니다. 그래서 그대로 진행하였습니다."

경찰이 고개를 절래절래 흔들며 "교차로에 이미 진입한 이후에 황색등으로 바뀌면 신속히 교차로를 빠져나가라는 의미인데요"라고 알려줍니다.

"아, 그런가요? 전 몰랐는데요."

"사고를 내고 나서야 알았다니 유감입니다. 신호위반 책임을 져야 합니다."

③

사회공동체를 규율하는 규범이 있습니다. 그 규범 준수는 타인에게 피해를 주지 않기 위해서도 필요하지만 나를 보호하기 위해서도 필요합니다. 차의 운전자는 교통법규를 면밀히 숙지하여 규정대로 안전수칙을 지키면서 운전해야 합니다. 그렇게 하지 않을 경우 상대방뿐만 아니라 본인도 커다란 위험에 직면할 수 있고, 그에 상응하는 책임과 불이익이 뒤따르기 때문이죠.

어떤 사실에 대한 인식이 없거나 착오가 있었다면 모르겠지만, 단순한 법의 무지는 법의 적용에 아무런 영향을 주지 않습니다. 법을 몰랐다고 해서 관용이나 선처도 없습니다. 아마도 맹구는 평소 습관대로 과속을 했을 겁니다. 규정 속도를 지키면서 전방 신호등을 잘 보고 운전해야 하는데 과속 및 신호위반을 일삼아 하다 보니 황색등에 대한 대처가 안 되었겠지요.

맹구 운전의 오토바이는 종합보험에도 가입되어 있지 않아 벌금도 아마 수백만 원 나왔을 겁니다. 본인도 크게 다쳐서 병원 신세를 졌고요. 모쪼록 법대로 운전하면 되는 겁니다. 그러면 최소한 내가 범법자가 되는 일은 없습니다.

〈교통사고처리특례법〉

제3조(처벌의 특례)

① 차의 운전자가 교통사고로 인하여 「형법」 제268조의 죄를 범한 경우에는 5년 이하의 금고 또는 2천만 원 이하의 벌금에 처한다.

② 차의 교통으로 제1항의 죄 중 업무상과실치상죄業務上過失致傷罪 또는 중과실치상죄重過失致傷罪와 「도로교통법」 제151조의 죄를 범한 운전자에 대하여는 피해자의 명시적인 의사에 반하여 공소公訴를 제기할 수 없다. 다음 각 호의 어느 하나에 해당하는 행위로 인하여 같은 죄를 범한 경우에는 그러하지 아니하다.

1. 「도로교통법」 제5조에 따른 신호기가 표시하는 신호 또는 교통정리를 하는 경찰공무원등의 신호를 위반하거나 통행금지 또는 일시정지를 내용으로 하는 안전표지가 표시하는 지시를 위반하여 운전한 경우

2. 「도로교통법」 제13조제3항을 위반하여 중앙선을 침범하거나 같은 법 제62조를 위반하여 횡단, 유턴 또는 후진한 경우

3. 「도로교통법」 제17조제1항 또는 제2항에 따른 제한속도를 시속 20킬로미터 초과하여 운전한 경우

4. 「도로교통법」 제21조제1항, 제22조, 제23조에 따른 앞지르기의 방법 · 금지시기 · 금지장소 또는 끼어들기의 금지를 위반하거나 같은 법 제60조 제2항에 따른 고속도로에서의 앞지르기 방법을 위반하여 운전한 경우

5. 「도로교통법」 제24조에 따른 철길건널목 통과방법을 위반하여 운전한 경우

6. 「도로교통법」 제27조제1항에 따른 횡단보도에서의 보행자 보호의무를 위반하여 운전한 경우

7. 「도로교통법」 제43조, 「건설기계관리법」 제26조 또는 「도로교통법」 제96조를 위반하여 운전면허 또는 건설기계조종사면허를 받지 아니하거나 국제운전면허증을 소지하지 아니하고 운전한 경우. 이 경우 운전면허 또는 건설기계조종사면허의 효력이 정지 중이거나 운전의 금지 중인 때에는 운전면허 또는 건설기계조종사면허를 받지 아니하거나 국제운전면허증을 소지하지 아니한 것으로 본다.

8. 「도로교통법」 제44조제1항을 위반하여 술에 취한 상태에서 운전을 하거나 같은 법 제45조를 위반하여 약물의 영향으로 정상적으로 운전하지 못할 우려가 있는 상태에서 운전한 경우

9. 「도로교통법」 제13조제1항을 위반하여 보도步道가 설치된 도로의 보도를 침범하거나 같은 법 제13조제2항에 따른 보도 횡단방법을 위반하여 운전한 경우

10. 「도로교통법」 제39조제3항에 따른 승객의 추락 방지의무를 위반하여 운전한 경우

11. 「도로교통법」 제12조제3항에 따른 어린이 보호구역에서 같은 조 제1항에 따른 조치를 준수하고 어린이의 안전에 유의하면서 운전하여야 할 의무를 위반하여 어린이의 신체를 상해傷害에 이르게 한 경우

12. 「도로교통법」 제39조제4항을 위반하여 자동차의 화물이 떨어지지 아니하도록 필요한 조치를 하지 아니하고 운전한 경우

〈형법〉 제268조(업무상과실 · 중과실 치사상) 업무상과실 또는 중대한 과실로 인하여 사람을 사상에 이르게 한 자는 5년 이하의 금고 또는 2천만 원 이하의 벌금에 처한다.

05 횡단보도 교통사고 관련 중과실 유무

차보다 사람이 우선입니다

횡단보도 보행등이 녹색 점멸 상태로 바뀐 후에 횡단을 시작하여 적색 점등 상태에서 사고를 당한 보행자는 횡단보도의 보행자로 인정되지 않습니다.

①

횡단보도 교통사고에 관한 내용입니다. 시내 도처에는 횡단보도가 참 많습니다. 누구나 횡단보도를 통과할 때는 조심을 할 것입니다. 횡단보도 앞에서는 속도를 줄이고 전방 및 좌우를 잘 살피는 것이 기본입니다.

횡단보도에서 발생한 인적피해 사고는 중과실로 처벌이 무겁습니다. 특히 횡단보도 사고 피해자 중에는 고령의 노약자나 어린아이들이 많습니다. 보도에서 대기하다 보행등이 적색등에서 녹색등으로 바뀌자마자 앞만 보고 건너는 사람도 있고, 녹색등이 적색등으로 신호가 바뀌려고 하는 순간 후다닥 뛰어 횡단을 시작하는 사람도 있습니다.

어떻든 보행자는 보호되어야 합니다.

②

맹구가 먼저 말을 꺼냅니다.

"횡단보도에 보행등이 설치된 곳도 있고, 설치 안 된 곳도 있어. 보행등이 있는 곳은 당연히 신호에 따라 건너야 하지만 보행등이 없는 곳은 아무 때나 건널 수 있지. 횡단보도는 무조건 보행자 우선이므로 보행등 신호가 빨간불일 때 길을 건너다 사고가 나더라도 무조건 보행자 보호의무 위반으로 차 운전자가 중과실 책임을 지는 거야."

달구는 고개를 갸웃하면서 "에이 아무렴, 그건 아닌 거 같다"라고 말한다. 그러면서 이런 경우는 횡단보도사고라고 주장한다.

"보행등이 설치된 횡단보도가 있어. 어떤 학생이 저쪽 보도에서 걸어오다가 보행등이 파란불인 것을 봤어. 그래서 헐레벌떡 뛰어서 횡단보도 바로 앞까지 왔지. 그런데 횡단보도에 이르기 직전에 파란불이 깜박깜박하는 점멸 상태로 바뀌어버렸어. 그래도 그 학생은 아랑곳하지 않고 뛰어서 횡단을 시작하는데 횡단보도 중간지점에서 보행등이 그만 빨간불로 바뀌어버린 거야. 그러다가 진행하는 차량에 의해 들이받히고 말았는데, 이런 경우는 보행자 보호의무 위반이야. 왜냐하면 그 학생은 보행등이 아직 빨간불로 바뀌지 않았을 때 횡단을 시작하였거든. 그러면 설사 중간에 보행등이 빨간불로 바뀌고 차량신호등이 파란불로 바뀌더라도 보행자가 횡단보도를 다 건널 때까지는 기다렸다 진행해야 하는 거야. 그래서 그 차 운전자가 중과실 책임을 지는 거지. 당연한 거 아니겠어."

절구는 그건 달구 말이 맞는 거 같다고 맞장구를 친다. 그러면서 자기는 이런 경험이 있다고 말한다.

"아랫장에 모종을 사러 갈 일이 있어 운전하고 가는데 보행등이 없는 횡단보도를 지나가게 되었어. 그런데 그날은 장날이라 사람들이 참 많더라고. 서서히 횡단보도를 통과하려는데 갑자기 자전거를 타는 사람이 횡단을 하는 바람에 하마터면 부딪칠 뻔했지 뭐야. 급브레이크를 밟아 다행히 사고를 면했는데, 만약 그 자전거 운전자가 다쳤다면 나는 꼼짝없이 중과실이야. 자전거를 타고 횡단보도를 건너는 사람도 보행자이거든. 그렇지 않아?"

③

누구 말이 맞고 누가 말이 틀리나요?

세 사람이 다 틀립니다.

첫째, 보행등이 설치되어 있는 횡단보도에서 보행등을 무시하고 함부로 횡단보도를 건너는 사람까지 횡단보도상의 보행자로 보호해줄 의무가 없습니다. 보행자도 신호는 지켜야 합니다.

둘째, 보행등 녹색등이 켜져 있는 상태, 즉 점등 상태에서 깜박깜박하는 점멸 상태로 바뀐 직후에 횡단을 시작한 보행자는 횡단보도의 보행자로 인정하지 않습니다. 그러나 보행 녹색등이 점멸 상태가 아닌 점등 상태에서 횡단을 시작하였는데 중간에 적색등으로 바뀌는 경우(보행자가 노약자나 장애인인 경우에 특히 그런 상황이 발생할 수 있음)에는 보행자 보호의무 조항이 적용됩니다.

셋째, 횡단보도를 자전거를 타고 건너는 경우에는 보행자가 아닙니다. 그런 경우 차 대 차 사고로 처리를 하게 됩니다. 하지만 자전거에서 내려 이를 끌고 횡단보도를 건너는 사람은 당연히 보행자에 포함됩니다.

횡단보도가 있는 곳은 그 직전 도로 바닥에 다이아몬드 모양의 안전표지가 표시되어 있습니다. 전방에 횡단보도가 있으니 주의해서 통과하라는 의미입니다. 차를 운전하다보면, 횡단보도 보행등이 아직 파란불이라서 신호가 바뀌기를 기다리고 있는데 뒤에서 다른 차가 빵빵거리며 재촉하는 모습을 흔히 볼 수 있습니다. 그런 경우 주위를 둘러보고 건너려는 사람이 명백하게 없다면 모르겠지만, 만에 하나라도 사람이 불쑥 횡단보도로 진입할 수도 있으니 보행등 신호가 바뀐 후 출발하는 것이 좋습니다. 빵빵거려도 신경 쓰지 마세요.

마지막으로, 밤에 비가 많이 오는 경우 시야가 극히 좋지 않습니다. 사람도 잘 보이지 않습니다. 그럴 때는 더욱 바짝 긴장하여 서서히 횡단보도를 지나가야 합니다. 같은 중과실 사고라도 횡단보도와 신호위반 사고는 그 처벌이 더 무거운 편입니다. 어떻든 사람이 우선이죠.

06 주의 의무가 더욱 요구되는 어린이보호구역

어린이보호구역에서 사고가 나면 광범위하게 과실이 인정됩니다

어린이보호구역을
통행할 때는 더욱더
세심한 주의가
필요합니다.

①

몇 해 전에 소위 '민식이법'이 발효되어 그 처벌이 더욱 강화되었습니다. 수사기관을 비롯한 관계기관에서도 어린이보호구역(스쿨존)내 어린이 교통사고에 대해 엄정 대응하고 있습니다. 어린이보호구역에서 어린이가 다치는 교통사고가 발생하였을 경우 기본적으로 중과실로 인정됩니다.

이에 관해 우리의 맹구를 등장시켜 알아보기로 해요. 맹구는 거래처와 약속이 있어 오후 2시쯤 승용차를 운전하고 시내 ○○초등학교 앞 도로를 지나가게 됩니다. 늘 다니던 길이고 지리를 잘 알고 있으므로 그 도로 일정 구역은 어린이보호구역으로 지정되어 있다는 것도 알고 있습니다. 그래서 그 구역을 통행할 때는 신경을 특히나 쓰곤 하였습니다.

그런데 느닷없는 사고가 나고 맙니다. 속도를 줄이고 예의 주시하며 학교 앞을 지나고 있는데 갑자기 열 살쯤으로 보이는 남자아이가 도로로 뛰쳐나온 겁니다. 급제동을 하였으나 멈추지 못하고 그만 그 아이를 치고 맙니다. 그 아이가 건너편으로 뛰어가기 위해 길가 우측 가장자리에 주차된 차량 앞으로 불쑥 튀어나온 것이랍니다. 사실 맹구 입장에서는 사고방지에 역부족이었을 겁니다. 주차된 차 때문에 시야가 가려져 아이 동태를 파악할 수 없었던 이유도 있지요. 나중에 안 사실이지만 그 아이는 건너편에서 친구가 부르니까 무심결에 그쪽으로 뛰어가려고 했다고 합니다.

사고 장소는 횡단보도는 아니지만 횡단보도에서 얼마 떨어지지 않은 지점이었습니다. 사고 후 즉시 119로 신고를 했고 잠시 후 119구급대와 경찰이 와서 사고 처리를 합니다. 맹구는 시속 20~30킬로미터의 속도로 천천히 진행했고, 아이가 횡단보도가 아닌 차도로 급히 건너다 사고가 났기 때문에 일견 주의의무 태만이 아니라고 볼 수도 있습니다. 보이는 않는 곳에서 갑자기 튀어나올 가능성까지 예견하고 운전하라고 하는 것은 너무한다는 생각이 드는 것도 사실이니까요.

하지만 그곳은 어린이보호구역이고 피해자는 어린이므로 문제가 됩니다. 어린이보호구역에서는 자동차등의 통행 속도를 시속 30킬로미터 이내로 제한하고 있습니다. 맹구가 제한속도를 준수한 것은 틀림없습니다. 그렇다고 해서 맹구는 '어린이 안전에 유의하면서 운전하여야 할 의무'를 위반하지 않았을까요?

제한속도를 준수한 경우에는 중과실에 해당하지 않는다는 일부 하급심 판결도 있으나, 제한속도를 준수하였다는 것만으로 과실이 없다고 볼 것이 아니라는 판결도 존재합니다. 제한속도 위반은 주의의무 위반 여부의 하나의 판단요소일 뿐이고, 제한속도 준수 시에도 과실이 인정될 수 있습니다.

어린이는 자기방어 의식이 부족하여 학교 앞 도로는 특히나 어린이들이 갑자기 튀어나올 가능성이 크므로 어린이보호구역에서의 운전에는 더 높은 수준의 주의의무를 요구하고 있기 때문입니다. 그래서 사고 내용을 종합적으로 전체적으로 검토해서 중과실 여부를 판단하고 있습니다.

②

　맹구의 사건으로 돌아가서 살펴보면, 사고 시간대가 오후 2시경입니다. 그때는 하교할 무렵으로, 어린이들의 통행이 예상되는 시간대이죠. 또한, 사고 장소는 학교 바로 앞 횡단보도 부근 도로로 횡단보도 앞에는 차량 정지선과 횡단보도가 있으니 주의하라는 표시(다이아몬드 모양으로 된 사각형 표시)가 도로 바닥에 설치되어 있습니다. 어린이보호구역을 통행할 경우 횡단보도 아닌 곳에서 갑자기 어린이가 튀어나올 위험성이 상존하기 때문에 더욱더 서행하거나 전방 및 좌우를 철저히 주시해야 합니다. 어린이는 법규 준수에 대한 의식이 약하기 때문에 어느 곳에서 무단횡단을 할지 모르기 때문이죠.

　결국 맹구는 중과실이 인정되어 처벌을 받았습니다. 억울하지만 할 수 없습니다. 어린이보호구역에서 사고가 나면 운전자의 책임이 대부분 인정이 되고 중과실로 처벌을 하는 추세입니다.

　한편, 어린이보호구역은 주·정차 금지구역으로 절대로 주·정차를 해서는 안 됩니다. 그리고 주·정차된 차량 사이로, 또는 정차한 시내버스 앞으로 어린이가 갑자기 튀어나올 수도 있으니 특히 그런 점을 유념하여 각별히 주의의무를 다해야 합니다.

　거듭 말하지만, 어린이보호구역을 통행할 경우에는 주위 어린이들의 동태까지 잘 살피면서 거북이가 기어가듯 아주 천천히 진행해야 합니다. 내 아이가, 옆집 아이가 크게 다치거나 사망할 수도 있습니다. 아무리 급한 일이 있어도 학교 앞 도로는 천천히, 뒤에서 빨리 가라고 빵빵거려도 일체 무시하고 살피고 또 살피면서 갑시다. 우리 모두 같은 부모의 마음으로 어린이보호구역을 통과해야 합니다.

07 의외의 중과실

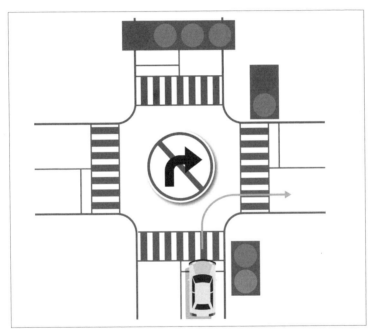

교차로 차량 신호등이 적색이고 횡단보도 보행등이 녹색인 상태에서 횡단보도를 지나 우회전하다가 인적피해 사고를 야기하면 신호위반 책임(삼거리도 마찬가지임)

①

맹구 회사 앞 도로에는 삼거리 교차로가 있습니다.

퇴근 직후에는 차들이 한꺼번에 몰려나오기 때문에 교차로 통과가 쉽지 않습니다. 회사 정문 쪽에서 우회전을 하면 큰 도로와 연결된 삼거리가 나오는데, 편도 3차로 중 1차로와 2차로는 좌회전 차로이고 3차로는 우회전 차로입니다. 그런데 우회전 차량보다 좌회전 차량이 훨씬 많은 관계로 3차로까지 침범하여 좌회전 신호를 대기하고 있는 차들이 적지 않습니다.

그런 경우 우회전하려는 차들은 우회전을 하지 못하고 정체가 됩니다. 사실 그래서는 안 되지요. 얼마나 이기적인 짓입니까. 도로 바닥에 분명히 우회전 차로라고 표시되어 있는데 자기 먼저 가려고 차로를 침범한 것입니다. 배려나 양보는커녕 최소한의 규칙마저 준수하지 않습니다. 얌체족들입니다. 그날도 그런 현상이 나타납니다.

맹구는 겨우 공간을 확보하여 우회전 차로로 들어섭니다. 그곳은 전방에 좌회전 차량들을 위한 차량 신호등이 있고, 우회전을 하기 직전 도로에 횡단보도가 설치되어 있습니다. 우회전 차량을 위한 차량 보조신호등이 횡단보도 보행등 바로 옆에 설치되어 있곤 하는데 그곳에는 별도로 설치되어 있지 않습니다. 그때 마침 좌회전 차량을 위한 신호등은 적색이고 위 횡단보도 보행등은 녹색인 상태입니다.

맹구는 횡단보도를 건너는 사람은 보이지 않지만 보행등이 녹색이기 때문에 정지선 앞에서 일단 정지합니다. 그런데 뒤에서 빵빵거립니다. 우회전하려는 차량이 경적을 울려대며 빨리 가라고 재촉하는 것이죠. 맹구는 할 수 없이 녹색 보행등을 무시하고 횡단보도를 통과하여 우회전하기 위해 조금 나아갔습니다.

그때 큰 도로 좌측에서 우측으로 정상신호에 의해 직진해오는 차와 그만 부딪치고 말았습니다. 뒤에서 재촉하는 차들 때문에 마음이 급한 나머지 좌측에서 오는 차를 제대로 살피지 못하고 우회전을 시도한 맹구의 잘못이고 실수이죠. 상대방 차가 부서지고 운전자도 2주 진단이 나왔습니다. 위 맹구가 일으킨 사고는 중과실인 신호위반인가요, 아니면 단순한 주의의무위반 사고인가요?

②

결론은 그런 경우도 신호위반에 해당됩니다.

대법원은 교차로 직전의 횡단보도에 따로 차량보조등이 설치되어 있지 않더라도, 교차로 차량신호등이 적색이고 횡단보도 보행등이 녹색인 상태에서 횡단보도를 지나 우회전하다가 상대방에게 인적피해를 입힌 결과가 발생하면 신호위반에 해당한다고 판시하고 있습니다(대법원 2011. 7. 28. 선고 2009도8222 판결).

위 사례는 흔히 일어나고 일어날 법한 사고이지만, 일반인의 상식과는 약간 동떨어진 측면이 있습니다. 왜냐하면 차량 보조신호등이 없는데도 신호위반에 해당하기 때문이죠. 신호위반 조항은 다양한 상황에서 적용되고 있습니다.

그러므로 앞으로는 교차로에서 횡단보도를 통과하여 우회전할 때는 보행 신호등도 잘 보고 통과해야 합니다. 즉 전방 차량신호등이 적색이고 보행등이 녹색인 상태이면 길을 건너는 사람이 보이지 않더라도 적색으로 바뀔 때까지 기다렸다 출발하는 습관을 가져야 합니다. 보행 신호등도 준수해야 합니다. 뒤에서 성질 급한 사람들이 아무리 빵빵거려도 태연하게 대처합시다.

08 교통사고에서의 도덕적 해이 현상

속칭 '나이롱 환자'의 실상

①

차는 위험한 물건으로 순간의 방심과 작은 운전 부주의로 큰 결과가 야기될 수 있습니다. 그런데 경미한 접촉사고임에도 상대방이 상해진단서를 끊은 경우 참 황당하기도 하고 억울하기도 합니다. 교통사고 발생 및 그 처리 과정에서 보험 사기 및 과잉 진료를 의심할 수밖에 없고, 소위 '나이롱 환자'가 많아 사회적으로 문제가 되고 있는 것도 사실입니다.

맹구는 아침 출근길 내리막길인 교차로에서 신호 대기중입니다. 그런데 뒷좌석에 있는 물건을 집으려다 그만 브레이크에서 발이 떨어지는 바람에 차가 앞으로 밀리면서 신호 대기중인 앞차를 들이받은 사고를 야기하였습니다.

충격 당시 그 느낌이 미미하였고, 실제 차에서 내려 차 상태를 살펴보니 상대방 차 뒤범퍼 페인트칠이 약간 벗겨졌을 뿐 범퍼가 안으로 밀려들어가거나 패인 것은 없었습니다. 사실 그 정도면 굳이 범퍼 교체 등의 수리는 필요하지 않고 도색 비용만 약간 지불하면 될 것입니다.

그런데 문제는 상대방 운전자가 경찰에 신고하였고, 나중에 2주 상해진단서까지 제출하였다는 것입니다. 맹구는 기가 막혔죠. 사고 당시에 피해자가 범퍼 수리비만 이야기를 했을 뿐 아프다는 말을 하지 않았고, 실제로 피해 차량을 촬영한 사진도 약간 홈집이 났을 뿐 그 충격의 정도가 전혀 사람이 다칠 정도가 아니었던 것입니다. 그리고 피해자는 병원에서 물리치료만 받고 그 이후 추가로 치료를 받은 사실도 없었습니다.

형법상 '상해'로 평가되기 위해서는 신체의 완전성이 손상되거나 건강상태가 불량하게 변경되었다고 볼 수 있어야 합니다. 하찮은 상처로서 굳이 치료를 받지 않더라도 일상생활을 하는데 아무런 지장이 없고, 시일이 경과함에 따라 자연적으로 치유가 될 수 있는 정도로서 실질적인 치료를 받은 사실이 없으면 상해로 인정하기 어렵다고 판단해야 합니다.

하지만 의사에게 단순히 통증을 호소하기만 해도 기본 2주 진단서를 발급해주는 게 현실입니다. 특정 부위가 아프다고 말만 하면 특이 소견이 없어도 진단서를 끊어주곤 하죠. 교통사고로 진단서를 발급받은 사람의 병명을 보면 '경추부 염좌 및 긴장' , '요추부 염좌 및 긴장' 등의 병명이 많습니다. 목 부위가 뻐근하다거나, 허리가 좀 안 좋다고 말만 하면 그런 병명으로 진단서가 발급됩니다. 진단서를 발급한 의사에게 이를 확인하였더니 의사도 환자가 허리의 통증을 호소한 것 외에 다른 객관적인 자료는 없다고 인정하였습니다. 피해자도 물리치료를 한두 번 받은 거 외에는 주사제 투여나 약물치료를 받은 사실이 없다고 하였습니다.

객관적으로 보면 위 피해자의 통증은 일상생활에 지장을 줄 정도는 아니므로 상해가 될 수 없습니다. 그런데 교통사고 가해자로서 입건되었을 경우 또는 민사적으로 다툴 경우 피해자의 진단서에 대해 어떻게 이의를 제기해야 하나요?

②

형사사건으로 입건이 되어 피의자가 사고 충격과 상해 간의 인과 관계에 대해 검증을 요청하면 경찰이 국립과학수사연구소에 의뢰하여 감정하는 마디모 프로그램 분석이라는 게 있습니다.

'마디모' 란 경미한 교통사고 발생으로 인해 인적피해가 발생할 수 있는지에 대해 상해감정 프로그램을 이용하여 분석하는 기법입니다. 블랙박스 영상 등 영상자료, 차량 파손 정도, 추정 속도,

피해자의 사고 직후 행동 및 통증 호소 여부, 사고일과 병원진료일 사이의 간격 등의 자료를 검토하여 종합적으로 판단하는 것입니다.

그런데 형사 절차에서 경찰이 위 마디모 감정을 의뢰하면 대부분 감정 불가 회신을 받는다고 합니다. 시험 및 연구 자료가 충분하지 않다는 이유서랍니다. 정확한 판단이 어려운 측면도 있겠지만, 당사자 간의 첨예한 분쟁 사건에 상당한 부담으로 작용했으리라는 게 제 생각입니다. 괜한 시비에 휘말리지 않겠다는 의도와 책임회피적인 태도가 없다고는 할 수 없을 것입니다.

결국 국립과학연구소 감정 결과가 '상해를 판단할 수 없음'으로 나오면, 결과적으로 의사가 발급한 진단서에 따른 상해를 인정하여 사건 처리를 하고 있습니다. 왜냐하면 그 진단서가 허위라는 증거가 없기 때문이죠. 사실 마디모는 나이롱 환자와 보험 사기, 과잉 진료 폐단을 방지하는 목적으로 운영되는 것인데 쟁점 사항에 대해 '판단 불가'라는 결과가 나오면 이는 마디모 도입 취지에도 부합되지 않습니다.

마디모 신청을 해도 결과가 금방 나오는 것도 아닙니다. 그래서 대부분의 사람들은 다소 억울하더라도 마디모를 신청하지 않고 그냥 의사의 진단서를 인정하고 맙니다. 형사적으로나 민사적으로 끝까지 다투기에는 너무 많은 시간과 비용이 들기 때문이죠. 어떠한 법과 제도도 사람들의 도덕적 해이와 비양심적 행위를 막을 수는 없습니다. 이를 교묘하게 악용하는 사람이 늘 있기 때문이죠.

09 유턴 시 유의해야 할 사항

규정대로 운행하지 않으면 민형사상 책임이 뒤따르죠

그림1

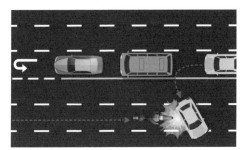

백색점선 지점이 아닌
황색실선 지점에서
유턴하다 반대 차로
진행하는 차와 부딪쳐
인적피해 사고를 일으키면
중앙선 침범으로
중과실 책임

그림2

'좌회전시 유턴' 등 유턴할 수 있는 시기가 특정되어 있다면 그 보조표지판의 지시에 따라 유턴을 해야 하며, 임의로 직진신호나 정지신호에 유턴을 하다 사고를 야기하면 신호위반 책임

①

　운전을 하다보면 여러 가지 주의할 사항이 있는데, 반대 차로로 유턴할 시에도 그렇습니다. 장소와 때를 가리지 않고 함부로 유턴을 하는 것은 아주 위험한 일입니다.

　자, 보겠습니다. 승용차를 운전하고 시내 왕복 2차로를 진행하고 있습니다. 목적지가 반대 차로에 있어 차를 돌려야 하는 상황입니다. 전방에 사거리가 나옵니다. 차량 신호등도 설치되어 있고요. 진행 방향 차로와 반대 차로 사이에는 황색실선의 중앙선이 그어져 있습니다. 유턴은 유턴이 가능한 유턴 허용구역에서 해야 합니다.

　유턴 가능 여부는 도로 바닥이나 도로표지판에 유(U)자를 뒤집어놓은 모양의 안전표지가 있는지 여부로 확인할 수 있고, 중앙선은 황색실선이 아니라 백색점선으로 표시되어 있습니다. 백색점선 표시 구간에서 유턴을 해야 하는 것이죠. 유턴 허용 표시가 되어 있더라도 황색실선 구간에서 유턴을 하면 중앙선 침범입니다. 반대차로에서 진행하는 차와 부딪쳐 인적피해가 발생하면 중과실입니다.

　그런데 사람들은 백색점선 구간에 이르기 전 황색실선 지점에서 유턴을 하기 일쑤입니다. 전방에 좌회전이나 유턴하기 위해 대기하고 있는 차들이 있으면 그 차들을 뒤따라 백색점선 지점까지 앞으로 나아가서 순서대로 유턴을 해야 하는데, 성질 급한 사람들은 아무데서나 핸들을 홱 돌려버립니다. 유턴 허용구간이 아닌 곳에서 말이죠. 하지만 규정대로 하지 않으면 사고는 일어나기 마련이고 그 책임 또한 막중합니다. 한 걸음 빨리 가려다가 열 걸음 뒤쳐질 수 있습니다.

②

또한, 유턴 허용구간이라도 언제나 유턴이 가능한 것은 아닙니다. 편도 2~4차로 도로인 경우 교차로에서는 좌회전 포켓차로나 1차로가 좌회전 차로입니다. 좌회전 차로 바닥에 유턴 허용이 표시되어 있으면 유턴이 가능하나, 전방 신호등이 설치된 곳의 도로표지판도 잘 봐야 합니다.

그 표지판에 '좌회전 신호시 유턴 가능' 이라고 되어 있으면 좌회전 신호가 떨어졌을 때 유턴을 해야 합니다. 유턴할 수 있는 시기가 특정되어 있는 것이죠. 직진신호나 정지신호에 유턴을 하다 인적 피해 사고를 야기하면 신호위반이 되고 중과실 책임을 져야 합니다.

만약 바닥에 유턴 허용 표시가 되어 있고 위 '좌회전 신호시 유턴가능' 이라는 등의 표지판이 없으면 이는 상시 유턴이 가능한 것으로 보아야 합니다.

　모쪼록 규정대로 운전하면 탈이 없는 것이고, 그러기 위해서는 관련 규정도 공부를 해야 할 필요가 있습니다.

10 자전거도 치상 사고를 내면 교통사고처리특례법 적용

자전거도 엄연히 차입니다

①

맹구는 자전거를 즐겨 탑니다. 그날도 맹구는 자전거를 타고 통행이 빈번한 시내 도로를 진행합니다. 그런데 도로 한편에 걸린 현수막에 한눈을 팔다 그만 사람과 부딪치고 말았습니다. 그것도 횡단보도 내에서입니다.

피해자는 70대 할머니라고 합니다. 노약자는 작은 충격에도 많이 다칩니다. 상해진단이 4주가 나왔다고 합니다. 물론 그 자전거는 보험에 가입되어 있지 않습니다. 맹구는 이런 경우 어떻게 해야 하느냐며 내게 묻습니다.

나는 이렇게 설명을 합니다.

"자전거도 자동차와 같이 엄연히 차이므로 인적피해(이하 '인피'라고 함)가 발생했을 경우 교통사고처리특례법이 적용되고, 횡단보도를 건너는 사람을 들이받는 사고라면 보행자보호의무위반으로 중과실이네. 상해주수가 4주라면 사안이 더 중하구먼. 합의를 하더라도 중과실이므로 소정의 벌금은 나올 것이네. 합의가 되지 않으면 양형 기준에 따라 벌금이 많이 나올 것이고 민사적으로도 손해배상을 해줘야 할 것이네."

말이 다소 딱딱하고 사무적으로 들릴지 모르지만 그게 사실입니다. 맹구는 내 말에 적잖이 충격을 받은 모양입니다. 자동차도 아니고 자전거인데 똑같이 취급하고 처벌이 그렇게 셀 줄은 몰랐다고 했습니다.

②

교통사고처리특례법에는 '차의 운전자가 교통사고로 인하여 사람을 사상에 이르게 한 경우에는 처벌을 한다'라고 규정되어 있습니다. 그 차에는 도로교통법상 자동차뿐만 아니라 손수레, 자전거, 전동킥보드 등도 포함됩니다.

교통사고 사범을 처벌하는데는 자전거 등의 운전자도 예외가 될 수 없습니다. 그런데 자전거는 의무보험가입 대상이 아니고 운전자도 사고에 둔감한 편입니다. 그래서 자전거 보험이 있는지도 모르고 보험에 가입하지도 않습니다. 보험에 들고 자전거를 타는 사람은 거의 없을 것입니다.

그것이 문제입니다. 만약 물적피해뿐만 아니라 인피 교통사고를 야기했을 경우 종합보험에 가입되어 있지 않고 합의도 되지 않으면 처벌받을 수 있습니다. 더군다나 안전운전의무위반도 아니고 중과실인 단서 조항에 해당되는 사고를 일으키면 합의를 하더라도 처벌을 면할 수 없죠. 이 점을 간과하면 안 됩니다. 자전거라고 차와 달리 보지 않습니다. 물론 자동차 사고에 비해 양형에서는 참작이 될 수도 있습니다.

만약 그곳에 차량 신호등이 있었다면 신호위반의 책임까지 져야 합니다. 한편, 자전거는 엄연히 차이므로 차도 우측 가장자리나 자전거전용도로로 통행하여야 합니다. 그런데 보행자가 통행하는 보도로 버젓이 자전거를 타고 가는 사람이 있습니다. 이점 또한 유의해야 합니다. 만약 차도가 아닌 보도로 진행하다 보행자와 부딪쳐 인피 사고가 나면 보도침범 사고로 인정될 수 있고 그것 또한 중과실 사고입니다.

참고로 횡단보도를 건널 때 자전거를 끌고 가는 것이 아니라 타고 건너는 사람은 보행자가 아니고 차로 취급합니다. 자전거도 교통법규를 잘 준수하여 타야 합니다. 그렇지 않으면 맹구처럼 큰 낭패를 당할 수 있습니다.

11 비보호 좌회전 시 주의사항

함부로 좌회전하면 신호위반 책임이 뒤따를 수 있습니다

그림1

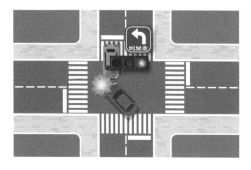

녹색신호에 좌회전 중
인적 피해 사고 일으키면
경과실 책임

그림2

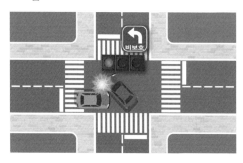

적색신호에 좌회전 중
인피 사고 일으키면
중과실 책임

그림3

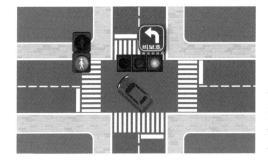

녹색신호에 좌회전 중
횡단보도 보행등이
녹색신호일 수 있음
- 주의를 요함

①

맹구는 아침잠이 많은 사람입니다. 그래서 일어나자마자 부랴부랴 챙겨도 회사 출근시간 맞추기가 힘듭니다. 그날도 서둘러 집을 나와 승용차에 오른 후 회사로 진행을 합니다. 가는 도중에 사거리 교차로가 나오는데 그 교차로에서 좌회전을 해야만 회사에 빨리 도착할 수 있습니다.

그런데 그 교차로 도로표지판에는 '비보호 좌회전'이라고 씌여 있습니다. 사실 교차로 곳곳에 비보호 좌회전 표시가 많이 있는데 맹구는 그 의미를 잘 모릅니다. 그래서 맞은편에서 차가 오지 않으면 전방 신호가 어떠하든 바로 좌회전을 해버리곤 합니다. 사고가 나지 않으면야 별 상관없겠지요. 그러나 교통법규를 준수하지 않으면 언젠가는 사고가 나기 마련입니다.

그날 그런 일이 있었죠. 맹구는 좌회전이 허용된 차선으로 진입하더니 맞은편 도로에서 차가 오지 않는 걸 확인하고 핸들을 좌측으로 홱 틉니다. 그런데 그 순간 진행 방향 좌측 도로에서 진행해 오는 차와 부딪치고 말았습니다. 상대방 차는 크게 부서지고 운전자 및 탑승자도 다쳤습니다. 경찰이 현장에 도착하여 사고 경위에 대해 조사를 벌입니다. 그러더니 맹구를 형사 입건하게 되죠. 왜 그랬을까요?

경찰이 맹구에게 묻습니다.

"그곳이 비보호 좌회전 지점이라는 것을 알고 있나요?"

"네, 물론입니다."

"비보호 좌회전은 어떤 의미인지 아나요?"

"정확한 의미는 잘 모르지만 좌회전을 할 수 있다고 알고 있습니다."

"전방의 신호등이 녹색으로 바뀌면 마주 오는 차량이 있는지 여부를 확인한 후 마주 오는 차량이 없다면 좌회전을 할 수 있다는 의미입니다."

"아, 그런가요? 정확히 몰랐습니다."

"사고 당시 전방 신호가 어떤 색이었는지 확인했나요?"

"아니요. 그냥 맞은편에서 차가 안 와서 좌회전을 했는데요."

"부근 CCTV 등을 확인해보니 적색등일 때 피의자는 좌회전을 하였고, 그러다 좌측 도로에서 정상 신호에 진행하는 피해자 차량과 부딪쳤습니다."

"그래서 어쨌다는 건가요?"

"신호위반입니다. 인적 피해가 발생하였으니 교통사고처리특례법상 중과실 책임을 져야 합니다."

"뭐라고요? 중과실이라고요?"

"네. 그렇습니다. 비보호 좌회전 표시가 있는 곳에서는 녹색 등화에 좌회전을 해야 합니다. 녹색 등화에 좌회전을 하다가 인적 피해 사고를 야기하였을 경우에는 경과실 책임만 지웁니다. 그러나 적색 등화에 좌회전을 하는 과정에서 인적피해 사고를 발생시킨 경우에는 중과실 책임을 져야 합니다."

맹구는 그제서야 알겠다는 듯이 고개를 끄덕이며 한숨을 내쉽니다.

②

도로 곳곳에 비보호 좌회전 허용 지점이 늘고 있습니다. 불필요한 신호대기 시간을 줄이고 조급한 마음에 신호위반하는 사례도 줄여보자는 취지라고 합니다. 하지만 비보호 좌회전은 말 그대로 '보호받지 못하는 좌회전'인 만큼 운전자의 주의가 많이 요구되죠. 전방의 신호가 녹색 신호일 때 주변 도로 상황을 면밀히 살핀 다음 신속하게 좌회전을 해야 하는 것입니다.

적색 신호일 때는 마주 오는 차가 없다고 해도 좌회전을 해서는 안 됩니다. 맞은편 도로에 차가 없다 해도 좌우측 도로의 직진 또는 좌회전 신호가 들어와 있는 상태이기 때문에 사고의 위험이 있기 때문입니다.

주의할 점이 또 하나 있습니다. 전방 신호가 녹색 신호여서 좌회전을 시도하더라도 직진 신호일 때 비보호 좌회전을 허용하기 때문에 교차로의 횡단보도 보행등 신호등은 녹색등일 수 있습니다. 무심코 좌회전을 하다가는 횡단보도를 건너는 보행자를 들이받을 수도 있다는 말이죠. 그 외에도 맞은편 도로 꽤 먼 데 있는 차더라도 빠르게 질주해오는 차가 있을 수 있으니 항상 신중하게 좌회전을 해야 합니다.

비보호좌회전 표시가 없고 전방 신호등에 좌회전 신호도 들어오지 않았는데도 불구하고 막연히 좌회전을 하다 사고를 내면 그때도 당연히 신호위반입니다.

결국, 맹구는 종합보험에 가입되어 있어도 적색 신호에 비보호 좌회전을 하다 치상사고를 일으켰기 때문에 형사 처벌을 면할 수 없었습니다. 피해자가 여러 명이고 많이 다쳤으니 벌금도 꽤 많이 나올 겁니다.

5장

일반 원칙과 윈윈하기

01 피의자로 입건되었을 경우 선처 받을 수 있는 방법

사건처리기준과 양형 요소

①

어쩌다 사건에 휘말리게 되고 피의자로 입건되는 경우가 있습니다. 일단 사건화되면 누구라도 당혹스러우면서도 위축이 되고, 사건 진행 과정에서 상당한 스트레스와 불안감에 휩싸이게 됩니다. 그렇다고 사건이 종결될 때까지 가만히 있어서는 안 되겠죠.

그런 경우 어떻게 대처해야 하나요?

모든 형사사건은 경찰에서 검찰로 송치[1]되고, 검찰에서는 수사

---

1) 2021. 1. 1.부터 시행된 수사권 조정 관련하여 형사소송법 등 개정된 형사법령에 따르면 검찰과 경찰 양 기관을 상호협력 관계로 규정하여 경찰의 1차적 수사종결권을 인정하였습니다. 그래서 기존에는 경찰이 수사한 모든 사건을 송치하였으나 원칙적으로 기소의견 사건만 송치하고 불기소 및 기소중지 등의 의견 사건인 경우에는 기록만 '송부' 하여 검사가 이를 검토하는 시스템으로 변경되었습니다.

기록을 면밀히 검토하여 혐의 유무에 대해 판단을 합니다. 혐의가 인정되면 원칙적으로는 법원에 공소제기를 합니다. 기소하면 사건이 법원으로 넘어가는데 사실관계 판단 및 법리 적용에 오류가 발견되지 않고 특별한 사정 변경이 없는 한 대부분 유죄 판결이 납니다. 그런데 혐의가 인정되어도 검찰 단계에서 검사의 재량으로 불기소를 하는 경우가 있습니다. 그게 바로 기소유예 제도입니다. 기소 및 기소유예 권한은 검사의 고유 권한입니다.

기소유예는 말 그대로 혐의는 인정되지만 정상을 참작하여 기소를 유예하는 것으로 검사가 최대한의 선처를 해줄 수 있는 처분입니다. 그러면 기소유예 처분을 받기 위해서 피의자는 어떤 노력을 해야 하고 어떤 경우에 그런 처분이 내려질까요?

②

첫 번째가 범죄 경력 즉, 전과 유무입니다.

아무런 전과가 없는 초범이면 아무래도 그 피의자에 대해 나쁜 인상을 갖지 않습니다. 전과가 있어도 오래전의 일이고 동종 전과가 없으면 다른 사유 유무에 따라 선처를 받을 수도 있습니다.

두 번째는 사안의 경중입니다.

피해 액수의 크기, 피해자의 수 등 피해 정도 및 죄의 경중이 그

기준이 됩니다. 피해 정도가 비교적 경미한 사안인 경우에는 동종 전과 및 합의 유무에 따라 기소유예 처분을 받을 수도 있습니다.

세 번째는 계획적인 범행인지, 우발적인 범행인지가 중요합니다.

특히 술에 만취한 상태에서 우발적으로 범행을 저지른 경우는 죄질의 불량이 크다고 볼 수 없습니다. 범행의 동기나 경위도 그 사건의 전체적인 맥락에서 살펴보고 정상을 참작할 사유가 되는지 판단을 합니다.

네 번째는 합의 여부입니다.

어쩌면 가장 중요한 요소라고도 볼 수 있습니다. 합의는 피의자가 사후에 사태를 수습하기 위해 취할 수 있는 핵심적이고 최대한의 노력입니다. 전과, 사안의 경중 등 다른 요소는 이미 확정적인데 비해 합의는 가변적이고 사후적이기 때문입니다.

뿐만 아니라 민사건도 동시에 해결할 수 있기 때문이죠. 사안 자체가 중하지 않는 사건에서 합의를 하여 피해자가 처벌을 원하지 않으면 기소보다는 기소유예 쪽으로 판단이 많이 기울어집니다.

특히 개인적인 법익침해 사건에서는 더욱 그렇습니다. 합의가 되면 피해자가 그 처분에 이의를 제기할 리도 없기 때문이죠. 피해자의 과도한 요구로 합의가 여의치 않을 경우에는 적정한 금액을 법원에 공탁할 수도 있습니다.

다섯째는 위 합의와도 관련되는데, 피의자의 진지한 반성과 사과가 있어야 합니다.

피의자가 단지 돈으로만 해결하려 들면 피해자의 반감을 사고, 그러면 합의가 순조롭게 진행되지 않을 수 있습니다. 재발 방지 약속과 함께 뉘우치는 기색이 없으면 아무리 합의가 되었다 한들 괘씸해서 기소를 할 수도 있습니다. 반성문을 주구장창 써서 제출하는 것도 한 방법입니다.

마지막으로 피의자의 나이, 환경, 건강 상태 등의 요소도 감안합니다. 이미 엎질러진 물을 주워 담을 수는 없습니다. 하지만 엎질러진 물이라도 주워 담으려고 적극적으로 노력해야 합니다. 그 길만이 후회와 상처가 그나마 덜 남기 때문이죠. 경찰이든 검찰이든 수사기관을 불신하고 끝까지 해보자는 식으로 아집과 독선으로 송사로 일관했다가는 본인만 힘들어질 뿐입니다.

그것을 왜 모르시나요?

02 형사조정제도와 합의

가해자든 피해자든 조정제도를 잘 이용해야 합니다

①

검찰청에는 형사조정위원회가 설치되어 있습니다. 형사조정이라는 제도는 형사문제인 동시에 민사분쟁 성격을 가진 사건에 대해 피해자와 가해자가 합의할 수 있도록 형사조정위원들이 중재 및 조정해주는 제도입니다.

사기나 절도, 재물손괴 등의 재산범죄뿐만 아니라 폭행이나 상해, 업무방해, 주거침입 등 거의 모든 사건에 대해 형사조정을 의뢰하고 활용하고 있습니다. 형사조정위원은 변호사, 법무사, 전직 교사, 손해사정인 등 각 분야 민간 전문가들로 구성되는데, 기소 유무 및 양형 요소와 함께 피해자의 신속한 피해 회복이 목적입니다. 사실 형사조정제도는 피의자를 위해서도 필요하지만 피해자를 위한 제도라고 보면 됩니다.

과거에는 피의자 등을 상대로 수사를 하여 혐의가 인정되면 검사는 공소를 제기하여 형사 처벌을 받게 하거나 사안에 따라 기소유예 처분을 하는 역할에 그쳤습니다. 그런데 그렇게 되다보니 피해자의 실질적인 피해 회복이 되지 못하는 경우가 많았죠. 피해자가 자신의 피해 회복을 위해서는 별도로 민사소송을 제기해야 되는데 소송은 시간이 많이 걸리고 이런저런 비용도 많이 들어갑니다. 그래서 현실적으로 민사소송을 진행하기 어렵고 포기하는 경우가 허다했습니다.

형사조정제도는 이러한 현실을 반영하여 피해자가 많은 시간과 비용을 들이지 않더라도 피해를 배상받을 수 있도록 지원하고 도와줍니다. 형사사건 중 피해자가 사인이거나 개인적 법익을 침해하는 모든 종류의 사건이 형사조정 대상 사건입니다. 물론 형사조정에 회부하기 위해서는 당사자들의 사전 동의가 필요합니다.

형사조정에 회부되면 형사조정위원은 출석 가능한 날짜를 조율하여 양쪽 당사자들을 불러 의견을 교환하거나(사건 당사자가 상호 대면을 원치 않으면 개별적으로 면담을 진행하여 조정을 실시함)전화조정을 통해서 양측 의견을 듣고 합의금 등을 합리적인 수준에서 책정하여 조정안을 제시합니다.

당사자들이 그 조정안을 수용하면 조정이 성립되고 합의가 된 겁니다. 조정이 성립되면 담당 검사는 이를 정상참작 사유로 고려해 사건을 처분하게 됩니다. 초범이고 우발적인 범행이며, 피해가 중하지 않는 사건은 합의가 되면 기소유예 처분을 해주는 게 일반적입니다. 형사조정이 성립되었더라도 사안이 중대한 경우에는 기소를 하되 합의 사실을 양형 요소에 반영합니다.

폭행이나 협박, 과실치상, 경과실로 인적 피해를 입힌 교통사고(가해 차량이 종합보험 등에 가입되어 있지 아니한 교통사고), 모욕 사건 같은 경우에는 조정이 성립되어 피해자가 처벌을 원치 않거나 고소를 취소하면 불기소처분의 하나인 '공소권 없음'으로 종결됩니다.

통계적으로 보면 검찰에서 사건을 형사조정에 회부하면 그 성립률이 평균 60~70%가량 된다고 합니다. 검찰의 형사조정을 신뢰하는 경향이 있기 때문에 당사자들이 형사조정위원들의 적극적이고 합리적인 중재에 만족을 표시하는 편입니다. 그런데 적극적으로 설득을 하고 설명을 해줘도 끝까지 합의를 거부하는 사람이 있습니다. 맹구가 그런 사람입니다.

맹구는 같은 회사 동료 직원인 달구와 싸워 형사입건되는 일이 생겼습니다. 경찰에서 두 사람에 대해 상해 혐의를 적용하여 각각 기소의견으로 검찰로 송치하였습니다. 내용인 즉슨, 평상시 사이가 좋지 않은 달구가 맹구에게 "어영부영하지 말고 근무 좀 제대로 하라!"며 비아냥거리는 말을 하자, 이에 화가 난 맹구가 핏대를 세우며 "이 자식아, 너나 잘해라!"며 욕설을 하며 멱살을 잡았고, 달구도 이에 질세라 같이 멱살을 잡고 밀쳐 넘어진 것입니다. 쌍방 폭행인데 둘 다 진단서를 제출하였답니다. 사실 폭행이냐 상해냐 그 판단 기준은 애매합니다. 실무적으로는 진단서를 제출하면 상해입니다. 그런데 피가 날 정도의 상처를 입었더라도 진단서를 제출하지 않고 피해자가 사건 처리를 원하지 않으면 폭행으로 처리되곤 합니다.

위 맹구와 달구 사건은 다행히 사안이 중하지 아니하고 두 사람 다 초범이라 합의만 되면 벌금이 안 나올 수도 있습니다. 그래서 검찰에서는 양 당사자의 동의를 얻어 형사조정에 회부했습니다. 그러나 결과는 조정 성립 불능이었습니다. 두 사람 다 아직도 앙금이 남아 있는데다 서로 상대방을 탓하며 먼저 사과를 하라고 한 발짝도 물러나려 하지 않았기 때문이죠.

두 사람은 드잡이질 말고도 자존심 싸움, 감정 싸움이 된 것입니다. 맹구는 "저 사람은 회사에서 사사건건 시비를 거는 사람이다. 저 사람은 혼을 내줘야 한다. 나도 벌금을 낼 터이니 저 사람을 처벌해 달라. 합의는 절대 못 한다!"라고 목소리를 높였습니다.

조정위원들은 "합의만 하면 두 사람 다 벌금도 안 나올 거 같고 좋게 끝납니다. 뭐 하려고 국가에 생돈을 내려고 합니까? 안 그래도 형편도 좋지 않을 텐데. 심적으로는 풀리지 않겠지만 그냥 이 사건만은 한 발짝씩 양보해서 합의서에 도장을 찍으시죠?"라고 간곡히 설득했지만 소용이 없었습니다. 달구도 마찬가지로 고집을 피웠습니다. 법대로 해달라고 하면 법대로 해줘야지 어쩌겠어요. 그래서 결국 두 사람 다 약식명령이 청구되어 법원에서 벌금 100만 원의 약식명령이 고지되었습니다.

서로 간에 잘한 것도 없고 피장파장인데도 쓸데없이 고집을 피우는 바람에 벌금까지 내야 했습니다. 싸움은 말리고 흥정은 붙이랬다고, 두 사람 다 진 것입니다. 감정 싸움으로 치닫게 되면 그 끝은 불행일 뿐이죠.

03 사후 수습 방안으로서의 합의와 그 방법

사건화된 이상 일단 합의가 최선이죠

①

일이 생기려면 어이없게 사건에 휘말리게 되는 경우가 있습니다. 술자리에서는 더욱 그렇죠. 어찌되었든 사건 이후에는 수습 방안을 강구해야 합니다. 그중에서도 합의가 중요합니다. 합의는 사건 후 당사자가 취할 수 있는 거의 유일한 대응책이기도 합니다.

얼마 전에 맹구에게 있었던 일입니다. 그날 맹구는 회사 직원들과 저녁 회식을 했다고 합니다. 1차에서 폭탄주를 돌리며 거나하게 마시고 2차로 맥주집으로 갔답니다.

여기까지는 서로 화기애애하게 분위기가 좋았답니다. 2차를 끝내고 부근에 있는 편의점에 들러 술도 깰 겸 아이스크림을 먹으면서 담소를 나누었답니다. 그런데 그때 달구가 제안을 하더랍니다. 가위바위보를 해서 이긴 사람이 뺨을 때리기로 하자고요. 그냥 장난삼아 그런 내기를 하자고 했겠지요. 처음에는 맹구가 이겨서 달구 뺨을 살짝 때렸답니다. 때린 시늉만 했겠지요.

두 번째는 달구가 이겼는데 찰싹 소리 나게 때리더랍니다. 진짜로 때린 것이죠. 맹구 입장에서는 얼마나 황당했겠어요. 뺨이 얼얼한 것도 얼얼한 거지만 괘씸해서 화가 나더랍니다. 직원들이 보고 있어 창피하기도 하고요. 세 번째는 맹구가 다시 이겨서 인정사정 안 보고 힘껏 후려쳤답니다. 얼굴이 홱 젖혀질 정도로 세게 맞은 모양입니다.

갑자기 분위기가 살벌해졌겠지요. 이러다간 큰싸움이 날 거 같아 그만하자고 하면서 맹구는 자리를 피해버렸답니다. 그리고 다음 날 출근을 하였는데, 일행 중 한 명이 달구가 자기를 경찰에 신고했다고 귀띔해주더랍니다. '큰일났다' 싶어 달구를 찾아가 사과를 했지만 받아주지 않았고, 결국 형사 입건이 되었다고 하네요.

설상가상으로 2주 상해진단서까지 제출하여 죄명도 단순 폭행이 아니고 상해로 조사를 받았답니다. 술 때문에 또 백지애매한 처지에 빠지게 되었습니다.

②

맹구는 어떻게 해야 하느냐며 해결책을 물었습니다. '나는 다른 사건도 그렇지만 폭력 사건은 특히나 합의가 중요하다' 고 조언해

췄습니다. 사실상 합의 외에는 달리 뾰족한 수가 없습니다. 합의가 최우선이고, 두 번째는 구차스럽게 변명을 늘어놓거나 따지지 말고 무조건 잘못했다며 고개를 숙이라고 말해줬습니다.

형법에는 위법성 조각 사유라는 개념이 있습니다. 정당방위, 피해자 승낙, 사회상규에 반하지 않는 행위 등 여러 조각 사유가 있지만 실제 사건에 적용되어 죄가 안 되는 경우는 거의 없다고 보면 맞습니다. 그러니까 그 사건의 기승전결에 대해 가타부타 따지고 설명해봐야 사태 해결에 별로 도움이 되지 않습니다. 일이 더 꼬이기만 합니다.

결과가 중요합니다. 물론 쌍방 폭행을 주장할 수 있지만 원만한 합의를 위해서는 내가 당한 일보다 내가 상대방에게 한 행위를 먼저 생각해야 합니다.

그러면 어떻게 합의를 해야 하는가?

당사자 간에 합의가 잘 되지 않을 경우 동료 직원이나 주위 사람들의 도움을 받을 수도 있습니다. 대체로 보면 앙금이 남아서 감정 싸움으로 치닫기도 하지만, 서로가 생각하는 금액이 달라 합의가 잘 되지 않는 경우가 많습니다. 통상적으로 보면 합의 금액은 상해주수 1주당 50~100만 원이 적정하다고 보면 됩니다.

폭력사범 사건처리 기준이 있는데 상해주수, 폭력의 정도와 동기 등이 양형을 좌우합니다. 합의금도 그런 점과 치료비나 휴업 손실금, 추가 진단 여부 등을 감안하여 절충해야 합니다. 경찰 단계에서 합의가 되지 않았을 시 검찰에서 다시 합의 기회를 부여합니다. 검찰에는 형사조정위원회가 있는데, 경험이 많은 전문위원들이 당사자 의견을 들어보고 합리적인 절충안을 제시합니다. 그 합의 조건을 당사자들이 수용하면 형사조정이 성립됩니다.

피해자가 요구하는 금액이 너무 커 도무지 합의가 되지 않을 것 같으면 법원에 적정한 금액을 공탁할 수도 있습니다. 공탁을 하면 합의에 준하는 양형 참작 요소가 됩니다.

위와 같이 합의를 위해 노력한 이후에는 앞서 언급한 바와 같이 잘못을 인정하고 반성문을 작성하여 제출하면 됩니다. 그러면 최대한의 선처가 있을 것입니다. 호미로 막을 일을 가래로도 못 막는 사태로 악화되지 않도록 수습을 잘해야 합니다.

04 경찰이 범인을 잘 잡는 이유

곳곳에서 노려보고 있는 눈이 있습니다

①

경찰은 어떻게 범인을 잘 잡을까요? 자, 경찰의 범인 검거과정을 따라가 봅시다.

맹순이는 생활용품 판매점에서 물건을 고르는 척하다 진열대 위 지갑을 슬쩍 들고 나옵니다. 맹순이는 예전에도 그런 적이 있었는데 들키지 않았습니다. 범인 추적에는 역시 현장의 CCTV가 제일 긴요합니다. 범인의 절취 장면과 인상착의, 도주 경로가 고스란히 녹화되어 있습니다. 1차적으로 현장 CCTV 분석을 통해 범행 장면을 확인합니다. 그리고 이어 범인의 범행 직후 이동 경로를 파악하기 위해 그 부근 도로 및 건물 등에 설치된 CCTV 등을 분석합니다.

CCTV에는 여러 종류가 있습니다. 사건 현장 및 그 부근에 설치된 CCTV, 주택가나 아파트 등의 입구에 설치된 방범용 CCTV, 도로에 설치된 주정차단속 CCTV, 여러 가게 앞에 자체적으로 설치한 CCTV 등이 있습니다. 경찰은 그 각종 CCTV 영상을 확보한 후 순차적으로 연결시켜 범인의 동선을 파악합니다.

마침내 범인이 ○○주공아파트 103동으로 들어간 것까지 파악하였습니다. 추가적인 영상 자료가 없어 몇 호에 사는지는 아직 확인이 되지 않습니다. 범인이 차로 이동했거나 편의점 등에서 신용카드로 물건을 구입하거나 ATM기에서 금융 거래를 하였다면 보다 쉽게 범인을 추적할 수 있습니다.

차량번호인식 CCTV도 있습니다. 경찰은 그 이후 해당 지역을 관할하는 주민센터에 협조공문으로 103동 각 세대 개인별명부 발급을 의뢰하여 각 세대 거주자를 확인하는 수사를 펼칩니다. 그래서 개인별명부를 송부받아 각 대상자의 주민등록 화상자료나 운전면허 사진을 확보합니다.

요즘 CCTV 영상은 정말 화질이 좋습니다. 범인의 얼굴을 바로 식별할 수도 있습니다. 하지만 정확성을 담보할 수 없는 한계도 있죠. 그런 경우는 범인의 얼굴을 본 적이 있는 사람을 찾습니다. 바로 피해자이거나 목격자입니다. 주민들을 상대로 영상에 찍힌 옷차림새나 외모를 가진 사람이 누구인지 탐문 수사를 벌입니다.

마침 위 생활용품 종업원이 당시 맹순이의 동태가 수상하였는지 유심히 살펴봤다고 말합니다. 경찰은 그 주민등록 화상자료 등을 종업원에게 보여주고 누가 맞는지 살펴보라고 하죠. 그랬더니 한 사람을 지목합니다. 그래서 결국은 범인이 특정되는 것이고 검거됩니다. 세상에 범행을 저지르고 꼭꼭 숨을 수 있는 공간은 별로 없습니다. 사방 도처에서 각종 CCTV가 다 찍고 있으니까요. 완전범죄는 꿈 깨야 합니다.

용의자, 피의자, 피고인은 호칭이 다른데 어떤 차이가 있는가요?

범인은 수사 및 기소 단계에서 그 발전과정에 따라 용의자, 피의자, 피고인으로 그 호칭이 바뀝니다. '용의자'는 범인으로 의심을 받는 자 또는 그 혐의가 뚜렷하게 드러나지 않는 사람을 의미합니다. 따라서 아직 입건되지 않는 상태이지요. 그리고 용의자에 대한 범죄 혐의가 구체적으로 드러나 수사기관에 의해 정식으로 형사 입건이 되면 그때부터는 신분이 '피의자'로 전환됩니다. 그리고 수사의 결과로 범죄 혐의가 충분히 입증되고 처벌을 할 필요성이 있어 검사에 의해 법원에 공소가 제기되어 형사재판이 개시되면 '피고인' 신분이 되는 것입니다.

05 서로 윈윈하기

법이란 사실 몰라도 되고 필요 없는 것입니다

①

법이란 필요하지만 사실 필요 없는 것입니다. 사람들은 걸핏하면 "법으로 하자, 다 필요 없으니 법대로 하자!"라고 주장하는데, 법이라는 것은 참으로 인정머리 없고 냉정하며 시끌벅적하고 볼썽사나우며 서로 상처를 주고받는 몹쓸 것입니다.

법이라는 건 애당초 필요악이었죠. 사회구성원 간에 자꾸 불화가 생기고 분쟁이 발생하므로 법을 제정하여 이를 다스렸는데, 기실 법이 필요하지 않는 세상이 유토피아일 것입니다. 그러나 현실적으로 사건은 늘 발생하기 마련이므로 법이 필요합니다.

저는 수사기관이나 법원에 민원인의 발길이 끊겨 해당 공무원이 할 일이 없는 날이 오기를 바라는 사람입니다. 자고로 형사든 민사든 일을 만들지 않는 게 상책이죠. 그런데 주위에서 자꾸 이간질을 하며 싸움을 부추기는 사람이 있습니다. 특정 직업군을 비하할 생각은 전혀 없습니다만, 사실 변호사는 타인의 불행한 일에 개입하여 벌어먹고 사는 사람입니다. 음주운전 등의 사건처럼 사안이 명백하고 정형적인 사건도 변호사를 선임하는 사람이 있는데, 그런 사건은 그 처분 및 형량이 대검찰청과 대법원이 자체적으로 마련한 사건처리기준에 의해 기계적으로 정해지므로 굳이 비싼 돈 들여 변호사를 선임할 필요가 없다는 점을 지적하고 싶습니다. 변호사도 피의자를 위해 선처를 바란다는 취지의 서면 제출 외에 달리 어찌할 방도가 없다는 말입니다.

비단 음주운전이나 교통사고 등의 정형적인 사건만이 아닙니다. 폭력 사건, 재산권 침해사건 등도 경위야 어떻든 간에 자신이 상대방에게 피해를 입혔으면 변호사를 사서 빠져나갈 궁리하지 말고 그 돈으로 피해자와 합의를 하라고 저는 권유합니다.

합의가 여의치 않는 경우에는 법원에 공탁을 하는 것도 하나의 방법이고요. 그게 사람의 도리이고 실질적으로 선처를 받을 수 있는 방법입니다.

어떤 사람은 말합니다.

"비싼 변호사를 사서 가만두지 않겠다!"

그런 사람을 보면 안타깝기도 하고 좀 한심하다는 생각이 듭니다. 싸움질에 거금을 들여 조력인을 구해 꼭 이겨야 직성이 풀리는가 말입니다. 다 부질없는 짓이라는 것을 알았으면 합니다. 물론 법리적으로 다툼의 여지가 많은 사건은 법률전문가인 변호사의 도움이 필요하다는 데는 동의합니다.

실제 그런 사건도 꽤 있습니다. 실력 있고 성실한 변호사의 조력을 받아 억울함을 풀거나 피해 구제를 받은 사람도 상당히 많습니다. 하지만 소송은 참으로 긴 여정이고 피곤한 일입니다. 장기전으로 가봐야 별반 실익이 없고 허무하기만 하답니다. 특정한 사람 말에 현혹되지 말고 조언을 구하려거든 두루두루 여러 사람을 만나보고 인터넷도 찾아보며, 그래도 잘 모르겠거든 법률전문가로부터 상담을 받아봐야 할 것입니다.

②

한 가지 꼭 당부하고 싶은 말이 있습니다. 고소인이든 피고소인이든 피해의식에 사로잡히지 말라는 것입니다. 현장에서 실무를 담당하고 있는 저는 감히 단언할 수 있습니다. 예전에는 어땠는지 몰라도 요즘은 편파수사나 청탁수사 그런 거 거의 없다고요. 그러므로 내 성에 차지 않더라도 결과를 겸허히 받아들이고 마무리를 해야 한다는 말입니다. 중립적인 입장의 전문가가 내린 결론을 믿지 못하겠으면 어찌하겠다는 것입니까. 이를 수용하지 못하며 계속해서 진정을 하고 이의제기를 하는 민원인이 있는데 몇 번 검토를 해봐도 안 되는 것은 결국 안 되는 것입니다.

검찰이든 경찰이든 당초의 수사 결과가 나중에 뒤집혀지는 경우는 매우 드뭅니다. 소송도 3심제가 있지만 마찬가지이죠. 결과에 승복하지 못하고 끝까지 물고늘어져봐야 달라질 것이 없다면 앞으로를 위해 내려놓아야 할 거 아니겠습니까. 수사 및 재판 결과를 받아들여야 합니다. 그게 현명하고 마음 편한 일이죠.

앞서 말했듯이 합의는 형사든 민사든 절대적으로 중요한 요소입니다. 궁극적인 해결 방안이기도 하고요. 그런데 합의를 하는데 있어 주의할 사항이 있습니다. 합의라는 건 100퍼센트 만족은 없습니다. 합의는 일방적인 요구가 아니며 상호적이고 합리적이어야 합니다.

상호 간에 조정 가능한 영역에서 이루어져야 하는 것이죠. 내 주장만 앞세우다가는 상대방도 '배째라'는 식으로 나올 수 있습니다. 그러면 합의는 물 건너간 것이나 다름없습니다. 합의가 되지 않으면 별도로 손해배상청구 등 민사소송을 제기해야 하는데, 그 지루하고 험난한 여정은 어찌 또 감당할 것인가요. 소송이라는 것은 서로가 힘들고 기둥뿌리 뽑히는 일이며 결국은 어느 누구도 이기는 사람이 없습니다. 물론 합의를 하려니 왠지 손해보는 느낌이고 찜찜하게 느껴질 수도 있습니다. 그렇지만 다시 말하거니와, 합의는 상호 간의 절충이지 자신의 희망사항이 아닙니다. 상대방이 너무 무리한 요구를 하면 차라리 합의하지 않고 법대로 처벌받겠다고 하는 경우를 종종 봅니다.

피해자가 형사고소를 하는 이유는 사실 처벌도 목적이지만 피해 변제를 받기 위한 의도가 더 강합니다. 합의가 결렬되면 피해자도 손해입니다. 아무튼 서로 한 발자국씩 물러나 협상하는 지혜를 발휘해야 할 일이죠.

③

한편, 어떤 사람은 그 화풀이를 조사관에게 하는 경우가 왕왕 있습니다. 설사 조사 방식이 마음에 들지 않더라도 조사관에게 괜히 시비 걸어 좋을 일 없습니다. 조사관의 입장에서는 당연히 사건과 관련하여 필요한 부분을 물어보는데, 고소인이든 피의자든 과잉 반응을 보이며 "그런 걸 왜 물어보느냐?"라며 적대감을 보이며 핏대를 세우는 사람이 있습니다.

그러면 저는 이렇게 말합니다.

"저도 물어보고 싶지 싶네요. 남의 분쟁에 끼어들고 싶은 마음 추호도 없습니다. 하지만 밥벌이가 이래서 어쩔 수 없네요. 조사해달라고 요청해서 조사하고 사건 파악을 위해 필요해서 물어보는데 왜 사사건건 불만이죠? 마음에 안 들면 조사받지 말고 그냥 가세요."

사건 당사자들은 서로 억울한 일 당하지 않으려면 조사관을 믿고 수사에 협조해줄 필요가 있습니다. 저는 지인이 어떤 사건으로 조언을 구할 때 이렇게 설득합니다.

"보태지도 말고 빼지도 말고 있는 그대로만 말하라."

사실 그게 현명한 방법입니다. 수사라는 것은 실체적 진실을 찾는 게임인데, 모든 사건은 피해자가 있으면 가해자가 있고 증인이 있으며 여러 증거자료가 있는데 숨기려고 해봐야 숨겨지지 않습니다. 수사는 객관적으로 정확하게 진행되므로 어느 일방에 유불리가 없다는 말입니다. 구차한 변명한 늘어놓으면 오히려 나쁜 인상만 심어주게 되죠.

요즘 최신 수사기법은 그런 의도를 더욱 무력하게 만듭니다. 사람들은 의식적으로 또는 무의식적으로 내게 유리한 것만을 기억하려 하고 자기방어를 위해 본능적으로 유리한 내용만을 진술하려고 드는 법이죠. 그리하여 자기는 진실만을 이야기하는데 상대방은 거짓말쟁이라고 목소리를 높입니다. 하지만 진술의 신빙성이나 그 진술의 진위 여부를 판단하는 건 피의자도 아니고 피해자도 아니며 중립적인 입장에서 조사하는 사람이 하는 것입니다. 그들이 그렇게 판단한다면 실제로 그런 것입니다. 물론 일부 사건은 이상한 방향으로 수사가 진행되거나 엉뚱한 결과가 도출되어 도저히 수긍할 수 없는 경우도 있을 수 있습니다.

실제 청탁이 있었거나 외부의 압력이나 정체를 알 수 없는 영향력이 행사되어 사건이 왜곡되는 경우가 없다고는 단정할 수 없을 것입니다. 또한 수사 미진이나 법리 오해 같은 과오도 수사에 영향을 미칠 수 있습니다. 하지만 그러한 부분은 항고, 상소, 이의제기 등의 절차를 통해 시정이 되거나 구제를 받을 수 있습니다.

④

사람들은 법조계에 근무하는 제게 종종 물어봅니다. 어떤 사건을 들먹이면서, "이럴 때는 어떻게 해야 하나? 자네는 법을 잘 아니까 그 방법도 잘 알 거 아닌가?"라고요

그렇습니다. 저는 직업상 일반인보다는 조금 법을 아는 축에 속합니다. 그러나 법이라는 것은 보편타당한 사회통념입니다. 그래서 저는 이렇게 답변합니다.

"법은 어려운 게 아닙니다. 상식적으로 생각해봐요. 뭐가 옳고 그른지 알 수 있어요. 내가 어떻게 해야 하는지 방향이 나온다고요."

법은 선도 아니고 악도 아니며 가치중립적이고 공정합니다. 군이 변호사나 법조계 종사자에게 물어보지 않아도 보편타당한 시각으로 헤아려보면 사건 전개와 결과가 어찌 될런지는 충분히 예측 가능한 일입니다. 그러므로 어떤 일이든 순리적으로 처신하면 얼굴 찌푸릴 일도 없고 경찰서나 검찰청, 법원에 갈 일이 없을 것입니다.

우리는 이런 딱딱하고 재수 없는(?) 곳에서 골치 아픈 일로 만나지 말고, 저 푸른 소나무 아래 앉아 한담이나 나누고 바람결에 안부나 묻고 그저 그렇게 평온하게 살았으면 좋겠다는 생각을 마지막으로 합니다.

법은
가까이 있습니다

제가 근무하면서 자주 듣는 이야기입니다.

"그게 검찰까지 넘어갔나요? 경찰에서 합의하여 서로 없던 것으로 했기 때문에 다 끝난 줄 알았는데……."

"네, 모든 형사사건은 검찰로 넘어옵니다. 수사기록을 다시 검토하여 혹시 미비점이 없는지 확인하고, 종국 처분은 검사가 하니까요."

수사의 종결권은 검사에게 있습니다[2]. 기소할지 말지를 검사가 결정합니다. 그래서 경찰에서 조사한 고발, 인지 등 모든 사건이

---

2) 2021년 1월 1일부터 시행된 개정 형사소송법 등에 따르면 불기소사건 등 일부 사건은 경찰에 1차 수사종결권을 부여하는 방식으로 업무가 변경되었습니다. 이 책은 시행되기 직전에 쓰여진 것으로 개정 전의 사건에 대한 설명입니다.

검찰로 올라옵니다. 그걸 송치送致라고 하죠. 다만 첩보나 내사 단계에서 구체적인 혐의점이 드러나지 않아 내사종결하는 사건은 경찰이 기록을 보관합니다.

공소권이 없는 사안이더라도 경찰 수사 단계에서 끝나는 사건은 없습니다. 간혹 피의자가 이렇게 물어보곤 합니다.

"술 먹다 우발적으로 싸웠는데 좋게 합의를 했으니 없던 걸로 하면 안 될까요?"라고 말이죠.

대답은 "그렇게는 안 됩니다." 입니다.

두 사람이 싸운 후 곧바로 화해를 하여 피해신고를 하지 않는 단계에서는 수사 단서가 없으므로 없던 것으로 할 수는 있겠죠. 수사기관이 개입할 근거가 없기 때문입니다. 하지만 수사기관에 신고가 들어가서 인지를 하면 그때부터는 공식적으로 형사사건으로 접수되고 절차에 의해 조사를 하고 처분을 하게 됩니다. 사적 자치가 요구되는 민사사건과 다른 점이죠. 또 이렇게 묻습니다.

"벌금이 나온다고 하는데 그런 것도 전과가 되나요? 내가 호적에 붉은 줄이 올라가는 전과자가 되는 건가요?"

"일반인은 집행유예를 포함한 징역형 이상의 형벌을 선고받지 않으면 크게 걱정하실 필요는 없습니다."

물론 수사기관 내부적으로는 수사상 필요하여 벌금형뿐만 아니라 기소유예 등 모든 사건의 처분 내역이 범죄경력자료조회 등을 통해 확인이 됩니다. 하지만 그 자료는 내부적으로 엄격하게 관리되기 때문에 외부 사인은 알 수가 없죠. 다만 공무원 등은 기소유예 이상의 처분을 하면 해당 소속기관에 통보를 하고, 통보받은 그 기관은 내부 기준에 따라 공무원법상의 징계를 합니다.

한편, 수많은 사건 중에서도 음주운전에 대한 처벌이 무척 세다는 것을 실감하게 됩니다. 일반인이 생각하는 것 이상으로 형량이 꽤 높습니다. 벌금 납부명령서를 받아보고 입이 다물어지지 않을 수도 있습니다. 그리고 운전면허 처분 등도 그 불이익이 상당합니다. 딱한 처지의 피의자들이 장문의 반성문을 써서 보내오곤 하는데, 음주운전 처분과 양형은 검사나 판사라도 선처를 해줄 수 없습니다. 혈중 알코올 농도 수치와 동종 전과 유무를 기준으로 획일적으로 벌금 액수 등이 정해져 있기 때문이죠.

운전을 생계로 삼는 사람들이 운전면허만큼은 취소당하지 않게 해달라고 간청하는 경우를 많이 봅니다. 하지만 면허 처분은 경찰청 소관일 뿐만 아니라 아무리 생계가 달렸다 해도 처분이 취소되는 일은 거의 없습니다. 정말 경계하고 유념해야 할 일이 음주운전입니다.

제가 이 글을 쓰게 된 동기와 관련하여 피의자들이 자주 물어본 말이 있습니다.

"어, 이런 것도 죄가 되나요? 저는 진짜로 죄가 되는지 몰랐는데요."

"네, 죄가 됩니다. 죄는 되는지 몰랐다고 해도 범죄 성립과 처벌에는 아무런 영향을 주지 않습니다."

어찌 보면 매몰찬 말일 수도 있지만 그게 사실이거든요. 그러므로 어떤 행위를 함에 있어 '혹시 이게 법에 저촉되진 않을까?' 라고 한 번쯤 생각하고 행한다면 곤란한 지경에 빠질 일은 별로 없을 것입니다. 고철이나 폐품 등의 절취, 우연히 발견한 습득물의 횡령 등의 사건에서 변명이라고 할까, 이렇게 항변하는 사람들이 상당히 많습니다.

"그거 버린 물건인 줄 알았는데요."

"그거 주인 찾아주려고 가지고 있는데요. 내가 가지려고 그런 거 아니예요."

그런데 형법에는 미필적 고의라는 개념이 있습니다. 확정적 고의가 아니더라도 '버린 물건이 아니고 혹시 주인이 있을지도 몰라. 그럴 가능성도 있지. 그렇더라도 상관없어' 라는 인식과 의사가 있었다면 미필적 고의가 인정될 수 있습니다.

피의자는 절취 또는 점유이탈물횡령의 범의를 부인하는 경향이 있지만 사건 당시의 상황 및 구체적 행위, 외부 정황 등을 토대로 추궁을 하여 이를 배척하는 진술을 받아내죠. 그래서 늘 이렇게 당부합니다.

"설사 그게 버려진 물건 같아 보여도 확인하지 않는 이상은 가져가지 마세요. 또 물건이 떨어져 있어도 즉시 습득 신고를 하지 않으려면 줍지 말고 그냥 가세요"라고 말이죠.

실제 사방 곳곳에 CCTV가 설치되어 있어 일련의 장면이 고스란히 녹화되어 있습니다. 어설픈 변명이 통할 수 없는 이유이죠. 경찰이 범인을 잘 잡는 것도 그 CCTV이 덕분이고요.

마지막으로, 어찌되었든 합의가 최선이라고 말해주고 싶습니다. 감정을 앞세우지 말고 이성적 해결을 도모해야 합니다.

모쪼록 이 책이 혹시 있을지 모를 불미스런 사태에 대비하고 예방할 수 있는 작은 지침이 되었으면 좋겠습니다. 불법으로부터 감염되지 않기 위해서는 불법을 제대로 알고 이로부터 생활 속 거리두기를 해야 합니다. 의의로 법은 가까이 있습니다.

당신이 생각한 마음까지도 담아 내겠습니다!!

책은 특별한 사람만이 쓰고 만들어 내는 것이 아닙니다.
원하는 책은 기획에서 원고 작성, 편집은 물론,
표지 디자인까지 전문가의 손길을 거쳐
완벽하게 만들어 드립니다.
마음 가득 책 한 권 만드는 일이 꿈이었다면
그 꿈에 과감히 도전하십시오!

업무에 필요한 성공적인 비즈니스뿐만 아니라 성공적인 사업을 하기 위한
자기계발, 동기부여, 자서전적인 책까지도 함께 기획하여 만들어 드립니다.
함께 길을 만들어 성공적인 삶을 한 걸음 앞당기십시오!

도서출판 모아북스에서는 책 만드는 일에 대한 고민을 해결해 드립니다!

모아북스에서 책을 만들면 아주 좋은 점이란?

1. 전국 서점과 인터넷 서점을 동시에 직거래하기 때문에 책이 출간되자마자 온라인, 오프라인 상에 책이 동시에 배포되며 수십 년 노하우를 지닌 전문적인 영업마케팅 담당자에 의해 판매부수가 늘고 책이 판매되는 만큼의 저자에게 인세를 지급해 드립니다.

2. 책을 만드는 전문 출판사로 한 권의 책을 만들어도 부끄럽지 않게 최선을 다하며 전국 서점에 베스트셀러, 스테디셀러로 꾸준히 자리하는 책이 많은 출판사로 널리 알려져 있으며, 분야별 전문적인 시스템을 갖추고 있기 때문에 원하는 시간에 원하는 책을 한 치의 오차 없이 만들어 드립니다.

기업홍보용 도서, 개인회고록, 자서전, 정치에세이, 경제 · 경영 · 인문 · 건강도서

모아북스 문의 0505-627-9784
MOABOOKS

살아가면서 한번은
당신에 대해 물어라

이철휘 지음
252쪽 | 14,000원

1등이 아니라 1호가
되라 (양장)

이내화 지음
272쪽 | 15,000원

감사, 감사의 습관이
기적을 만든다

정상교 지음
242쪽 | 13,000원

아바타 수입

김종규 지음
224쪽 | 12,500원

직장생활이 달라졌어요

정정우 지음
256쪽 | 15,000원

4차산업혁명의 패러다임

장성철 지음
248쪽 | 15,000원

리더의 격 (양장)

김종수 지음
244쪽 | 15,000원

숫자에 속지마

황인환 지음
352쪽 | 15,000원

법에 그런 게 있었어요?

초판 1쇄 인쇄 2021년 05월 31일   **2쇄** 발행 2021년 07월 26일
    1쇄 발행 2021년 06월 04일

지은이	강병철
발행인	이용길
발행처	**모아북스** MOABOOKS

관리	양성인
디자인	이류

출판등록번호	제 10-1857호
등록일자	1999. 11. 15
등록된 곳	경기도 고양시 일산동구 호수로(백석동) 358-25 동문타워 2차 519호
대표 전화	0505-627-9784
팩스	031-902-5236
홈페이지	www.moabooks.com
이메일	moabooks@hanmail.net
ISBN	979-11-5849-147-5 03360

· 좋은 책은 좋은 독자가 만듭니다.

· 본 도서의 구성, 표현안을 오디오 및 영상물로 제작, 배포할 수 없습니다.

· 독자 여러분의 의견에 항상 귀를 기울이고 있습니다.

· 저자와의 협의 하에 인지를 붙이지 않습니다.

· 잘못 만들어진 책은 구입하신 서점이나 본사로 연락하시면 교환해 드립니다.

모아북스 MOABOOKS 는 독자 여러분의 다양한 원고를 기다리고 있습니다.
(보내실 곳 : moabooks@hanmail.net)